《春秋》義法模式考述（下）

張厚齊　著

下　冊

第七章　《春秋》義法之義理模式

　　按《漢書・董仲舒傳》引董仲舒（前 179～前 104 年）曰：

　　　　夫仁人者，正其誼不謀其利，明其道不計其功。〔註1〕

意謂仁人立身處世，只問行事是否合於道義，而不貪圖自己的利益，亦不計較個人的功勞。宋儒程顥（1032～1085 年）、程頤（1033～1107 年）治經學，特別推重其說，云：

　　　　董仲舒曰：「正其誼不謀其利，明其道不計其功。」此董子所以度越諸子。〔註2〕

又云：

　　　　古之學者，皆有傳授。如聖人作經，本欲明道。今人若不先明義理，

　　　　不可治經，蓋不得傳授之義云爾。〔註3〕

董仲舒所謂「明其道」（明道），二程解爲「明義理」。董仲舒認爲，明道是仁人立身處世的原則；二程則認爲，明道是聖人作經的目的。可見二程藉由斷章取義，先將「明道」的作用轉化於治經，再將「明道」的性質轉化爲「明義理」，不僅聖人作經的目的在明義理，後人治經亦必須先明義理，否則無法得到聖人傳授之義。

〔註1〕　〔清〕王先謙：《漢書補注》（上海：上海古籍出版社，2002 年 3 月，《續修四庫全書》，冊 269），卷 56，頁 19。
〔註2〕　見《河南程氏遺書・暢潛道錄》。〔宋〕朱熹：《河南程氏遺書》（臺北：漢京文化事業，1983 年 9 月，《二程集》），卷 25，頁 324。
〔註3〕　見《河南程氏遺書・元豐己未呂與叔東見二先生語》。〔宋〕朱熹：《河南程氏遺書》，卷 2 上，頁 13。

宋儒朱熹（1130～1200 年）傳承二程之說，進一步指稱「《春秋》本是明道正誼之書」〔註4〕，「義理明，則皆可遍通矣」〔註5〕，並云：

> 「正其誼不謀其利，明其道不計其功。」《春秋》大法正是如此。今人卻不正其誼而謀其利，不明其道而計其功，不知聖人將死，作一部書如此，感麟涕泣，雨淚沾襟，這般意思是豈徒然！〔註6〕

經過朱熹的定位之後，孔子是爲了「明道正誼」而作《春秋》，而「正其誼不謀其利，明其道不計其功」成爲《春秋》大法。可惜「今人只較齊、晉伯業優劣，反成謀利，大義都晦了」〔註7〕。

本文將義理模式分爲考信、如史、折衷三類，以下順序討論。

第一節　考信類

據《河南程氏遺書》記載二則程頤答問語錄：

> 問：「《左傳》可信否？」曰：「不可全信，信其可信者耳。某年二十時看《春秋》，黃贅隅問某如何看？答之曰：『有兩句法云，以傳考經之事迹，以經別傳之眞僞。』」又問：「《公》、《穀》如何？」曰：「又次於《左氏》。」〔註8〕

> 棣問：「看《春秋》如何看？」先生曰：「某年二十時看《春秋》，黃贅隅問某如何看？某答曰：『以傳考經之事迹，以經別傳之眞僞。』」〔註9〕

以上二則內容基本相同，指出三傳不可全信，尤其《公羊傳》與《穀梁傳》比《左傳》更不可信，必須信其可信。但所謂「信其可信」，怎知何者可信，何者不可信呢？程頤提出看《春秋》的「兩句法」：「以傳考經之事迹，以經別傳之眞僞。」如《春秋》隱公三年秋八月庚辰：「宋公和卒。」冬十二月癸未：「葬宋穆公。」《左傳》云：

〔註4〕〔宋〕黎靖德：《朱子語類》（臺北：漢京文化事業，1980 年 7 月），卷83，頁 26。

〔註5〕〔宋〕黎靖德：《朱子語類》，卷83，頁 4。

〔註6〕〔宋〕黎靖德：《朱子語類》，卷83，頁 26～27。

〔註7〕朱熹語。〔宋〕黎靖德：《朱子語類》，卷83，頁 26。

〔註8〕見《河南程氏遺書‧周伯忱錄》。〔宋〕朱熹：《河南程氏遺書》，卷20，頁 266。

〔註9〕見《河南程氏遺書‧伊川雜錄》。〔宋〕朱熹：《河南程氏遺書》，卷22上，頁 279。

宋穆公疾，召大司馬孔父而屬殤公焉，曰：「先君舍與夷而立寡人，寡人弗敢忘，若以大夫之靈，得保首領以沒，先君若問與夷，其將何辭以對？請子奉之，以主社稷，寡人雖死，亦無悔焉。」對曰：「群臣願奉馮也。」公曰：「不可。先君以寡人爲賢，使主社稷，若棄德不讓，是廢先君之舉也，豈曰能賢？光昭先君之令德，可不務乎？吾子其無廢先君之功。」使公子馮出居於鄭。八月庚辰，宋穆公卒，殤公即位。君子曰：「宋宣公可謂知人矣，立穆公，其子饗之，命以義夫。商頌曰：『殷受命咸宜，百祿是荷。』其是之謂乎！」

以上這一段文字分爲兩方面來分析。第一方面是「以傳考經之事迹」，《春秋》只書宋穆公（和）卒與葬，事迹不詳，但可由《左傳》考其事迹，宋宣公去世前，因爲知道弟弟穆公（和）有賢德，而將君位傳給穆公，不傳給兒子殤公（與夷）；等到穆公去世前，因不願讓人以爲自己有私心，而將君位傳給殤公（與夷），並派遣自己的兒子莊公（馮）前往鄭國；十年後，宋大夫華父督逆弒殤公，迎立莊公。第二方面是「以經別傳之眞僞」，《左傳》引「君子曰」，認爲宋宣公可謂知人，因爲知道穆公確實是個賢德之人，君位終將傳回自己的兒子殤公，可見當時傳位給穆公是正確的決定；但程頤反對其說，據《河南程氏遺書》記載程頤答問語錄：

> （周伯溫）又問：「宋穆公立與夷，是否？」曰：「大不是。《左氏》
> 之言甚非。穆公卻是知人，但不立公子馮，是其知人處。若以其子
> 享之爲知人，則非也。後來卒致宋亂，宣公行私惠之過也。」〔註10〕

程頤認爲，「君子曰」以宋宣公知道君位終將傳回自己的兒子殤公（與夷）爲知人，是錯誤的，而且後來宋國弒君內亂，正是宣公行私惠的過失造成的；反而宋穆公不傳給自己的兒子莊公（馮），才是眞正知人。

然而以「兩句法」看《春秋》並非輕易可爲，必須按部就班，「先讀《論語》、《孟子》，更讀一經」，「識得箇義理」之後，方可看《春秋》〔註11〕。由此可見程頤治學的嚴謹態度，所以爲後儒所宗。

關於考信類的著作，有宋儒程頤《春秋傳》一卷，劉絢《春秋通考》十二卷，高閌《春秋集註》四十卷，虞知方《春秋大義》二十二卷、《春秋衍義》

〔註10〕 見《河南程氏遺書・伊川雜錄》。〔宋〕朱熹：《河南程氏遺書》，卷22上，頁285。

〔註11〕 見《河南程氏遺書・入關語錄》。〔宋〕朱熹：《河南程氏遺書》，卷15，頁164。

三卷；元儒鍾伯紀《春秋案斷補遺》卷數不詳，魯眞《春秋案斷》卷數不詳；明儒胡纘宗《春秋本義》十二卷，魏謙吉《春秋大旨》十卷、《春秋備覽》二卷，任桂《春秋質疑》四卷；清儒孫承澤《春秋程傳補》十二卷。

以上程頤《春秋傳》、高閌《春秋集註》、孫承澤《春秋程傳補》尚存，其餘已佚。然而孫承澤《春秋程傳補》雖以補程頤《春秋傳》爲名，卻堅守胡安國《春秋傳》之說，未必盡當程頤之意，姑予置而不論。謹就程頤《春秋傳》、高閌《春秋集註》依序討論。

一、程頤模式

宋儒程頤（1033～1107 年）與兄程顥（1032～1085 年）爲北宋重要的理學家，二人曾長期於洛陽講學，建立了「伊洛學派」（洛學），論證天理與人欲之間的關係，並以治經倡導爲學。

程頤治經，最重視《周易》與《春秋》，並曾分別作傳，除「平生用意，惟在《易傳》」〔註12〕之外，又因《春秋》爲「經世之大法」，「後王知《春秋》之義，則雖德非禹、湯，尚可以法三代之治，自秦而下，其學不傳，予悼夫聖人之志不明於後世也，故作傳以明之」〔註13〕。程頤《春秋》學思想除親筆於《春秋傳》之外，並散見於朱熹所輯《河南程氏遺書》、《河南程氏外書》等著作；其中《春秋傳》自隱公元年起，至桓公九年而止，前後僅二十年，不及二卷，爲未完之書，但誠如宋儒陳亮（1143～1194 年）跋：「先生嘗稱杜預之言曰：『優而柔之，使自求之；饜而飫之，使自趨之；渙然冰釋，怡然理順，然後爲得也。』先生於是二十年之閒，其義甚精，其類例博矣，學者苟精考其書，優柔饜飫，自得於言意之外而達之，其餘則精義之功在我矣，較之終日讀其全書，而於我無與者，其得失何如也？」〔註14〕茲就其解經模式考述如下：

（一）傳爲案，經爲斷

程頤云：

《春秋》，傳爲案，經爲斷。〔註15〕

〔註12〕 程頤弟子尹焞語。〔宋〕朱熹：《河南程氏遺書》，附錄，頁 345。

〔註13〕 見程頤〈春秋傳序〉。〔宋〕朱熹：《河南程氏經說》（臺北：漢京文化事業，1983 年 9 月，《二程集》），卷 4，頁 1125。

〔註14〕 見朱彝尊《經義考》引。〔清〕朱彝尊：《經義考》（臺北：臺灣中華書局，1965 年 11 月，《四部備要》本），卷 182，頁 5。

〔註15〕 見《河南程氏遺書‧入關語錄》。〔宋〕朱熹：《河南程氏遺書》，卷 15，頁 164。

程頤治《春秋》，是以《左傳》的事迹作爲按斷的對象，以《春秋》的義理作爲按斷的依據。又云：

> 《詩》、《書》，載道之文；《春秋》，聖人之用。
>
> 五經之有《春秋》，猶法律之有斷例也。律令惟言其法，至於斷例則始見其法之用也。
>
> 《詩》、《書》如藥方，《春秋》如用藥治疾，聖人之用全在此書，所謂「不如載之行事深切著明」者也。有重疊言者，如征伐、盟會之類。蓋欲成書，勢須如此，不可事事各求異義。但一字有異，或上下文異，則義須別。〔註16〕

擴大範圍來說，《春秋》是聖人用來按斷的法例，而法例中的義理則是來自於《詩》、《書》、《易》等經書〔註17〕，可證聖人不是空言說經，而是以行事爲依據，義理是相當深切而著明的。如《春秋》莊公九年夏：「公伐齊，納子糾。齊小白入于齊。」秋九月：「齊人取子糾殺之。」依據《左傳》記載的事迹，公子糾遇難，管仲不死，反而事奉齊桓公（公子小白），是否合於《春秋》的義理呢？程頤云：

> 小白長而當立，子糾少亦欲立。管仲奉子糾奔魯，小白入齊，既立，仲納子糾以抗小白。以少犯長，又所不當立，義已不順。既而小白殺子糾，管仲以所事言之則可死，以義言之則未可死。〔註18〕

又云：

> 與人同事而死之，理也。知始事之爲非而改之，義也。召忽之死，正也。管仲之不死，權其宜可以無死也。故仲尼稱之曰「如其仁」，謂其有仁之功也。〔註19〕

管仲行事不合義理有二：齊襄公死，公子小白年長當立，公子糾年少不當立，管仲事奉公子糾爭立，不合義理，此其一；公子糾遇難，管仲當死而不死，

〔註16〕 見《河南程氏遺書·元豐己未呂與叔東見二先生語》。〔宋〕朱熹：《河南程氏遺書》，卷2上，頁19。

〔註17〕 程頤云：「夫子刪《詩》、贊《易》、敘《書》，皆是載聖人之道，然未見聖人之用，故作《春秋》。《春秋》，聖人之用也。」見《河南程氏遺書·鮑若雨錄》。〔宋〕朱熹：《河南程氏遺書》，卷23，頁305。

〔註18〕 見《河南程氏遺書·元豐己未呂與叔東見二先生語》。〔宋〕朱熹：《河南程氏遺書》，卷2上，頁19。

〔註19〕 見《河南程氏遺書·伊川雜錄》。〔宋〕朱熹：《河南程氏遺書》，卷22上，頁284～285。

不合義理，此其二。然而管仲又事奉齊桓公（公子小白），卻不是不合義理，因為知所權宜，是仁者的表現，知錯能改，也正合義理，所以孔子稱讚管仲「如其仁」〔註20〕。

以上經過按斷之後，程頤對照經文與義理之間的關係，認為《春秋》「一字有異，或上下文異，則義須別」，云：

> 故《春秋》書「齊小白入於齊」，以國繫齊，明當立也；又書「公伐齊納糾」（二傳無「子」字），糾去「子」，明不當立也；至「齊人取子糾殺之」，此復繫「子」者，罪齊大夫既盟而殺之也。〔註21〕

又云：

> 《春秋》所書，大概事同則辭同，後之學者因以謂之例。然有事同而辭異者，其義各不同，蓋不可以例斷也。〔註22〕

小白繫不繫「齊」，子糾書不書「子」，各代表不同之義，不可概以例求。按《春秋》所書，有事同而辭同者，有事同而辭異者，事同而辭同者可以例按斷，但事同而辭異者，其義各不同，不可以例按斷，與比例模式不拘例的主張（詳見本文第六章）是相同的。

（二）觀聖人作經本意與用心

程頤云：

> 《春秋》大義數十，炳如日星，乃易見也；惟其微辭隱義，時措從宜者，為難知也。〔註23〕

《春秋》有易見的大義，亦有時措從宜而難知的微辭隱義，無論如何，一事一義皆是聖人所作，皆有聖人之用心，「當觀聖人所以作經之意，與聖人所以用心」〔註24〕。所以「學《春秋》者，必優游涵泳，默識心通，然後能造其微也」〔註25〕。

〔註20〕 《論語・憲問》引孔子曰：「桓公九合諸侯，不以兵車，管仲之力也。如其仁！如其仁！」〔宋〕邢昺：《論語注疏》（臺北：大化書局，1982 年 10 月，《十三經注疏》本），卷 14，頁 55。

〔註21〕 見《河南程氏遺書・元豐己未呂與叔東見二先生語》。〔宋〕朱熹：《河南程氏遺書》，卷 2 上，頁 19。

〔註22〕 見《河南程氏粹言・論書篇》。〔宋〕楊時：《河南程氏粹言》（臺北：漢京文化事業，1983 年 9 月，《二程集》），卷 1，頁 1202。

〔註23〕 見程頤〈春秋傳序〉。〔宋〕朱熹：《河南程氏經說》，卷 4，頁 1125。

〔註24〕 見《河南程氏遺書・暢潛道錄》。〔宋〕朱熹：《河南程氏遺書》，卷 25，頁 322。

〔註25〕 見程頤〈春秋傳序〉。〔宋〕朱熹：《河南程氏經說》，卷 4，頁 1125。

　　程頤將《春秋》內容分為「法」與「意」兩個層面，據《河南程氏粹言》
記載程頤答問語錄：

　　　　劉絢問：「孔子何謂作《春秋》？」子曰：「由堯、舜至於周，文
　　　　質損益，其變極矣，其法詳矣。仲尼參酌其宜，以為萬世王制之
　　　　所折中焉，此作《春秋》之本意也。觀其告顏子為邦之道可見矣。」
　　〔註26〕

所謂「法」，是指制度層面而言，如孔子所稱「行夏之時，乘殷之輅，服周之
冕，樂則韶舞」〔註27〕（曆制、車制、服制、樂制）皆是，歷代文質損益各
有不同。所謂「意」，即是指孔子本意，亦是《春秋》內在的精神價值層面。
孔子參酌歷代制度，折中一套萬世適用的王制，寓於《春秋》之中，治學者
必須「述法而通意」〔註28〕，只要讀書「句句而求之，畫誦而味之，中夜而
思之，平其心，易其氣，闕其疑，則聖人之意見矣」〔註29〕。

　　程頤融會《周易》與《春秋》，一本「寂然不動，感而遂通」〔註30〕之理，
以「奉天時」〔註31〕為最高指導原則〔註32〕，而觀察聖人作《春秋》的本意
與用心，主要是在明王道與備四時：

1. 明王道

程頤《春秋傳》云：

　　　　平王東遷，在位五十一年，卒不能復興先王之業，王道絕矣。孟子

〔註26〕　見《河南程氏粹言・論書篇》。〔宋〕楊時：《河南程氏粹言》，卷1，頁1200。

〔註27〕　《論語・衛靈公》：「顏淵問為邦。子曰：『行夏之時，乘殷之輅，服周之冕，
　　　　樂則韶舞。放鄭聲，遠佞人；鄭聲淫，佞人殆。』」〔宋〕邢昺：《論語注疏》，
　　　　卷15，頁61。

〔註28〕　按程頤批評孫復《春秋尊王發微》「述法而不通意」，見《河南程氏粹言・論
　　　　書篇》。〔宋〕楊時：《河南程氏粹言》，卷1，頁1200。

〔註29〕　見《河南程氏遺書・暢潛道錄》。〔宋〕朱熹：《河南程氏遺書》，卷25，頁322。

〔註30〕　語出《周易・繫辭上》：「易，无思也，无為也，寂然不動，感而遂通天下之
　　　　故。」〔唐〕孔穎達：《周易正義》（臺北：大化書局，1982年10月，《十三經
　　　　注疏》本），卷7，頁69。

〔註31〕　語出《周易・文言》乾卦：「夫大人者，與天地合其德，與日月合其明，與四
　　　　時合其序，與鬼神合其吉凶。先天而天弗違，後天而奉天時。」〔唐〕孔穎達：
　　　　《周易正義》，卷1，頁5。

〔註32〕　程頤云：「『寂然不動，感而遂通』者，天理具備，元無欠少，不為堯存，不
　　　　為桀亡。……若不一本，則安得『先天而天不違，後天而奉天時』？」見《河
　　　　南程氏遺書・元豐己未呂與叔東見二先生語》。〔宋〕朱熹：《河南程氏遺書》，
　　　　卷2上，頁43。

曰：「王者之跡熄而《詩》亡，《詩》亡然後《春秋》作。」適當隱

公之初，故始於隱公。〔註33〕

《春秋》始於魯隱公的原因眾說紛紜，程頤認爲與「王道絕」有關。東周平王在位時已不能復興先王之業，死後王道既絕，正當魯隱公即位之初，於是以魯隱公爲《春秋》之始。

按《春秋》爲紀年體，隱公元年卻以「春王正月」開宗，書「王」於其間，目的即在「示人君當上奉天時，下承王正，明此義，則知王與天同大，人道立矣」〔註34〕。又據《河南程氏遺書》記載程頤答問語錄：

棣問：「《春秋》書王如何？」曰：「聖人以王道作經，故書王。」范

文甫問：「杜預以謂周王，如何？」曰：「聖人假周王以見意。」棣

又問：「漢儒以謂王加正月上，是正朔出於天子，如何？」曰：「此

乃自然之理。不書春王正月，將如何書？此漢儒之惑也。」〔註35〕

《春秋》書王，表示正朔出於天子，亦可見聖人本意在以王道作經，假周王以明王道。至於諸侯有悖離王道而用夷道者，又如何呢？「《春秋》之法，中國而用夷道即夷之。」〔註36〕夷之，即成爲《春秋》制裁的對象。

2. 備四時

程頤云：

《春秋》事在二月則書王二月，事在三月則書王三月，無事則書天

時、書首月。蓋有事則道在事，無事則存天時、正王朔。天時備則

歲功成，王道存則人理立，《春秋》之大義也。〔註37〕

《春秋》備書四時，不僅是紀年體的體例，更具有存王道的重大意義，所以即使無事亦書。但有例外者，如《春秋》桓公四年書春、夏，不書秋、冬，原因何在？因爲「桓不道，背逆天理，故不書秋、冬」〔註38〕。按魯桓公逆

〔註33〕 〔宋〕朱熹：《河南程氏經說》，卷4，頁1086。

〔註34〕 見程頤《春秋傳》。〔宋〕朱熹：《河南程氏經說》，卷4，頁1086。

〔註35〕 見《河南程氏遺書・伊川雜錄》。〔宋〕朱熹：《河南程氏遺書》，卷22上，頁280。

〔註36〕 程頤語，見《河南程氏粹言・論書篇》。〔宋〕楊時：《河南程氏粹言》，卷1，頁1201。

〔註37〕 程頤語，見《河南程氏粹言・論書篇》。〔宋〕楊時：《河南程氏粹言》，卷1，頁1201。

〔註38〕 程頤語，見《河南程氏遺書・附雜錄後》。〔宋〕朱熹：《河南程氏遺書》，卷22下，頁298。

弑隱公而繼位爲君，周天子不能治其罪，反而於桓公四年夏派遣宰渠伯糾來聘，以示尊寵，王道盡失，「人理既滅，天運乖矣，陰陽失序，歲功不能成矣，故不具四時」〔註39〕。

此外，《公羊傳》與《穀梁傳》引經文皆至哀公十四年春「西狩獲麟」止，《左傳》卻尚有哀公十五年、十六年經文，程頤云：「是孔門弟子所續，當時以謂必能盡得聖人作經之意，及再三考究，極有失作經意處。」〔註40〕可見程頤以「聖人作經之意」作爲辨正經文的標準，是首尾貫串的。

二、高閌模式

宋儒高閌（1097～1153年），字抑崇，號息齋，得「伊洛學派」之傳，治學專以二程爲本。自王安石廢《春秋》之學，高閌獨耽玩遺經，並博採諸儒之說，惟不標舉姓名，作《春秋集註》十四卷〔註41〕，卷首引程頤〈春秋傳序〉全文爲序，以明紹述程頤之志。

程頤《春秋傳》自隱公元年起，至桓公九年而止。高閌《春秋集註》則止於哀公十四年春「西狩獲麟」；但原書久佚，散見《永樂大典》中，經四庫館臣按次排比，薈粹成編，並採各書所引高閌之說補其闕損，使首尾完具，復爲全帙，因篇頁繁重，析爲四十卷，收錄於《四庫全書》中。

按程頤〈春秋傳序〉云：「後世以史視《春秋》，謂褒善貶惡而已，至於經世之大法，則不知也。」〔註42〕高閌《春秋集註》亦云：

> 仲尼……懼先王經世之法墜地莫傳，欲立爲中制，俾萬世可以通行，
> 故假周以立王法，而託始于隱公焉，且以文武之道期後王，以周公
> 之事業望魯之子孫也。以此推之，《春秋》固非一王之法，乃萬世通
> 行之法也。〔註43〕

可見高閌與二程之學脈絡一貫。然而高閌《春秋集註》可貴之處，在於不存門戶私心，如程頤按斷義理，以齊襄公死，公子小白年長當立，公子糾年少

〔註39〕 見程頤《春秋傳》。〔宋〕朱熹：《河南程氏經說》，卷4，頁1103～1104。
〔註40〕 見《河南程氏遺書・伊川雜錄》。〔宋〕朱熹：《河南程氏遺書》，卷22上，頁281。
〔註41〕 陳振孫《直齋書錄解題》云：「《息齋春秋集注》十四卷。」〔宋〕陳振孫：《直齋書錄解題》（臺北：臺灣商務印書館，1968年3月），卷3，頁61。
〔註42〕 〔宋〕朱熹：《河南程氏經說》，卷4，頁1125。
〔註43〕 ，卷1，頁2。

不當立，管仲事奉公子糾爭立，不合義理〔註44〕；高閌則採用三傳、《史記》、《荀子》之說，以「糾與小白皆襄公之弟，而糾于諸弟最長，當立」〔註45〕，對於程頤之說並不盲從。茲考述其解經模式如下：

（一）聖人傳信不傳疑

按《春秋》致疑者有三，《穀梁傳》以「信以傳信，疑以傳疑」爲《春秋》之義，但高閌主張聖人不傳疑：

1. 因文致疑者

如《春秋》桓公十四年「夏五」，高閌《春秋集註》云：

> 先儒謂傳疑也。聖人作《春秋》爲萬世法，豈有傳疑者乎！後之傳者，或脫「月」字，或誤加「五」字耳。〔註46〕

《穀梁傳》認爲，「夏五」是聖人「傳疑也」；但高閌認爲，應是後人口傳或傳鈔脫誤，而非聖人傳疑。

2. 因義致疑者

如《春秋》隱公四年多十二月：「衛人立晉。」程頤《春秋傳》云：「衛人以晉公子也，可以立，故立之，《春秋》所不與也；雖先君子孫，不由天子、先君之命，不可立也，故去其『公子』。」〔註47〕衛國經歷篡弑內亂之後，公子晉爲先君之子，且受國人擁戴，於是即位爲國君，疑似合法；但《春秋》以公子晉即位未先向周王請命，所以去其「公子」稱號。高閌《春秋集註》承襲其說云：

> 若《春秋》不明絕之，則是諸侯之立不必命于天子，特以公子之親、眾人宜之而自立也，如此則千乘之國皆可擅置其君，而邦君之子皆可專其國矣，斯大亂之道也。是以《春秋》不與其立，而去其「公子」，以明先君之子孫，苟不由天子之命，皆不可立也。蓋《春秋》之法，別嫌明微，以晉有可立之理，故聖人特于疑似之間而發明不當立之義。〔註48〕

〔註44〕 《河南程氏遺書‧元豐己未呂與叔東見二先生語》云：「小白長而當立，子糾少亦欲立。管仲奉子糾奔魯，小白入齊，既立，仲納子糾以抗小白。以少犯長，又所不當立，義已不順。」〔宋〕朱熹：《河南程氏遺書》，卷2上，頁19。

〔註45〕 〔宋〕高閌：《春秋集註》，卷9，頁90。

〔註46〕 〔宋〕高閌：《春秋集註》，卷6，頁64。

〔註47〕 〔宋〕朱熹：《河南程氏經說》，卷4，頁1093。

〔註48〕 〔宋〕高閌：《春秋集註》，卷2，頁18。

《春秋》去其「公子」稱號，表示公子晉雖可立爲國君，但不可由衛人自立，必須由周王任命，此爲萬世之法，所以聖人以微辭辨明疑義，並不傳疑。

3. 因事致疑者

如《春秋》哀公二年夏四月丙子：「衛侯元卒。」據《左傳》記載，衛靈公（衛侯元）之太子蒯聵因涉嫌謀害嫡母南子，事敗逃亡；靈公去世前，有意另立公子郢爲太子，但公子郢堅辭；靈公去世後，國人於是立蒯聵之子輒繼位爲國君，後來發生蒯聵與輒父子爭國之亂。程顥云：「公子郢志可嘉，然當立而不立，以致衛亂，亦聖人所當罪也，而《春秋》不書，事可疑耳。」〔註49〕公子郢堅辭立爲太子，因事可疑，聖人不傳疑，所以《春秋》不書，高閌《春秋集註》亦不採《左傳》之說。

（二）《春秋》書其可書者，以爲後世戒

高閌認爲，「《春秋》書其可書者，以爲後世戒」〔註50〕。若有不可書者，如魯桓公因發現夫人文姜與齊襄公亂倫，而遭齊襄公指使彭生刺殺，魯人雖知彭生是殺桓公的兇手，但不知齊襄公是幕後主使者，而要求齊國殺彭生，此事記載於《左傳》，《春秋》則以「公薨于齊」四字略過，所以「言之醜者，《春秋》蓋有所不書也」〔註51〕。

至於《春秋》所書，如何戒惕後世呢？

1. 以天道戒惕人事

如《春秋》隱公三年春王二月己巳：「日有食之。」程頤云：「太陽，君也，而被侵食，君道所忌。」〔註52〕太陽象徵國君，日食即代表國君被侵陵，是不容發生的。又云：「《春秋》事在二月則書王二月，事在三月則書王三月，無事則書天時、書首月。蓋有事則道在事，無事則存天時、正王朔。天時備則歲功成，王道存則人理立，《春秋》之大義也。」〔註53〕《春秋》備書四時，

〔註49〕 見《河南程氏遺書・師訓》引程顥語。〔宋〕朱熹：《河南程氏遺書》，卷11，頁123～124。
〔註50〕 〔宋〕高閌：《春秋集註》，卷8，頁87～88。
〔註51〕 〔宋〕高閌：《春秋集註》，卷8，頁88。
〔註52〕 程頤語，見《河南程氏粹言・論書篇》。〔宋〕楊時：《河南程氏粹言》，卷1，頁1201。
〔註53〕 程頤語，見《河南程氏粹言・論書篇》。〔宋〕楊時：《河南程氏粹言》，卷1，頁1201。

具有存王道的重大意義，四時屬天道，王道屬人事，二者息息相關。高閌《春秋集註》承襲其說云：

> 日月之食，有常數焉，此巧曆者所能推也。……《春秋》又獨書日食，何也？曰：君道也，而被侵害，……蓋歸咎于人事，而不以為常數也。是以人君遇其食則當恐懼修省，而百官惟當修輔厥后，更不推之于數，蓋以有食之者故耳，此《春秋》之深意也。後世推求臆度，指陳某事之應，則失之矣。……按〈長曆〉二月己巳朔，此不書朔，因舊史也。然則聖人作經，盍不考而正之乎？曰：周衰，天子不班曆，魯曆不正，置閏不得其月，月之大小不得其度，或在朔前，或在朔後，聖人因舊史而書之，為後世戒。〔註54〕

首先，日食、月食可以曆法推算，《春秋》為何還要記錄日食呢？因為《春秋》以天道引喻人事，當發生日食時，希望國君能藉以恐懼修省，百官能藉以修輔國君，避免亂臣賊子有作亂的機會。其次，依據杜預〈經傳長曆〉推算，魯隱公三年春二月己巳是朔日，但《春秋》不書朔，聖人為何不考證呢？因為聖人是依據魯史舊文而作《春秋》，保存魯史原貌，一看便知周室衰弱，天子已不訂頒曆法，魯曆無法校正，使天下後世藉以得到戒惕。所以後世有以感應解讀《春秋》天道與人事之間的關係，純屬臆度，與《春秋》以天道戒惕人事的目的不合。

2. 常事及非常之事皆可為戒惕

按《公羊傳》以「常事不書」為《春秋》書法，但事實上《春秋》常事亦書，如《春秋》隱公七年冬：「天王使凡伯來聘。」程頤《春秋傳》云：「《周禮》：『時聘以結諸侯之好。』諸侯不修臣職而聘之，非王體也。」〔註55〕天子聘諸侯之禮雖明訂於《周禮·秋官司寇》，程頤卻認為非王體。高閌《春秋集註》承襲其說云：

> 天王下聘，禮之常也，常事不書，而《春秋》書天王聘魯者八，此聖人之深意也。……故著天王聘問之厚，以見諸侯不朝之罪也。〔註56〕

天子聘諸侯之禮既明訂於《周禮·秋官司寇》，即為常事，《春秋》書此常事，表示其中有聖人之深意，在於「見諸侯不朝之罪」，作為天下諸侯不朝之戒。

〔註54〕〔宋〕高閌：《春秋集註》，卷1，頁11。
〔註55〕〔宋〕朱熹：《河南程氏經說》，卷4，頁1096。
〔註56〕〔宋〕高閌：《春秋集註》，卷2，頁24～25。

至於非常之事，如《春秋》桓公三年秋九月：「夫人姜氏至自齊。」高閌《春秋集註》云：

> 書至自齊，是不與其會于讙也。春秋之時，婚姻失道，鮮有賢女輔佐君子，……故自隱而下，內女、夫人出處之迹，聖人謹而書之，曰逆女、曰納幣、曰歸、曰來、曰薨、曰卒、曰葬，所以謹其終始而著其罪也。然事有繁者，不可概舉，則略其常事而著其非常者，故迎女不親則書之，居喪納幣則書之，歸來無故則書之，會享求婦則書之。凡非常之事悉書焉，以懲以戒，爲萬世法。〔註57〕

魯桓公娶齊女文姜爲夫人，不能親迎，而使公子翬遠迎，文姜不待禮而行，齊侯出境送文姜至讙，與魯桓公相會，皆不合禮法，所以《春秋》書「夫人姜氏至自齊」，表示不認同。但事簡可書常事，事繁則必須刪略常事而書非常之事，所以此事只書非常之事，以戒惕萬世。

（三）事同而辭異、事異而辭同者，皆不可以例拘

程頤云：「《春秋》所書，大概事同則辭同，後之學者因以謂之例。然有事同而辭異者，其義各不同，蓋不可以例斷也。」〔註58〕《春秋》所書，有事同而辭同者，有事同而辭異者，前者可以例按斷，後者則不可以例按斷。高閌《春秋集註》亦云：

> 《春秋》大率所書事同則辭同，後人因謂之例；然有事同而辭異者，亦有事異而辭同者，不可以例拘也。〔註59〕

《春秋》所書，除事同而辭同者、事同而辭異者之外，尚有事異而辭同者，爲程頤所未提及。如高閌《春秋集註》云：

> 深察夫隱之立也，名曰爲桓，而其心則殆將竊名者耳。……凡所行之事，未見其所以爲攝，亦未見其讓，而實已即位，乃徒爲此名以召亂耳。……如隱、文、成、襄、昭、哀皆不請王命而承之以正者也，獨隱不書即位者，入春秋之始，聖人即以王法奪之，而大義既立矣；若文、成、襄、昭、哀例亦不書，則與夫繼故而不承以正者無以爲別，故五公書之，猶言繼正而有所受之也。如莊、閔、僖則既無王命，又皆繼故，而非承以正，故不書即位者，不正其始也。

〔註57〕〔宋〕高閌：《春秋集註》，卷4，頁43。
〔註58〕見《河南程氏粹言・論書篇》。〔宋〕楊時：《河南程氏粹言》，卷1，頁1202。
〔註59〕〔宋〕高閌：《春秋集註》，卷1，頁4。

> 桓、宣、定之書即位，則著其自立之罪，蓋桓弒隱自立，宣受弒賊
> 之立，定爲逐君者所立，皆無王、無君，何命之受，欲書其自即位
> 也；定之比宣，則又有間矣。〔註60〕

諸侯即位必須先向周王請命，魯隱、文、成、襄、昭、哀六公皆無王命且於正常狀況下繼位，本應事同而辭同，例不書即位；但其中隱公名爲桓公攝位，實爲即位，所以聖人以王法奪之，不書即位，以立大義，其餘五公則比照受王命而書即位之例，此爲事同而辭異。莊、閔、僖三公皆無王命且於變故狀況下繼位，所以不書即位，此爲事同而辭同；但隱公無王命且於正常狀況下繼位，亦不書即位，則爲事異而辭同。桓、宣、定三公皆有罪而自立，爲著其自立之罪，所以書即位；但文、成、襄、昭、哀五公皆無王命且於正常狀況下繼位，亦書即位，此爲事異而辭同。以上魯十二公或書即位，或不書即位，高閌係引程頤《春秋傳》之說，以明事同而辭異、事異而辭同者皆不可以例拘。

　　《四庫全書總目》以高閌《春秋集註》解「衛人立晉」諸條，「皆深得聖人之微旨」〔註61〕，固極爲推崇；但以「及向戌盟于劉」誤增「于劉」二字，「州蒲」爲「州滿」之訛，「亦皆足以備一解」〔註62〕，則似贅言；甚至以隱公九年「會防」之「防」在琅邪華縣東南，十年「取防」之「防」在高平昌邑縣西南，文公十二年「城諸及鄆」之「鄆」在城陽姑幕南，成公四年「城鄆」之「鄆」在東郡廩邱縣東，「閌皆混爲一地，未免於考据少疎」〔註63〕，亦頗爲苛求。然而高閌《春秋集註》志在紹述程頤《春秋傳》，並多所精進，半生精力盡在於此，其用心是值得肯定的。

第二節　如史類

　　程頤主張「以傳考經之事迹，以經別傳之眞僞」，朱熹雖不反對，但認爲「亦有不可考處」〔註64〕，所以主張《春秋》當「只如看史樣看」〔註65〕，回歸史書的面貌。

〔註60〕〔宋〕高閌：《春秋集註》，卷1，頁3～4。
〔註61〕《四庫全書總目》（臺北：臺灣商務印書館，1986年7月，《景印文淵閣四庫全書》），卷27，頁14。
〔註62〕《四庫全書總目》，卷27，頁14。
〔註63〕《四庫全書總目》，卷27，頁14。
〔註64〕朱熹語。〔宋〕黎靖德：《朱子語類》，卷83，頁4。
〔註65〕〔宋〕黎靖德：《朱子語類》，卷83，頁4。

　　既然看《春秋》只如看史，對於孟子曰「《春秋》天子之事」〔註66〕一句，便形成了不同於三傳的見解。三傳認為，「天子之事」是指天子的職權，聖人修作《春秋》是行使天子褒貶進退的職權，所以制訂義例作為褒貶進退之法。但若看《春秋》只如看史，則「天子之事」是指天子的行事，聖人修作《春秋》是記錄天子的行事，「只是被孔子寫取在此，人見者自有所畏懼耳」〔註67〕，並未額外制訂義例作為褒貶進退之法，所以反對三傳義例模式解經。

　　關於如史類的著作，有宋儒徐定《潮州春秋解》十二卷，黃仲炎《春秋通說》十三卷，呂大圭《春秋集傳》卷數不詳、《春秋或問》二十卷、《春秋五論》一卷；元儒梁寅《春秋攷義》十卷；明儒魏校《春秋經世書》二卷，王崇慶《春秋斷義》一卷，陳言《春秋疑》卷數不詳，高拱《春秋正旨》一卷，徐學謨《春秋億》六卷，姜寶《春秋事義全考》二十卷、《春秋讀傳解略》二十卷，鄭良弼《春秋或問》十四卷、《春秋存疑》一卷、《春秋通考續義》三卷，黃正憲《春秋翼附》二十卷，姚舜牧《春秋疑問》十二卷，沈堯中《春秋本義》四卷，吳炯《春秋質疑》一卷，賀仲軾《春秋歸義》三十二卷、《春秋便考》十卷、《春秋提要》十卷；清儒秦沅《春秋綱》三卷，魏禧《左傳經世鈔》二十三卷，張自超《春秋宗朱辨義》十二卷，法坤宏《春秋取義測》十二卷，郝懿行《春秋說略》十二卷，侯康《春秋古經說》二卷。

　　以上黃仲炎《春秋通說》、呂大圭《春秋或問》、《春秋五論》、魏校《春秋經世書》、高拱《春秋正旨》、徐學謨《春秋億》、姜寶《春秋事義全考》、黃正憲《春秋翼附》、姚舜牧《春秋疑問》、賀仲軾《春秋歸義》、魏禧《左傳經世鈔》、張自超《春秋宗朱辨義》、郝懿行《春秋說略》、侯康《春秋古經說》尚存，其餘已佚。

　　然而必須再度一提的是朱熹。朱熹的經學著作涵蓋領域甚廣，但除了《尚書》部分有弟子蔡沈補成《書集傳》刊行於世之外，獨缺《春秋》部分，曾云：「《春秋》之說，向日亦嘗有意，而病於經文之太略，諸說之太煩，且其前後牴牾非一，是以不敢妄為必通之計，而姑少緩之；然今老矣，竟亦未敢再讀也。」〔註68〕可知朱熹確曾研究過《春秋》，亦曾有意為《春秋》著書立說，只是病於

〔註66〕 見《孟子・滕文公下》。〔宋〕孫奭：《孟子注疏》（臺北：大化書局，1982 年 10 月，《十三經注疏》本），卷 6 下，頁 50。

〔註67〕 朱熹語。〔宋〕黎靖德：《朱子語類》，卷 83，頁 3。

〔註68〕 〔宋〕朱熹：〈答龔惟微〉，《晦庵先生朱文公文集》（臺北：臺灣中華書局，1965 年 11 月，《四部備要》本），卷 59，頁 5。

經文太略、諸說太煩、前後牴牾非一，而暫緩進行。雖然朱熹年老時未敢再讀《春秋》，始終未爲《春秋》著書，但其說由弟子們以語錄體記錄下來，後經黎靖德（生卒年不詳）輯存於《朱子語類》中，成爲重要的參考文獻。

爰謹以朱熹、黃仲炎、呂大圭三人爲代表，依序討論。

一、朱熹模式

宋儒朱熹（1130～1200 年）集宋代理學之大成，並在二程思想的基礎上建構了四書學，別出於傳統的六經（五經）系統之外，甚至將四書的重要性置於六經（五經）之上，其原因何在？因爲朱熹認爲，六經（五經）經過歷代儒者傳承下來，「《詩》、《書》是隔一重兩重說，《易》、《春秋》是隔三重四重說」〔註69〕。所謂隔一重兩重說或三重四重說，是指於注腳上重複添加注腳〔註70〕。六經（五經）經過前儒於注腳上重複添加注腳之後，後人已不得聖人本意，不如直接從《論語》、《孟子》下工夫，因爲「讀《論》、《孟》，且先正人之見識，以參他書，無所不可」〔註71〕，而且「《語》、《孟》工夫少，得效多，六經工夫多，得效少」〔註72〕。

朱熹又認爲，「大抵《春秋》自是難看，今人說《春秋》，有九分九釐不是，何以知聖人之意是如此？」〔註73〕甚至「某平生不敢說《春秋》，若說時，只是將胡文定說扶持說去，畢竟去聖人千百年後，如何知得聖人之心？」〔註74〕可知朱熹不敢說《春秋》，是因爲難以得到聖人之心，若是不得不說時，只有援引胡安國（文定）之說。但朱熹對於胡安國之說並不滿意，亦不盡信，認爲「有牽強處」〔註75〕，不知「得聖人意裏是如此說否」〔註76〕。以下謹就朱熹解經模式考述之。

〔註69〕　〔宋〕黎靖德：《朱子語類》，卷 104，頁 3。

〔註70〕　如《論語・學而》：「曾子曰：『吾日三省吾身：爲人謀而不忠乎？與朋友交而不信乎？傳不習乎？』」朱熹注：「盡己之謂忠。」門人林子武問「盡己之謂忠」，朱熹曰：「『盡己』字本是『忠』字之注腳，今又要討『盡己』注腳，如此是隔幾重！何不試思，自家爲人謀時，己曾盡不曾？便須見得盡己底意思也。」〔宋〕黎靖德：《朱子語類》，卷 21，頁 4。

〔註71〕　〔宋〕黎靖德：《朱子語類》，卷 123，頁 1。

〔註72〕　〔宋〕黎靖德：《朱子語類》，卷 19，頁 1。

〔註73〕　〔宋〕黎靖德：《朱子語類》，卷 123，頁 1～2。

〔註74〕　〔宋〕黎靖德：《朱子語類》，卷 83，頁 6。

〔註75〕　〔宋〕黎靖德：《朱子語類》，卷 83，頁 10。

〔註76〕　〔宋〕黎靖德：《朱子語類》，卷 83，頁 10。

（一）合於義理者為是，不合於義理者為非

雖說聖人之心難得，其實朱熹對於應該如何治《春秋》，仍是有一套明確的主張，云：

> 人道《春秋》難曉，據某理會來，無難曉處。只是據他有這簡事在，據他載得恁地。但是看今年有甚麼事，明年有甚麼事，禮樂征伐不知是自天子出？自諸侯出？自大夫出？只是恁地。而今卻要去一字半字上理會褒貶，卻要去求聖人之意，你如何知得他肚裏事！〔註77〕

一般人認為《春秋》難曉，是因為局限在一字半字上推敲異同，理會褒貶，以為皆是聖人筆削，結果反而得不到聖人本意。朱熹指出，主張《春秋》字字有義者，是疏忽了兩個客觀條件上的限制：一是《春秋》文字不全，孔子因魯史作《春秋》，但「大概自成、襄已前，舊史不全，有舛逸，故所記各有不同；若昭、哀已後，皆聖人親見其事，故記得其實，不至於有遺處」〔註78〕，後人不知成公、襄公以前的舊史不全，以為聖人筆削而予其爵、削其爵、賞其功、罰其罪，其實全屬誤解；二是魯史已佚，「今若必要如此推說，須是得魯史舊文，參校筆削異同，然後為可見，而亦豈復可得也」〔註79〕，魯史既不復可得，後人已無法參校魯史原文逐字探求聖人筆削之意，何況聖人並不以增減一二字為法。

由於一般人解經方法錯誤，所以朱熹提出以義理判斷是非的方法，云：

> 今理會得一簡義理後，將他事來處置，合於義理者為是，不合於義理者為非。〔註80〕

朱熹教人體會事件中的義理，以義理判斷事件的是非。但聖人「也都不說破，教後人自將義理去折衷」〔註81〕，如《春秋》隱公元年春三月「公及邾儀父盟于蔑」，邾儀父未奉王命，私盟之罪自見；隱公元年夏五月「鄭伯克段于鄢」，兄弟之義自見；隱公元年秋七月「天王使宰咺來歸惠公仲子之賵」，以天王之尊下賵諸侯之妾，是非自見。由於諸家解《春秋》，多不重視義理，如「《左氏》之病，是以成敗論是非，而不本於義理之正」〔註82〕，所以朱熹「都不

〔註77〕　〔宋〕黎靖德：《朱子語類》，卷83，頁1。
〔註78〕　〔宋〕黎靖德：《朱子語類》，卷83，頁3。
〔註79〕　〔宋〕黎靖德：《朱子語類》，卷83，頁2。
〔註80〕　〔宋〕黎靖德：《朱子語類》，卷83，頁8。
〔註81〕　〔宋〕黎靖德：《朱子語類》，卷83，頁8。
〔註82〕　〔宋〕黎靖德：《朱子語類》，卷83，頁5。

敢信諸家解，除非是得孔子還魂親說出，不知如何」〔註83〕；而胡安國解《春秋》，「義理正當」〔註84〕，「以義理穿鑿，故可觀」〔註85〕，反而得到朱熹的肯定。

（二）聖人直述其事，使人自觀之

朱熹看《春秋》如看史，認爲「聖人據魯史以書其事，使人自觀之，以爲鑒戒爾」〔註86〕。所謂鑒戒，就是歷史的教訓，經聖人擷取成爲《春秋》大旨，如誅亂臣討賊子、內中國外夷狄、貴王賤伯等皆是，觀之可得，其中雖寓褒貶之義，卻是史事本身所有，並非聖人所賦予。又云：

> 聖人作經，直述其事，固是有所抑揚；然亦非故意增減一二字，使
> 後人就一二字上推尋，以爲吾意旨之所在也。〔註87〕

聖人作經，只是直述史事，將歷史的教訓呈現出來，使人自見，作爲鑒戒，並未故意增減一二字給後人推尋。如《春秋》屢書會盟、侵伐，表示諸侯擅自興兵；書郊、禘，表示魯國僭用禮法；書三卜〔註88〕、四卜〔註89〕，牛傷、牛死，表示失禮之中又失禮；書「不郊，猶三望」〔註90〕，表示不必望而猶望；書「仲遂卒，猶繹」〔註91〕，表示不必繹而猶繹。可見聖人「何嘗云某事用某法，甚事用某例」〔註92〕。所以朱熹反對三傳以義例模式解經，云：

> 《春秋》傳例多不可信。聖人記事，安有許多義例！如書伐國，惡諸
> 侯之擅興；書山崩、地震、螽、蝗之類，知災異有所自致也。〔註93〕

按《春秋》屢書伐國，三傳視爲聖人所設義例，朱熹則解爲「惡諸侯之擅興」；《春秋》屢書山崩、地震、螽、蝗之類，三傳亦視爲義例，朱熹則解爲「知災異有所自致」，皆不以爲義例。朱熹並批評義例的存在價值，云：

〔註83〕 〔宋〕黎靖德：《朱子語類》，卷83，頁10。
〔註84〕 〔宋〕黎靖德：《朱子語類》，卷83，頁7。
〔註85〕 〔宋〕黎靖德：《朱子語類》，卷83，頁3。
〔註86〕 〔宋〕黎靖德：《朱子語類》，卷83，頁2。
〔註87〕 〔宋〕黎靖德：《朱子語類》，卷83，頁12。
〔註88〕 《春秋》襄公七年夏四月：「三卜郊，不從，乃免牲。」
〔註89〕 《春秋》僖公三十一年夏四月：「四卜郊，不從，乃免牲，猶三望。」襄公十一年夏四月：「四卜郊，不從，乃不郊。」
〔註90〕 《春秋》宣公三年春正月：「郊牛之口傷，改卜牛，牛死，乃不郊，猶三望。」
〔註91〕 《春秋》宣公八年夏六月辛巳：「有事于太廟。仲遂卒于垂。」壬午：「猶繹，萬入去籥。」
〔註92〕 〔宋〕黎靖德：《朱子語類》，卷83，頁1。
〔註93〕 〔宋〕黎靖德：《朱子語類》，卷83，頁4。

《春秋》之有例固矣，奈何非夫子之爲也。昔嘗有人言及命格，予
曰：「命格，誰之所爲乎？」曰：「善談五行者爲之也。」予曰：「然
則何貴？設若自天而降，具言其爲美爲惡，則誠可信矣。今特出於
人爲，烏可信也？」知此，則知《春秋》之例矣。〔註94〕

《春秋》義例不是孔子所設，而是後人所爲；猶如人的命格不是先天所有，
而是後人善談五行者所爲，所以不可信。

至於或人論《春秋》，以爲多有變例，所以前後書法多有不同。朱熹云：

此烏可信！聖人作《春秋》，正欲褒善貶惡，示萬世不易之法。今乃忽
用此說以誅人，未幾又用此說以賞人，使天下後世皆求之而莫識其意，
是乃後世弄法舞文之吏之所爲也，曾謂大中至正之道而如此乎！〔註95〕

由於聖人作《春秋》的目的，在建立萬世不易之法，是善是惡、該褒該貶都
有一定的標準；變例則善惡不一、賞罰不定，是後世弄法舞文之吏之所爲，
所以更不可信。

附帶一提，朱熹作《資治通鑑綱目》五十九卷（弟子趙師淵續成），其〈序
例〉云：

輒與同志因兩公四書，別爲義例，增損檃括，以就此編。〔註96〕

《資治通鑑綱目》取材自「兩公四書」（司馬光《資治通鑑》、《資治通鑑目錄》、
《資治通鑑舉要曆》及胡安國《資治通鑑舉要補遺》），並運用「別爲義例」
與「增損檃括」兩種方法編成，上自周威烈王，下至唐昭宣帝，以周、秦、
漢、晉、隋、唐爲正統，其餘則爲僭國、篡賊或無統。所謂「增損檃括」，自
有效法孔子筆削魯史之意。至於所謂「別爲義例」，〈序例〉列舉統系、歲年、
名號、即位、改元、尊立、崩葬、篡賊、廢徙、祭祀、行幸、恩澤、朝會、
封拜、征伐、廢黜、罷免、人事、災祥凡十九例，則與其反對以義例解經頗
有不合，可能與《資治通鑑綱目》爲史書而非經書有關，甚至〈序例〉爲後
人僞造，非朱熹所著〔註97〕。然而《資治通鑑綱目》不在本文題旨範圍內，
姑予存疑，俟另闢專文討論。

〔註94〕〔宋〕黎靖德：《朱子語類》，卷83，頁4。
〔註95〕〔宋〕黎靖德：《朱子語類》，卷83，頁4。
〔註96〕〔宋〕朱熹：《資治通鑑綱目》（明成化九年內府刊本），卷首，頁1。
〔註97〕經查閱現存《資治通鑑綱目》宋嘉定己卯眞德秀溫陵郡齋刊宋末元明初遞修
本無〈序例〉，明成化九年內府刊本有〈序例〉。大陸學者湯福勤先生即指出，
〈序例〉爲後人僞造，非朱熹所著。湯福勤：《朱熹的史學思想》（濟南：齊
魯書社，2000年），頁175～193。

二、黃仲炎模式

宋儒黃仲炎（生卒年不詳）一生舉業無功，卻是一位窮經篤古之士，因鑒於「自專門雜褒貶以論經，使後世眩是非而難辨，迄於科舉，時文之弊尤爲戲侮聖人之言」，於是「遠稽孟子之書，近酌朱熹之論」〔註98〕，作《春秋通說》十三卷。所謂「通說」，是指「去褒貶之茅塞，而通諸教戒之正途」〔註99〕。茲就其解經模式考述如下：

（一）《春秋》爲聖人教戒天下之書，從其實而書之

黃仲炎認爲：「《春秋》者，聖人教戒天下之書，非褒貶之書也。」〔註100〕所謂教，是指《春秋》所書之法，法是聖人所定，所以稱爲教。所謂戒，是指《春秋》所書之事，其內容皆爲當代衰亂之迹，目的在戒惕天下後世。如《春秋》隱公元年冬十二月：「公子益師卒。」黃仲炎《春秋通說》云：

> 《春秋》書大夫卒有二義焉：一以明君臣之義，一以見當時專用公族爲大夫之非。明君臣之義者，所謂教也；明當時專用公族爲大夫者，所謂戒也。……故《春秋》書公子、公弟、公孫、叔仲、季孫卒，無他姓者，所以見魯專用公族爲大夫之非也，使後之人君行其所教，則遇臣有恩，當不以土芥犬馬視其臣矣；用其所戒，則任官惟賢，當不以天位私於公族矣。〔註101〕

以上從正反兩面分析《春秋》書大夫卒的意義，正面的意義是用以「明君臣之義」，反面的意義是用以「見當時專用公族爲大夫之非」。孔子對於天下的教戒是「即吾父母國之史以明之」〔註102〕，因此所謂「《春秋》者，教戒天下之書」，是孔子藉由《春秋》記載的史事，以戒爲教，教亦即是戒。

按朱熹認爲，「聖人據魯史以書其事，使人自觀之，以爲鑒戒爾」〔註103〕；

〔註98〕〔宋〕黃仲炎：〈進春秋通說表〉，《春秋通說》（臺北：臺灣大通書局，1969年10月，《通志堂經解》，冊23），卷首，頁3～4。

〔註99〕見朱彝尊《經義考》引黃仲炎〈春秋通說序〉。〔清〕朱彝尊：《經義考》，卷190，頁5。

〔註100〕見朱彝尊《經義考》引黃仲炎〈春秋通說序〉。〔清〕朱彝尊：《經義考》，卷190，頁4。

〔註101〕〔宋〕黃仲炎：《春秋通說》，卷1，頁6～7。

〔註102〕見朱彝尊《經義考》引黃仲炎〈春秋通說序〉。〔清〕朱彝尊：《經義考》，卷190，頁4。

〔註103〕〔宋〕黎靖德：《朱子語類》，卷83，頁2。

黃仲炎亦屢次提及「《春秋》之紀事，爲戒而已矣」〔註104〕。但三傳不知《春秋》以史事爲教戒，而在史事之外創設褒貶義例之說，以《春秋》書爵、書字、稱氏、稱族爲褒善，書人、書名、去氏、去族爲貶惡，甚至以書或不書時月日爲褒貶，以義例解經，造成本末倒置。實則《春秋》是不以義例爲褒貶的，如《春秋》桓公二年春：「滕子來朝。」黃仲炎《春秋通說》云：

> 先儒論滕侯爵而書子，凡有數說：一曰，以其朝篡逆之魯桓，故
> 貶而書子；……一曰，去公侯之爵，而從子男者，殺貢賦也。……
> 闕此二說，則知杜預云「侯降而子爲時王所黜」者，蓋得之矣。
> 或謂：「周室衰弱，豈能黜陟諸侯？」不知周之失政，正在此爾。
> 王朝刑罰不能略施於強大之邦，而區區用於杞、滕之小國，故《春
> 秋》從其實而書之，以見吐剛而茹柔、畏強禦而侮鰥寡者，非王
> 政也。〔註105〕

這一段文字認爲，滕侯降爲子爵是周天子所黜。但滕侯爲何降爲子爵呢？這是由於兩方面因素造成的：一方面滕侯明知魯桓公是篡弑繼位，卻仍前往朝貢尋求保護，而且自動降爲子爵以減少貢賦；另一方面周天子對於諸侯結黨爲惡，只敢制裁小國，不敢制裁大國。所以周天子將滕侯降爲子爵，不是《春秋》所貶，《春秋》只是「從其實而書之」，與義例無關。

（二）《春秋》固有以隻字為義，非字字有義

朱熹認爲，《春秋》「未必如先儒所言字字有義」〔註106〕。黃仲炎參酌朱熹之說，亦云：「《春秋》固有以隻字爲義，而非字字有義也。」〔註107〕《春秋》以隻字爲義者，如書「王」於「正月」之上，意義何在呢？黃仲炎《春秋通說》云：

> 王正月者，周之正月也。何言乎周之正月？明諸侯奉周之正朔也。
> 〔註108〕

《春秋》書「王」於「正月」之上，明示諸侯必須奉周王之正朔，即是以隻字爲義，所以吳、楚僭號稱王，《春秋》皆削其僭號而從其本爵。《春秋》雖

〔註104〕〔宋〕黃仲炎：《春秋通說》，卷5，頁3；卷6，頁9；卷7，頁2；卷10，頁23。

〔註105〕〔宋〕黃仲炎：《春秋通說》，卷2，頁5〜6。

〔註106〕〔宋〕黎靖德：《朱子語類》，卷83，頁1。

〔註107〕〔宋〕黃仲炎：《春秋通說》，卷3，頁26。

〔註108〕〔宋〕黃仲炎：《春秋通說》，卷1，頁2。

有以隻字爲義者，卻非字字有義，如《春秋》桓公十五年夏：「許叔入于許。」黃仲炎《春秋通說》云：

> 先儒謂：「許叔能復其宗社，故《春秋》賢而字之。」抑不思許叔罹鄭之虐，遷徊于外者十有五年，不能乞靈於王室，假援於諸侯，以復君父之仇也。今幸鄭之亂，乘閒以入其國，此雖甚愚者爲計，亦不容不出於此，何以謂之賢哉！……朱氏謂《春秋》非字字皆有義者，此類也。〔註109〕

按《春秋》隱公十一年齊侯聯合魯、鄭二國入侵許國，許莊公出奔衛國，鄭伯指派許大夫百里奉許叔居於許東偏；至《春秋》桓公十五年，許叔趁鄭國發生內亂的機會返回許國。依三傳義例模式，《春秋》書字者爲賢；《春秋》書許叔之字，所以先儒以許叔能復其宗社爲賢。但黃仲賢認爲，許叔居於許東偏十五年間毫無作爲，未能復君父之仇，返回許國是因爲鄭國發生內亂，稱不上是個賢者，所謂書字者爲賢是錯誤的，義例模式以《春秋》字字有義亦是無法成立的。

（三）據事觀經，以經義為斷

　　黃仲炎作《春秋通說》，參酌三傳之說，並從三傳的來源，判斷其事與義的可信性，認爲《左傳》傳自楚左史倚相，「載楚事比他國爲特詳，是得其實」〔註110〕；又認爲《公羊傳》與《穀梁傳》來源不明，皆非親受經於聖人，「故於說經，首失其義」〔註111〕。若將《公羊傳》與《穀梁傳》作得失比較，則《穀梁傳》「閒亦或有得者」〔註112〕。又《左傳》雖具載事實，「尚可考」〔註113〕，但亦「當據事以觀經，或牴牾難於盡從，則以經爲斷」〔註114〕；亦即據《左傳》之事以觀經，與經義有牴牾者，則以經義爲斷。

〔註109〕　〔宋〕黃仲炎：《春秋通說》，卷2，頁21。

〔註110〕　見朱彝尊《經義考》引黃仲炎〈春秋通說序〉。〔清〕朱彝尊：《經義考》，卷190，頁5。

〔註111〕　見朱彝尊《經義考》引黃仲炎〈春秋通說序〉。〔清〕朱彝尊：《經義考》，卷190，頁5。

〔註112〕　見朱彝尊《經義考》引黃仲炎〈春秋通說序〉。〔清〕朱彝尊：《經義考》，卷190，頁5。

〔註113〕　見朱彝尊《經義考》引黃仲炎〈春秋通說序〉。〔清〕朱彝尊：《經義考》，卷190，頁5。

〔註114〕　見朱彝尊《經義考》引黃仲炎〈春秋通說序〉。〔清〕朱彝尊：《經義考》，卷190，頁5。

　　由以上可知，黃仲炎對三傳的事與義皆未必盡信，其中最不相信的是《公羊傳》。如《春秋》桓公十一年秋九月：「宋人執鄭祭仲，突歸于鄭，鄭忽出奔衛。」黃仲炎《春秋通說》云：

> 三傳者，皆雜褒貶以亂經，而《公羊》為甚。……鄭伯寤生卒，祭仲執國之政，受命以奉其嫡子忽為君，有死無貳，仲之職也；一旦見執於宋，貪生苟免，遽立突而黜忽，視變易其君，不啻如弁髦，雖斧鉞刀鋸，猶恐不足以痛懲之，況可許以權乎！以祭仲為權，是使世之姦臣賣君賣國以自為利者，皆借權以自解，則天下國家之禍安有已哉！〔註115〕

按《公羊傳》云：「祭仲者何？鄭相也。何以不名？賢也。何賢乎祭仲？以為知權也。」《公羊傳》由《春秋》書祭仲之字而不書其名，推論祭仲知權為賢；但黃仲炎據事觀經，以經義為斷，認為祭仲是為個人利益而賣君賣國的姦臣，駁斥《公羊傳》知權之說，更反對三傳「皆雜褒貶以亂經」。

　　至於諸家異說，而三傳皆無說者，又是如何處理呢？如《春秋》莊公八年春正月：「師次于郎，以俟陳人、蔡人。」黃仲炎《春秋通說》云：

> 說《春秋》者，一曰魯將伐郕而次師以待援也，一曰陳、蔡將伐魯而次師以待寇也。以經攷之，前年代衛納朔之事，魯方與陳、蔡同役，而未有釁也，安得陳、蔡伐魯哉？其不為待寇明矣。然魯之俟陳、蔡，是必與陳、蔡有期也。與陳、蔡有期，而陳、蔡不至，何也？曰：魯、郕同姓之國也，郕無罪而魯伐之，是不道之兵也，期陳、蔡以援不道之兵，此陳、蔡所以不至也。雖然，伐衛納朔亦不道爾，陳、蔡何以從耶？曰：禮義之心人皆有之，其所以失是心者，或迫於勢力而不能自持爾；至於勢力之所不迫，則其理義之心未嘗不存也。……孟子所謂性善是也。〔註116〕

魯次師而俟陳、蔡的原因，三傳皆無說，而諸家有二說：一是「魯將伐郕而次師以待援」，二是「陳、蔡將伐魯而次師以待寇」。黃仲炎「以經攷之」，贊同前者待援之說，而排除後者待寇之說；所謂「以經攷之」，亦即據事觀經，以經義為斷，治經的態度與方法是通篇一致的。

〔註115〕〔宋〕黃仲炎：《春秋通說》，卷2，頁17～18。
〔註116〕〔宋〕黃仲炎：《春秋通說》，卷3，頁7～8。

三、呂大圭模式

宋儒呂大圭（1227～1275年）爲朱熹再傳弟子，主張「《春秋》魯史也，史之所無，聖人不能強加之，史之所書，聖人亦不革也，聖人之所因革者，其義也」〔註117〕。所作《春秋五論》一卷、《春秋集傳》卷數不詳、《春秋或問》二十卷，皆本朱熹之說而發明之。關於三書之旨，據其門人何夢申（生卒年不詳）〈春秋或問跋〉云：「有《五論》以開其端，有《集說》〔註118〕以詳其義，又有《或問》以極其辨難之指歸，而《春秋》之旨明白矣。」〔註119〕可知呂大圭的思想源頭在《春秋五論》：一論《春秋》爲扶天理、遏人欲之書，二論褒貶之說，三論聖人特筆，四論世變，五論三傳所長所短。但今本《通志堂經解》與《四庫全書》皆將《春秋五論》附於《春秋或問》之後，用意不明；至於《春秋集傳》已佚，《四庫全書總目》稱「《或問》二十卷即申明《集傳》之意」〔註120〕。

呂大圭又主張，「讀《春秋》者，先明大義，其次觀世變」〔註121〕。何謂世變？「春秋之始是世道之一變也，春秋之終是世道之一變也」〔註122〕。亦即進入東周之後，世道凡二變，一變爲春秋，再一變爲戰國。不僅如此，「合《春秋》一經觀之，則有所謂隱、桓、莊、閔之春秋，有所謂僖、文、宣、成之春秋，有所謂襄、昭、定、哀之春秋」〔註123〕，此係採陳傅良之說〔註124〕，「觀隱、桓、莊、閔之春秋，固已傷王迹之熄，觀襄、昭、定、哀之春秋，尤以傷伯業之衰，……大抵愈趨愈下，愈久愈薄」〔註125〕。以上是就春秋時期世變的大略而言，若「學《春秋》者既能先明大義以究理之精，又能次觀世變以研事之實，則《春秋》一經亦思過半矣」〔註126〕。

〔註117〕〔宋〕呂大圭：《春秋或問》（臺北：臺灣大通書局，1969年10月，《通志堂經解》，冊23），卷10，頁15。
〔註118〕「《集說》」或係「《集傳》」之誤，因前有呂大圭「出《集傳》」一語。
〔註119〕〔宋〕呂大圭：《春秋或問》，卷末，頁1。
〔註120〕《四庫全書總目》，卷27，頁34。
〔註121〕〔宋〕呂大圭：《春秋五論》（臺北：臺灣大通書局，1969年10月，《通志堂經解》，冊23），頁16。
〔註122〕〔宋〕呂大圭：《春秋五論》，頁16。
〔註123〕〔宋〕呂大圭：《春秋五論》，頁17。
〔註124〕見樓鑰〈春秋後傳左氏章指序〉。〔宋〕陳傅良：《春秋後傳》（臺北：臺灣大通書局，1969年10月，《通志堂經解》，冊21），卷首，頁2。
〔註125〕〔宋〕呂大圭：《春秋五論》，頁19。
〔註126〕〔宋〕呂大圭：《春秋五論》，頁19。

　　茲就其解經模式考述如下：

（一）《春秋》據事直書，其義自見

　　朱熹云：「聖人作《春秋》，不過直書其事，美惡人自見。」〔註127〕呂大圭亦認為，「聖人據事直書，而其義自見」。如《春秋》隱公三年冬十二月癸未：「葬宋穆公。」呂大圭《春秋或問》云：

> 列國惟宋得稱公，於皆侯、伯、子、男；至於葬而類稱公者，蓋意其不由天子之諡，而私自諡也。禮：天子崩，稱天命以諡之；諸侯薨，請諡於天子；大夫卒，受諡於其君，所以懲惡而勸善也。春秋以來，其禮遂廢，諸侯之葬也，不請諡於天子，皆自諡之，而又僭稱公焉，非禮甚矣。聖人據事直書，而其義自見。〔註128〕

諡的作用在論一生功過，以達懲惡勸善的目的；但春秋時期禮法漸廢，諸侯薨，皆自諡，而不請諡於天子，甚至僭稱公，聖人作《春秋》據事直書，其義自見。因此，「《春秋》，紀實之書爾，後世因其實而攷之，則褒貶見矣」〔註129〕，聖人只是從其實而已，至於是褒是貶，後世因其實而考之，自可評斷，不待多言。但據事直書亦有例外者，如《春秋》隱公十一年冬十一月壬辰：「公薨。」呂大圭《春秋或問》云：

> 隱弒桓立，國內多故，不能具禮以葬，則亦不書爾。《春秋》之法，據事直書，而善惡自見，惟於魯之事則特有隱諱焉，此則臣子之義也。故公薨不書弒，為尊親諱也；不書地，則亦不沒其實矣。〔註130〕

魯隱公遭桓公逆弒，《春秋》書薨，而不書弒，亦不書地，原因何在？因為隱公與桓公都是魯國尊親，《春秋》必須為魯國尊親隱諱；但《春秋》亦不書地，表示並未埋沒事實，只是不便直書罷了。

　　然而三傳與諸儒多穿鑿義理，以《春秋》為聖人代天子賞善罰惡之書，「其大端不過有二：一曰以日月為褒貶之說，二曰以名稱、爵號為褒貶之說」〔註131〕，皆不可通。呂大圭《春秋五論》云：

> 大抵《春秋》以事係日，以日係月，以月係時；事成於日者書日，事成於月者書月，事成於時者書時。……其或宜月而不月，宜日而

〔註127〕〔宋〕黎靖德：《朱子語類》，卷133，頁11。
〔註128〕〔宋〕呂大圭：《春秋或問》，卷3，頁5。
〔註129〕〔宋〕呂大圭：《春秋或問》，卷1，頁17。
〔註130〕〔宋〕呂大圭：《春秋或問》，卷4，頁17。
〔註131〕〔宋〕呂大圭：《春秋五論》，頁7。

不日者，皆史失之也。假如某事當書月而魯史但書其時，某事當書日而魯史但書其月，聖人安得虛增甲子乎？是《春秋》不以日月為例也。〔註132〕

以上是以史書編輯體例破時月日例之說，《春秋》所書時月日本是史官記事之例，宜月而不月、宜日而不日皆是史書闕文，三傳與諸儒卻誤以為聖人褒貶之例，所以不可通。又云：

《春秋》據事直書，而善惡自見。名稱、爵號從其名稱、爵號，而是非善惡則係乎其文；非書名者皆貶，而書字者皆褒也。假令某與某在所褒而舊史但著其名，某與某在所貶而舊史只著其字，則聖人將奔走列國以求其名與字，而後著之於經乎？是《春秋》不以名稱、爵號為褒貶也。〔註133〕

以上是以《春秋》據事直書破名稱、爵號為褒貶之說，《春秋》所書名稱、爵號皆是因魯史舊文，並非聖人蒐求之後予以加損，三傳與諸儒卻誤以為聖人褒貶之例，所以亦不可通。

既然《春秋》是聖人因魯史據事直書，未曾予以加損，豈非與魯史無異？呂大圭《春秋五論》云：

魯史之所書，聖人亦書之，其事未嘗與魯史異也，而其義則異矣。魯史所書於其君臣之義，魯史所書於其上下之分，或未辨也，而吾聖人一正之以上下之分；夷夏之辨有未明者，吾明之；長幼之序有未正者，吾正之；義利之無別也，吾別之；真偽之涇淆也，吾明之。其大要則主於扶天理於將萌，遏人欲於方熾而已，此正人心之道也。〔註134〕

按《春秋》是由事、文、義（義理）三方面結合而成，聖人對魯史的「事」未曾予以加損，所以《春秋》的「事」與魯史的「事」無異；但聖人對魯史的「文」則有所斟酌，因為《春秋》是聖人「扶天理而遏人欲之書」〔註135〕，包括君臣之義、上下之分、夷夏之辨、長幼之序、義利之別、真偽之明等義理，必須藉由「文」彰顯出來，所以《春秋》的「文」與魯史的「文」是有

〔註132〕〔宋〕呂大圭：《春秋五論》，頁9～10。
〔註133〕〔宋〕呂大圭：《春秋五論》，頁10。
〔註134〕〔宋〕呂大圭：《春秋五論》，頁2。
〔註135〕〔宋〕呂大圭：《春秋五論》，頁1。

異的。於是呂大圭提出「《春秋》之達例」與「聖人之特筆」〔註136〕兩個概念。
所謂達例,是指魯史的「事」與《春秋》的「事」無異,聖人未曾予以加損,
有日則書日,有月則書月,名稱從其名稱,爵號從其爵號,與夫盟則書盟,
會則書會,卒則書卒,葬則書葬,戰則書占,伐則書伐,弒則書弒,殺則書
殺,史例即是經例,二者相通。所謂特筆,是指魯史的「文」經過聖人筆削,
而成爲《春秋》的「文」,如「元年春正月」是魯史的「文」,「元年春王正月」
是《春秋》的「文」,「王」字是聖人增筆;又如魯史有中國諸侯葬吳、楚之
君,《春秋》吳、楚之君書卒不書葬,不書葬是聖人刪削。達例本於魯史,特
筆出自聖人,所以特筆是精義所在,學者「必知孰爲《春秋》之達例,孰爲
聖人之特筆,而後可觀《春秋》矣」〔註137〕。

(二)經之所有則從經,經之所無則從傳

呂大圭對於《春秋》三傳非常重視,認爲「學《春秋》者舍三傳無所考」
〔註138〕,但亦各有缺失,其《春秋五論》云:

> 蓋左氏曾見國史,故雖熟於事而理不明;《公》、《穀》出於經生所傳,
> 故雖深於理而事多繆。二者合而觀之,可也。然《左氏》雖曰備事,
> 而其間有不得其事之實;《公》、《穀》雖曰言理,而其間有害於理之
> 正者不可不知也。〔註139〕

《左傳》雖熟於事,但其缺失有二:一是不明於理,二是不得其實。如《春
秋》宣公二年秋九月乙丑:「晉趙盾弒其君夷皋。」《左傳》以「趙盾亡不越
境,返不討賊,而曰:『惜也,越境乃免。』」呂大圭《春秋或問》云:

> 此非《春秋》之意也。趙穿弒君,大惡也。盾不討賊,不能爲君復
> 讎,而失刑於下。二者輕重,不較可知。就使盾爲可責,然穿焉得
> 免也!今免首罪爲善人,使無辜者受大惡,此決知其必不然也。若
> 曰:「盾不討賊,有幸弒之心,與自弒同,故寧舍穿而罪盾。」此乃
> 逆詐用情之吏,矯激之爲爾,非孔子以王道治人之法也。〔註140〕

〔註136〕 〔宋〕呂大圭:《春秋五論》,頁13。
〔註137〕 〔宋〕呂大圭:《春秋五論》,頁14。
〔註138〕 〔宋〕呂大圭:《春秋五論》,頁19。
〔註139〕 〔宋〕呂大圭:《春秋五論》,頁20。
〔註140〕 〔宋〕呂大圭:《春秋或問》,卷15,頁7。

晉大夫趙穿弒君，大夫趙盾不討賊，《左傳》卻指趙盾弒君，而不論趙穿之罪，其說是非錯亂、善惡不分，此爲不明於理。又如《左傳》僖公三年冬：「齊侯與蔡姬乘舟于囿，蕩公，公懼，變色，禁之，不可，公怒，歸之，未絕之也。蔡人嫁之。」杜預注：「爲明年齊侵蔡傳。」〔註141〕呂大圭《春秋五論》云：

> ……所以攘楚者，豈能驟舉而攘之哉！必先翦其手足，破其黨與，而後攘之易耳。是故桓公將攘楚，必先有事于蔡，……此事實也。而《左氏》不達其故，於侵蔡則曰「爲蔡姬故」，……。此其病在於推尋事由，毛舉細故，而……攘夷安夏之烈皆晦而不彰。〔註142〕

蔡國爲楚國黨羽，齊桓公攘楚必侵蔡，《左傳》卻以蔡姬改嫁爲齊桓公侵蔡的理由，此爲不得其實。

《公羊傳》與《穀梁傳》雖深於理，但其缺失亦有二：一是敘事謬誤，二是有害於理。如《春秋》定公十三年秋：「晉趙鞅入于晉陽以叛。」冬：「晉荀寅及士吉射入于朝歌以叛。晉趙鞅歸于晉。」《公羊傳》與《穀梁傳》皆以書歸爲「以地正國」。呂大圭《春秋或問》云：

> 使後世賊臣稱兵向闕，以誅君側爲名，而實欲脅君取國者，則此說啓之也。《春秋》，王法也，當誅則誅，當赦則赦，烏有既誅而又赦之之理！若使既誅而又赦之，則是非不白，善惡不明，而王法不行於天下矣，況《春秋》乎！愚故曰：歸，易辭也；亂臣以叛去，而其歸也無異於善復者，以是爲晉國之無政刑也。〔註143〕

晉大夫趙鞅據地叛亂，但在大夫荀寅及士吉射相繼叛亂之後，趙鞅又歸於晉。《春秋》書歸，只是表示晉國政刑皆已廢弛，所以趙鞅很輕易地回到晉國；並非表示趙鞅幡然悔悟「以地正國」，回國誅逐君側的亂臣賊子。《公羊傳》與《穀梁傳》之說將造成叛亂者以「誅君側」爲藉口回國奪權，此爲敘事謬誤，進而導致有害於理。

綜據呂大圭對三傳的評價，「以爲三傳要皆失實，而失之多者莫如《公羊》」〔註144〕；至於杜預、何休、范甯三家注，「惟范甯差少過，……而何休則曲爲

〔註141〕〔唐〕孔穎達：《春秋左傳正義》（臺北：大化書局，1982 年 10 月，《十三經注疏》本），卷 12，頁 90。

〔註142〕〔宋〕呂大圭：《春秋五論》，頁 20～21。

〔註143〕〔宋〕呂大圭：《春秋或問》，卷 19，頁 6。

〔註144〕〔宋〕呂大圭：《春秋五論》，頁 22。

之說，適以增《公羊》之過耳」〔註145〕。

　　然而學者治《春秋》時，對於三傳及三家注的缺失應該如何辨正呢？呂大圭提出「讀《春秋》之法，經之所有則從經，經之所無則從傳」。如《春秋》隱公二年夏五月：「莒人入向。」其《春秋或問》云：

> 吾以經攷經也。案經桓十六年冬：「城向。」宣四年：「伐莒取向。」則向爲我邑明矣，況《穀梁》有是言乎！故愚嘗謂：「讀《春秋》之法，經之所有則從經，經之所無則從傳。」曰「入」之義，杜預曰：「弗地也。」《公羊》曰：「得而不居也。」《穀梁》曰：「入者，內弗受也。」三說異焉，何也？曰：所謂入者，直謂入其國都而已，其義不在「弗地」與「得而不居」也；且攻人之國而能勝之，入焉，斯入之矣，非必以「內弗受」爲辭也。然所謂入者，亦以見吾無所畏難，而彼莫之禦我也。經書「入國」、「入邑」、「入郭」者，凡二十有六，而此其始焉。非有其地，故不曰侵；非伐其人，故不曰伐；非環以守其城，故不曰圍；非密以出其不意，故不曰襲；非以勢力而得之，故不曰取。聖人所書，隨其事而已。然則其稱人，何也？曰：稱人，其常也；稱君、稱將，皆特辭也；小國稱人，正也。人之爲言，未定其爲君、大夫、微者之辭也。春秋之初，列國之大夫皆稱人；內大夫則不書人，無駭帥師是也；外大夫必有故也，而後書大夫；來逆女則書大夫；盟則書大夫；至於侵、伐，則皆書人。伐書大夫主名者，自晉陽處父始；入書大夫主名，自郤缺始；侵書大夫主名，自趙穿始；是故春秋自文公以後，而大夫之名字始班班見之於經矣。〔註146〕

以上辨正四個問題。第一個問題，《左傳》云：「莒子娶于向，向姜不安莒而歸。夏，莒人入向，以姜氏還。」呂大圭不從《左傳》之說，理由何在？因爲以經考經的結果，向爲魯邑，莒人入向，即是入侵魯國，魯國豈有毫無反應的道理，所以《左傳》之說有誤，只有《穀梁傳》云：「向，我邑也。」可以信從。第二個問題，關於「入」字之義，杜預注、《公羊傳》、《穀梁傳》之說互異，以經考之，入是謂入其國都而已，與侵、伐、圍、襲、取之義各有不同，聖人只是隨其事而書，三者之說皆有所失。第三個問題，關於莒人稱

〔註145〕 〔宋〕呂大圭：《春秋五論》，頁24。
〔註146〕 〔宋〕呂大圭：《春秋或問》，卷2，頁10～11。

人，是正常的稱謂，因爲以經考之，春秋初期只有魯國大夫不書人，其餘諸國無論是國君、大夫或微者皆通稱人，稱人並非特定的稱謂；到了《春秋》文公之後，諸國大夫才開始書其名字。

元儒程端學（1278～1334 年）評論呂大圭《春秋五論》「正大明白」，但又謂「於『明分義』、『正名分』、『著幾微』三條之下所引《春秋》事，時或與經意不合」〔註 147〕。按呂大圭三論聖人特筆，以爲《春秋》之義「大旨有三：一曰明分義，二曰正名實，三曰著幾微」〔註 148〕，所引《春秋》事與經意是否相合，不在本文題旨範圍，姑置而不論。又《四庫全書總目》「考《或問》之中，與經意亦頗有出入」〔註 149〕，然而「所謂明分義、正名實、著幾微爲聖人之特筆者，侃侃推論，大義凜然，足以維綱常而衛名教，又不能以章句之學錙銖繩之矣」〔註 150〕，本文亦至表贊同。

第三節　折衷類

折衷類是博採三傳及諸儒之說以解經，並以程、朱之說或兼以己意爲斷；但程、朱之學大盛於元、明兩代科場，折衷類多以程、朱之說爲斷。如宋儒王沿《春秋集傳》十五卷，張洽《春秋集傳》二十六卷、《春秋集註》十一卷，李明復《春秋集義》五十卷、《綱領》三卷，家鉉翁《春秋詳說》三十卷，許翰《襄陵春秋集傳》卷數不詳；元儒俞皋《春秋集傳釋義大成》十二卷，程端學《春秋本義》三十卷、《春秋或問》十卷、《三傳辨疑》二十卷，單庚金《春秋三傳集說分紀》五十卷，張君立《春秋集議》卷數不詳，鄧淳翁《春秋集傳》卷數不詳，曾震《春秋五傳》卷數不詳，吳師道《春秋胡氏傳附辨雜說》十二卷，楊維楨《春秋定是錄》卷數不詳；明儒劉永之《春秋本旨》卷數不詳，胡翰《春秋集義》卷數不詳，王受益《春秋集說》卷數不詳，李衡《春秋集說》卷數不詳，胡廣等《春秋集傳大全》三十七卷，劉實《春秋集錄》十五卷，桑悅《春秋集傳》卷數不詳，湛若水《春秋正傳》十二卷，王漸逵《春秋集傳》卷數不詳，呂柟《春秋說志》五卷，楊于庭《春秋質疑》

〔註 147〕〔元〕程端學：〈春秋本義通論〉，《春秋本義》（臺北：臺灣大通書局，1969年 10 月，《通志堂經解》，冊 25），卷首，頁 3。

〔註 148〕〔宋〕呂大圭：《春秋五論》，頁 14。

〔註 149〕《四庫全書總目》，卷 27，頁 34。

〔註 150〕《四庫全書總目》，卷 27，頁 34。

十二卷，卓爾康《春秋辯義》三十九卷，徐允祿《春秋愚謂》四卷，朱朝瑛《讀春秋略記》十卷，王介之《春秋四傳質》二卷，周統《春秋三傳通經合纂》十二卷，徐浦《春秋四傳私考》二卷，張岐然《春秋五傳平文》四卷；清儒來集之《春秋志在》十二卷、《四傳權衡》一卷，林尊賓《春秋傳》十二卷，俞汝言《春秋四傳糾正》一卷、《春秋平義》十二卷，王夫之《春秋家說》三卷，徐庭垣《春秋管窺》十二卷，李塨《春秋傳註》四卷，陸奎勳《春秋義存錄》十二卷，焦袁熹《春秋闕如編》八卷，張尚瑗《春秋三傳折諸》四十四卷，汪紱《春秋集傳》十六卷。

以上張洽《春秋集傳》、《春秋集註》、李明復《春秋集義》、俞皋《春秋集傳釋義大成》、程端學《春秋本義》、《春秋或問》、《三傳辨疑》、胡廣等《春秋集傳大全》、湛若水《春秋正傳》、呂柟《春秋說志》、楊于庭《春秋質疑》、卓爾康《春秋辯義》、朱朝瑛《讀春秋略記》、王介之《春秋四傳質》、周統《春秋三傳通經合纂》、徐浦《春秋四傳私考》、張岐然《春秋五傳平文》、俞汝言《春秋四傳糾正》、《春秋平義》、王夫之《春秋家說》、徐庭垣《春秋管窺》、李塨《春秋傳註》、陸奎勳《春秋義存錄》、焦袁熹《春秋闕如編》、張尚瑗《春秋三傳折諸》、汪紱《春秋集傳》尚存，其餘已佚。謹擇張洽、俞皋、程端學三人依序討論。

一、張洽模式

宋儒張洽（1161～1237年）為朱熹門人，專治《春秋》，曾就漢、唐以來諸儒之說，比較其異同，取足以發明聖人之意者，附於每事之左，撰成《春秋集傳》二十六卷（今本缺卷18至卷20、卷23至卷26）；又仿其師朱熹《論語集註》、《孟子集註》的編輯形式，詮釋諸儒之說，撰成《春秋集註》十一卷、《春秋綱領》一卷；另有《春秋歷代郡縣地里沿革表》二十七卷，屬緯史模式圖表譜曆類之作。

元代科舉宗法程、朱，但程頤《春秋傳》為未完之書，朱熹則未成書，因胡安國之學出自程頤，於是考試程式規定「《春秋》許用三傳及胡氏傳」〔註151〕。明初科舉之制大略承襲元代，因張洽之學出自朱熹，於是明太祖洪武年間以張洽與胡安國的著作併列為科舉定本。雖然明成祖永樂年間編纂《春秋大全》

〔註151〕見《元史·選舉志》。〔明〕宋濂：《元史》（臺北：臺灣中華書局，1965年11月，《四部備要》本），卷81，頁3。

襲用元儒汪克寬（1301～1372 年）《春秋胡氏傳纂疏》，主胡安國之說，未採張洽之說，但元儒汪克寬、李廉、程端學，明儒胡廣、張以寧，清儒王掞、顧棟高等大儒，皆經常稱引張洽之說，可見張洽仍長期具有重要的學術地位。茲就其解經模式考述如下：

（一）會諸說異同，而參其中否

張洽「嘗從師友傳習講論，凡二百四十二年之行事，與漢、唐以來諸儒之議論，莫不考覈研究，會其異同，而參其中否」〔註152〕。如《春秋》僖公二十二年秋八月丁未：「及邾人戰于升陘。」張洽《春秋集傳》云：

> 《左氏傳》：「邾人以須句故出師，公卑邾，不設備而禦之。臧文仲曰：『國無小，不可易也；無備，雖眾，不可恃也。《詩》曰：「戰戰兢兢，如臨深淵，如履薄冰。」又曰：「敬之敬之，天惟顯思，命不易哉。」先王之明德，猶無不難也，無不懼也，況我小國乎！君其無謂邾小，蜂蠆有毒，而況國乎！』弗聽。八月丁未，公及邾師戰于升陘，我師敗績，邾人獲公冑，縣諸魚門。」杜氏注：「升陘，魯地。」程氏《傳》：「公戰也。」《穀梁傳》：「內諱敗，舉其可道者也。不言及之者，為內諱也。」胡氏《傳》：「《記》稱：『復之以矢，蓋自戰于升陘始也。』魯既敗績，邾亦幾亡，輕用師徒，害及兩國，亦異於禁暴誅亂之兵矣。故諱不言公，而書『及』，內以諱為貶。」〔註153〕

以上引述《左傳》記載之事迹與杜預、程頤、《穀梁傳》、胡安國之說，表示皆足以發明聖人之意而並錄之。又其《春秋集註》云：

> 《傳》：「邾人以須句故出師，公卑邾，不設備而禦之。臧文仲曰：『國無小，不可易也；無備，雖眾，不可恃也。《詩》云：「敬之敬之，天維顯思，命不易哉。」先王之明德，猶無不難也，無不懼也，況我小國乎！』弗聽。戰于升陘，我師敗績，邾人獲公冑，縣諸魚門。」今案：書「及」，公戰也；不言敗，諱恥也。存心苟公，臨事必懼。觀此則知春取須句，非有存亡繼絕之公心審矣。〔註154〕

〔註152〕〔宋〕張洽：〈繳省投進狀〉，《春秋集傳》（臺北：新文豐出版公司，1997 年3 月，《叢書集成三編》，冊92），卷首，頁1。

〔註153〕〔宋〕張洽：《春秋集傳》，卷10，頁6～7。

〔註154〕〔宋〕張洽：《春秋集註》（臺北：臺灣大通書局，1969 年10 月，《通志堂經解》，冊23），卷4，頁13。

以上僅就前述《左傳》記載之事迹，以案語發明聖人之意，聖人不書出戰者
爲魯僖公，且書其戰不書其敗，是在隱諱魯僖公輕敵戰敗之恥。相較之下，《春
秋集傳》著重於蒐羅三傳及諸儒之說，《春秋集註》則著重於發明聖人之意，
二書須併看。

但亦有三傳及諸儒之說不同而並錄之者，如《春秋》桓公二年秋七月：「紀
侯來朝。」張洽《春秋集傳》云：

> 《左氏傳》：「杞侯來朝，不敬，杞侯歸，乃謀伐之。」《穀梁傳》：「桓
> 內弑其君，外成人之亂，於是爲齊侯、陳侯、鄭伯計數日以賂。已
> 即是事而朝之，惡之也。」程氏《傳》：「凡杞稱侯者，皆當爲紀。
> 杞爵非侯，文誤也。及紀侯大去其國之後，杞不復稱侯矣。」〔註155〕

以上引述《左傳》記載之事迹與《穀梁傳》、程頤之說，彼此互異，不知來朝
者爲紀侯或杞侯，亦不知三說何者足以發明聖人之意，於是並錄之，仍是著
重於蒐羅三傳及諸儒之說。又其《春秋集註》云：

> 《左氏》作「杞」。紀、魯親而弱，爲齊、鄭所謀，故來朝魯。《穀
> 梁傳》：「桓內弑其君，外成人之亂，已即是事而朝之，惡之也。」
> 不名、不貶，從滕子之同同，不必再貶也。《左氏》曰：「杞侯來朝，
> 不敬，杞侯歸，乃謀伐之。」未知孰是。〔註156〕

以上僅就《穀梁傳》之說，以發明聖人之意，聖人因魯桓公爲弑君作亂的亂臣
賊子，紀君來朝已貶稱侯，與滕君來朝貶稱子相同，所以不再稱名示貶，仍是
著重於發明聖人之意；至於《左傳》之說無法否認爲聖人之意，亦予並存。

（二）義理與義例兼治

朱熹治《春秋》，注重義理而反對義例，認爲「《春秋》傳例多不可信」
〔註157〕，主張以義理判斷是非，「合於義理者爲是，不合於義理者爲非」〔註158〕。
據《朱子語類》記載，張洽曾問《春秋》、《周禮》疑難，朱熹曰：

> 此等皆無佐證，強說不得，若穿鑿說出來，便是侮聖言，不如且研
> 窮義理，義理明，則皆可遍通矣。〔註159〕

〔註155〕〔宋〕張洽：《春秋集傳》，卷3，頁11～12。
〔註156〕〔宋〕張洽：《春秋集註》，卷2，頁2。
〔註157〕〔宋〕黎靖德：《朱子語類》，卷83，頁4。
〔註158〕〔宋〕黎靖德：《朱子語類》，卷83，頁8。
〔註159〕〔宋〕黎靖德：《朱子語類》，卷83，頁4。

朱熹傳授張洽治《春秋》的要訣，就在「研窮義理」而已，別無他法。張洽
亦注重義理，其《春秋集傳》、《春秋集註》「會諸說異同，而參其中否」，即
是以義理判斷是非。

　　張洽雖然傳承朱熹師說，注重義理，卻又與師說有一個極大不同之處，
即是兼以義例治經，如《春秋》文公七年夏四月戊子：「晉人及秦人戰于令狐，
晉先蔑奔秦。」張洽《春秋集傳》云：

> 《左氏傳》：「秦康公送公子雍于晉，曰：『文公之入也，無衛，故有
> 呂郤之難。』乃多與之徒衛。穆嬴日抱大子以啼于朝，曰：『先君何
> 罪！其嗣亦何罪！舍適嗣不立，而外求君，將安寘此？』宣子與諸
> 大夫皆患穆嬴，且畏偪，乃背先蔑而立靈公，以禦秦師。及董陰，
> 宣子曰：『我若受秦，秦則賓也；不受，寇也。既不受矣，而復緩師，
> 秦將生心。先人有奪人之心，軍之善謀也；逐寇如追逃，軍之善政
> 也。』訓卒、利兵、秣馬、蓐食，潛師夜起。戊子，敗秦師于令狐，
> 至于刳首。己丑，先蔑奔秦。」劉氏《傳》：「此晉趙盾之師也。其
> 稱人何？不與大夫專廢置君也。」程氏《傳》：「晉始逆立公子雍，
> 繼而悔之，故秦興兵以納之。晉不謝秦，秦納不正，皆罪也，故稱
> 人。晉懼秦之不肯已，而擊之，故書『晉及』。」《公羊傳》：「此偏
> 戰也，何以不言師敗績？敵也。」《穀梁傳》：「不言出，在外也。」
> 〔註160〕

以上引述諸說，其中劉敞以晉大夫趙盾稱人為「不與大夫專廢置君」；程頤以
晉、秦稱人為有罪，以書「晉及」為晉主動出擊；《公羊傳》以不言秦師敗績
為雙方勢均力敵；《穀梁傳》以晉大夫先蔑言「奔」而不言「出奔」為先蔑在
國外，皆是兼以義例治經。又其《春秋集註》引述《左傳》事迹之後，云：

> 今案：如《左氏》說，則書法當云「晉人敗秦師于令狐」。今書晉及
> 秦戰，又不言敗者，秦之納不正，與晉逆公子雍，繼而悔之，又不
> 謝秦，皆辠也。然二國之兵晉曲尤甚，故秦伯、趙盾皆稱人。而特
> 以「晉及」書，且不書秦之敗，深辠晉之置君而不定也。先蔑書奔，
> 使秦而逆公子雍，辠之也。不書出，遂在外也。〔註161〕

以上案語全係折衷諸家義例之說，與朱熹治經大異其趣。

〔註160〕　〔宋〕張洽：《春秋集傳》，卷12，頁21～22。
〔註161〕　〔宋〕張洽：《春秋集註》，卷5，頁4。

　　張洽亦採變例之說，如《春秋》隱公七年春三月：「叔姬歸于紀。」其《春秋集傳》云：

　　　　高郵孫氏曰：「媵不當書而書者，變例以見其賢也。季侯去國，紀季以酅入齊，復存紀之宗社；叔姬又歸于酅，以承紀之宗祀。紀之國侵削殆盡，其所存者，宗祀而已，而叔姬不以國之存亡易其慮，惟宗社之是依，聖人安得不賢之乎！」〔註162〕

其《春秋集註》亦云：

　　　　媵不書，此特書者，以其終不忘紀之五廟，雖紀侯卒，而歸于酅，以奉宗祀，沒其身而後已。聖人以其賢，可以屬婦行，將有其末，必錄其本，是以變例而特書之，蘇氏所謂賢而得書者也。〔註163〕

以上係採宋儒孫覺《春秋經解》變例之說，以叔姬媵不當書而書爲「賢而得書」。

　　按張洽《春秋綱領》臚列《論語》、《孟子》、《史記》、《莊子》、《公羊傳》、漢儒董仲舒、隋儒王通、宋儒周敦頤、邵雍、張載、程頤、胡安國諸說，獨缺朱熹，或許是因爲朱熹只有語錄而無著作，不便引述；但宋儒治《春秋》有不守家法之習〔註164〕，張洽突破師說，義理與義例兼治，應是受到時代學術環境的影響。至於明初以張洽的著作爲科舉定本，「蓋重其淵源，不必定以其書也」〔註165〕。

　　又宋儒車若水（1210～1275年）《腳氣集》云：

　　　　張主一有《春秋集註》、《集傳》，……中間義理自善。但《春秋》一書，質實判斷不得，文公論之詳矣，除非起孔子出來，如范明友奴再生，說當時之事，與所以褒貶去取之意方得。今作《集註》，便是要質實判斷了。此照《語》、《孟》例不得，《語》、《孟》是說道理，《春秋》是紀事。且首先句，便難明了，「惠公仲子」，不知惠公之仲子耶？或惠公同仲子耶？「尹氏卒」，一邊道是婦人，一邊道天子

〔註162〕〔宋〕張洽：《春秋集傳》，卷2，頁8。
〔註163〕〔宋〕張洽：《春秋集註》，卷1，頁8。
〔註164〕皮錫瑞《經學通論》云：「啖、趙、陸不守家法，……宋儒治《春秋》者，皆此一派。」〔清〕皮錫瑞：《經學通論》（臺北：河洛圖書出版社，1974年12月），頁58。
〔註165〕《四庫全書總目》，卷27，頁12。

之世卿。諸儒譏世卿之說，自是明訓，恐是舉燭尚明之論，理自是

而事則非也。〔註166〕

所謂「質實判斷」，是指判斷事件的眞僞。朱熹注重義理，以義理判斷事件的是非；張洽（號主一）亦注重義理，但除了以義理判斷事件的是非之外，尚以義理判斷事件的眞僞。如《春秋》隱公元年秋七月：「天王使宰咺來歸惠公仲子之賵。」諸說或以爲惠公之仲子，或以爲魯惠公與仲子，張洽採《公羊傳》之說，以爲魯惠公與仲子〔註167〕。《春秋》隱公三年夏四月辛卯：「尹氏卒。」諸說或以爲魯隱公之母聲子，或以爲天子之世卿，張洽採《公羊傳》與《穀梁傳》之說，以爲天子之世卿〔註168〕。然而事件的眞僞無關義理，是無法以義理來判斷的，除非孔子死而復生，親自說明，所以車若水對張洽的評論是切中其弊的。

二、俞臯模式

元儒俞臯（1252～1316 年）受學於趙良鈞（生卒年不詳），其學本出於程頤，但程頤《春秋傳》爲未完之書，於是因趙良鈞所傳，並博採諸儒之說，而作《春秋集傳釋義大成》十二卷。該書於經文之下備列《公羊傳》、《穀梁傳》與《左傳》，並從時尚兼列胡安國《春秋傳》，元儒吳澄（1249～1333 年）爲之序，始謂之「四傳」〔註169〕，此後儒者習用「四傳」的名稱，胡安國《春秋傳》亦地位日尊。該書又取裁程頤、朱熹之說，目的即在分別三傳是非，並補胡安國《春秋傳》所偏。茲就其解經模式考述如下：

（一）《春秋》有凡例，亦有不可以例拘者

按程頤云：「《春秋》所書，大概事同則辭同，後之學者因以謂之例。然有事同而辭異者，其義各不同，蓋不可以例斷也。」〔註170〕《春秋》所書，有事同而辭同者，有事同而辭異者，事同而辭同者可以例按斷，但事同而辭

〔註166〕〔宋〕車若水：《腳氣集》（臺北：藝文印書館，年月份不詳，《百部叢書集成》本），卷上，頁 29～30。

〔註167〕張洽《春秋集註》云：「曰『惠公仲子』，《公羊傳》曰『兼之』是也。」〔宋〕張洽：《春秋集註》，卷 1，頁 2。

〔註168〕張洽《春秋集註》云：「『尹氏』，《左傳》作『君氏』以爲隱公之母聲子，名稱、義例皆無考據，故當以《公》、《穀》爲正。尹氏者，王室之世卿。……尹氏數百年相繼禍敗，所以著世卿不擇賢之弊，爲後世之深戒也。」〔宋〕張洽：《春秋集註》，卷 1，頁 5。

〔註169〕《四庫全書總目》，卷 28，頁 1。

〔註170〕見《河南程氏粹言·論書篇》。〔宋〕楊時：《河南程氏粹言》，卷 1，頁 1202。

異者，其義各不同，不可以例按斷。俞皋引申程頤之說，以事同、義同、辭同者，定爲凡例十六條〔註171〕：

1.「凡孟月例書時，正月例書王。或事在二月則書春王二月，事在三月則書王三月，事在春則不言月。無事則書時、書首月；其有不書，蓋缺簡也。」

2.「凡王朝公、卿例書爵，大夫例書字，上士、中士例書名，王子則書王子某，下士例書人。」

3.「凡列國卿、大夫一命例書人，再命例書名，三命例書氏、書名，公子、公孫則書公子某、公孫某，四命例書字。宋卿例書官。」

4.「凡朝聘，諸國來魯例書來朝，其不成禮者止書來。外諸國相朝例書如。魯往諸國例書如。魯卿、大夫、士聘他國例書如。他國來魯例書使來聘，微者止書來聘。」

5.「凡盟會，內爲主例書及，外爲主例書會。外之爲主者必先序。歃血例書盟，講好例書會。眾共爲盟例書同盟，此齊伯未成、晉伯既衰之時也。不成禮者例書遇，交相命者例書胥命。魯往他國，盟未前定例書會盟，前定例書涖盟。他國來魯，盟未前定例書來盟，前定例書使來盟。」

6.「凡征伐，將尊師眾例書某帥師；將尊師少例書某伐某，魯則止書主將名氏伐某；將卑師眾例書某師，魯則止書師；將卑師少例書某人，魯則止書伐。某及某戰，不知將帥名氏、多寡，亦書人。君親將例書爵，聲罪致討例書伐，潛師掠境例書侵，環其城邑例書圍，抵其國都例書入，覆其宗社例書滅，移其民人例書遷，列陳相敵例書戰，奇詐取勝例書敗，殺之無遺例書殲，民亂逃散例書潰，車徒大崩例書敗績，屈服歸順例書降，欲進而止例書次，已去而逐例書追，用他國師例書以，援他國急例書救，悉虜而俘例書取，生擒得之例書獲，拘而囚之例書執，聚兵守之例書戍，完其郛郭例書城。」

7.「凡魯夫人始逆例書女，有姑例書婦，入國例書夫人。告廟例書至。其不書逆者，往逆非卿也。不書婦，無姑也。不書氏，脫簡也。不書至，不行告廟禮也。並不書者，亦缺文也。」

8.「凡魯女嫁諸國例書逆、書歸，來逆非卿則止書歸，王姬或王后使魯主婚事者例書逆、書歸。惟齊人來歸子叔姬，夫人姜氏歸于齊，乃子被弒而身被出，故書來歸、歸于，以明非奔也。」

〔註171〕〔元〕俞皋：〈春秋集傳釋義大成凡例〉，《春秋集傳釋義大成》（臺北：臺灣大通書局，1969 年 10 月，《通志堂經解》，冊 27），卷首，頁 1～3。

9.「凡崩、薨、卒、葬，天王例書崩；魯君及夫人例書薨；諸國君合書薨，而據其來計謙辭曰某爵某卒，故例書卒；卿、大夫例書卒；魯未踰年之君例書卒；諸國葬則舉諡來告，故例書諡。自天王至於列國書崩、卒，而不書葬者，來計而魯不往會也；不書卒、葬者，不來計而魯亦不往也。」

10.「凡諸國殺大夫、公子例書國，微者殺之例書人，作亂者殺之例書盜。惟晉世子申生、宋世子痤被譖自殺而歸罪於君，故書爵。」

11.「凡郊、禘、望、雩、嘗、祫、烝，皆誌其踰禮，非時之失也。」

12.「凡大閱、治兵、蒐狩，皆誌其非常、非時、非地之失也。」

13.「凡魯災異大故，素無例書有，素有而甚例書多，非常例書大。」

14.「凡諸國災異大故，來告例書某國某災、某異，聞而知之則止書某災、某異。」

15.「凡螟、螣、蝨、蠈，皆以其害稼，故書。」

16.「凡興作，有舊而更之例書新，無舊而始為之例書築。僖公之南門、定公之雉門及兩觀更舊而變其制，故書新作。」

如《春秋》隱公元年秋七月：「天王使宰咺來歸惠公、仲子之賵。」俞皋《春秋集傳釋義大成》云：

> 天王，周平王也。宰氏，咺名，周三命大夫也；三命例書氏、書名。惠公，魯君隱公父也，薨、葬在春秋之前。仲子，惠公妾，桓公母也；非夫人，故不書卒、葬。喪事贈車馬曰賵。書惠公、仲子者，兼之也。賵惠公，則失之緩；賵仲子，則亂；嫡、庶兼賵，尤為失道。程子曰：「諸侯無再娶。仲子不得為夫人，故不稱夫人，不書卒、葬。」……吳先生曰：「宰姓，咺名，三命例書氏、書名，非貶也。聖人據事直書而義自見，何待名宰然後為貶乎！」〔註172〕

以上以二例解經：一是宰咺為周三命大夫，依例書氏、書名；但胡安國誤以宰咺書名為貶〔註173〕，俞皋採用吳澄轉引朱熹「聖人據事直書而義自見」之

〔註172〕〔元〕俞皋：〈春秋集傳釋義大成凡例〉，《春秋集傳釋義大成》，卷1，頁4。
〔註173〕胡安國《春秋傳》云：「冢宰稱宰咺者，名也。王朝公卿書官，大夫書字，上士、中士書名，下士書人。咺位六卿之長而名之，何也？仲子，惠公之妾爾，以天王之尊，下賵諸侯之妾，是加冠於屨，人道之大經拂矣。天王，紀法之宗也；六卿，紀法之守也。議紀法而修諸朝廷之上，則與聞其謀；頒紀法而行諸邦國之閒，則專掌其事。而承命以賵諸侯之妾，是壞法亂紀自王朝始也。《春秋》重嫡妾之分，故特貶而書名，以見宰之非宰矣。」〔宋〕胡安國：《春秋胡氏傳》（臺北：臺灣商務印書館，1966年，《四部叢刊續編》），卷1，頁3。

說，認爲宰咺行事失道，義理已自見爲貶，不待書名爲貶。二是仲子非夫人，依例不得書卒、葬；俞臯採用程頤「諸侯無再娶」之說，作爲例證。而俞臯依例解經，則同於三傳義例模式。

然而《春秋》除了事同、義同、辭同的凡例之外，俞臯又引申程頤之說，指出不可以例拘者有三：

1.「辭同而義不同者」〔註174〕。如《春秋》僖公五年夏：「公及齊侯、宋公、陳侯、衛侯、鄭伯、許男、曹伯，會王世子于首止。」又成公十五年冬十一月：「叔孫僑如會晉士燮、齊高無咎、宋華元、衛孫林父、鄭公子鰌、邾人，會吳于鍾離。」二者皆書會，但前者殊會王世子是「尊之而不敢與抗」〔註175〕，後者殊會吳是「抑之不使其抗」〔註176〕，辭雖同而義不同，不可以例拘之。

2.「事同而辭不同者」〔註177〕。如《春秋》桓公十五年夏五月：「鄭伯突出奔蔡。」又昭公二十五年秋九月己亥：「公孫于齊，次于楊州。」二者皆爲國君出奔，但後者爲魯君，「內奔例書孫」〔註178〕，事雖同而辭不同，不可以例拘之。

3.「微辭隱義，時措從宜〔註179〕者」〔註180〕。如《春秋》襄公二年冬：「仲孫蔑會晉荀罃、齊崔杼、宋華元、衛孫林父、曹人、邾人、滕人、薛人、小邾人于戚，遂城虎牢。」又襄公十年冬：「戍鄭虎牢。」按鄭國位於晉、楚之間，虎牢爲鄭國城邑，地勢險要，爲晉、楚二國必爭之地。前者諸侯城虎牢，虎牢不繫於鄭國，是責備鄭國「有虎牢之險而不能守」〔註181〕；後者諸侯戍虎牢，虎牢繫於鄭國，是責備諸侯的目的不在切斷楚國進犯中國的通道，

〔註174〕 〔元〕俞臯：〈春秋集傳釋義大成凡例〉，《春秋集傳釋義大成》，卷首，頁4。
〔註175〕 〔元〕俞臯：《春秋集傳釋義大成》，卷5，頁8。
〔註176〕 〔元〕俞臯：《春秋集傳釋義大成》，卷8，頁20。
〔註177〕 〔元〕俞臯：〈春秋集傳釋義大成凡例〉，《春秋集傳釋義大成》，卷首，頁4。
〔註178〕 〔元〕俞臯：《春秋集傳釋義大成》，卷10，頁36。
〔註179〕 「時措從宜」，原作「時措時宜」。按程頤〈春秋傳序〉云：「《春秋》……微辭隱義，時措從宜者，爲難知也。」據改。〔宋〕朱熹：《河南程氏經說》，卷4，頁1125。
〔註180〕 〔元〕俞臯：〈春秋集傳釋義大成凡例〉，《春秋集傳釋義大成》，卷首，頁4。
〔註181〕 見俞臯《春秋集傳釋義大成》引程頤曰：「設險所以守國也，有虎牢之險而不能守，故不繫鄭，責其不能守也。」〔元〕俞臯：《春秋集傳釋義大成》，卷9，頁2。

而在強占鄭國的領土〔註182〕。二者一字之差，各有微辭隱義，聖人時措從宜，不可以例拘之。

（二）據經覈傳

宋代疑傳甚至疑經的學術風氣大盛，程頤主張「以傳考經之事迹，以經別傳之真偽」〔註183〕。俞皋亦主張「據經覈傳」，如《春秋》僖公十九年秋：「衛人伐邢。」《左傳》云：「衛人伐邢，以報菟圃之役。於是衛大旱，卜有事於山川，不吉。甯莊子曰：『昔周饑，克殷而年豐。今邢方無道，諸侯無伯，天其或者，欲使衛討邢乎！』從之。師興而雨。」俞皋《春秋集傳釋義大成》云：

> 此報復之師也，而《左氏》以為天意，師興而雨，不亦誣哉！凡此之類，皆當據經覈傳，勿以為然，可也。〔註184〕

按《春秋》僖公十八年冬：「邢人、狄人伐衛，圍菟圃。」衛人伐邢是為了報復菟圃之役，出於人為，而非天意；《左傳》卻採用衛大夫甯莊子興師伐邢為天意的說詞，於是誤以下雨解除衛國大旱亦為天意。所以應當據經覈傳，才可避免誤信《左傳》之誣。

又如《春秋》襄公六年秋：「莒人滅繒〔註185〕。」《穀梁傳》云：「非滅也。……家有既亡，國有既滅，滅而不自知，由別之而不別也。莒人滅繒，非滅也，非立異姓以莅祭祀，滅亡之道也。」俞皋《春秋集傳釋義大成》云：

> 將卑師少，故曰莒人。覆其宗社例書滅。《穀梁》立異姓之說，妄也。
>
> 凡此皆當據經覈傳，不可案傳疑經也。〔註186〕

《穀梁傳》認為，莒為繒甥，莒未出兵滅繒，而是繒立莒為嗣，國立異姓為嗣則滅。但俞皋以《春秋》凡例解經，依據第六條：「將卑師少例書某人」、「覆其宗社例書滅」，認為莒是以兵滅繒，並覆其宗社，駁斥《穀梁傳》立異姓之說。所以應當據經覈傳，才可避免誤信《穀梁傳》之妄。

〔註182〕 見俞皋《春秋集傳釋義大成》引程頤曰：「非欲斷荊楚之路，為鄭蔽也，駐師阨險以逼之耳，故繫鄭以責諸侯。」〔元〕俞皋：《春秋集傳釋義大成》，卷9，頁11。

〔註183〕 見《河南程氏遺書・周伯忱錄》。〔宋〕朱熹：《河南程氏遺書》，卷20，頁266。

〔註184〕 〔元〕俞皋：〈春秋集傳釋義大成凡例〉，《春秋集傳釋義大成》，卷5，頁22。

〔註185〕 《穀梁傳》作「繒」，俞皋《春秋集傳釋義大成》據《左傳》引經文作「鄫」。

〔註186〕 〔元〕俞皋：〈春秋集傳釋義大成凡例〉，《春秋集傳釋義大成》，卷9，頁5。

（三）聖人據事直書

朱熹主張「聖人作經，直述其事」〔註187〕；俞臬亦主張「聖人作經，據事直書」，如《春秋》襄公五年秋：「公會晉侯、宋公、陳侯、衛侯、鄭伯、曹伯、莒子、邾子、滕子、薛伯、齊世子光、吳人、鄫人于戚。」《公羊傳》云：「吳何以稱人？『吳、鄫人』云則不辭。」胡安國《春秋傳》云：「吳何以稱人？按《左氏》：『吳子使壽越如晉，請聽諸侯之好。晉人將爲之合諸侯，使魯、衛大夫會吳于善道，且告會期。』然則戚之事乃吳人來會，不爲主也。來會諸侯而不爲主，則進而稱人。」〔註188〕俞臬《春秋集傳釋義大成》云：

> 晉先序，伯主也。世子不可先諸侯，故列滕、薛之下。吳人，一命
> 之微者也，非爲主，故列序；胡氏以爲進之，故稱人，非也；鄫人
> 亦豈進之乎？《公羊》之說亦非也。凡此皆據事直書，必曲爲進貶
> 之說，皆鑿矣。〔註189〕

按諸侯相會有一定的排列順序，吳、鄫皆稱人，所以排列於後。胡安國認爲，吳稱人是爲了鼓勵吳由夷狄進化於中國；但俞臬反駁之，因爲鄫亦稱人，並非夷狄，豈須鼓勵進化於中國。《公羊傳》認爲，若書「吳、鄫人」則辭句不順，所以寫成「吳人、鄫人」；但俞臬亦不贊同。俞臬認爲，吳稱人只是聖人據事直書，沒有什麼特別的意義，進貶之說皆是穿鑿、曲說。

又如《春秋》成公二年冬十一月丙申：「公及楚人、秦人、宋人、陳人、衛人、鄭人、齊人、曹人、邾人、薛人、鄫人盟于蜀。」《左傳》云：「蔡侯、許男不書，乘楚車也，謂之失位。……蔡、許之君一失其位，不得列於諸侯，況其下乎！」俞臬《春秋集傳釋義大成》云：

> 《左氏》謂：「卿貶書人。」而又謂：「蔡侯、許男乘楚車，故不書。」
> 皆謬說也。聖人作經，直書公及諸國微者盟，是非自見，何待書人
> 然後爲貶乎！既以諸國卿書人爲貶，而蔡、許之君何不亦書曰人？
> 乃反沒而不書，何一事之閒立義不同如此哉！傳之不可盡信也如
> 此，當從例以爲微者也。〔註190〕

《左傳》指出，蔡侯、許男皆曾參與蜀之盟，但經文未見，原因是二國附從於楚國，乘車已改爲夷狄之制，喪失了中國諸侯的資格，所以《春秋》貶而

〔註187〕〔宋〕黎靖德：《朱子語類》，卷83，頁12。
〔註188〕〔宋〕胡安國：《春秋胡氏傳》，卷21，頁3。
〔註189〕〔元〕俞臬：〈春秋集傳釋義大成凡例〉，《春秋集傳釋義大成》，卷9，頁5。
〔註190〕〔元〕俞臬：〈春秋集傳釋義大成凡例〉，《春秋集傳釋義大成》，卷8，頁6。

不書其與盟。但俞皋反駁之，認爲依據《左傳》「卿貶書人」之例，應書蔡人、許人與盟以示貶，而非不書其與盟；既然《春秋》不書其與盟，表示不適用「卿貶書人」之例，應當改從「微者不書」之例，亦即參與蜀之盟者不是蔡侯、許男，而是該二國的微者，所以《左傳》之說不可盡信。然而俞皋之說亦衍生出三個問題：第一，《左傳》無「卿貶書人」之例；第二，其《春秋》凡例十六條無「微者不書」之例；第三，朱熹主張「聖人作經，直述其事」，目的在使人自見其義，反對以義例解經，俞皋卻以從例的方式反駁《左傳》，與朱熹之意不合。或許因俞皋之學出於程頤，其《春秋集傳釋義大成》亦在以程頤之說辨明「四傳」是非爲主，至於是否合於朱熹之意並非所問。

三、程端學模式

元儒程端學（1278～1334 年）與兄程端禮（1271～1345 年）受業於史蒙卿（1247～1306 年），「盡得朱子明體達用之指」，兄弟二人「自爲師友，方嚴剛正，時人以二程目之」〔註191〕。程端學曾慨歎「《春秋》在諸經中獨未有歸一之說」〔註192〕，復因後儒多無法跳脫三傳以義例解經的窠臼，穿鑿附會，不得經義，於是作《春秋本義》三十卷、《春秋或問》十卷、《三傳辨疑》二十卷；又別有〈綱領〉一卷，明著書大義，經《通志堂經解》收錄於《春秋本義》卷首。茲就其解經模式考述如下：

（一）諸說合於程、朱之論，則合於經之旨

元代科舉考試，諸經以程、朱注本爲主；但其中《春秋》方面，程頤《春秋傳》爲未完之書，朱熹則未成書，因胡安國之學出自程頤，於是考試程式規定「《春秋》許用三傳及胡氏傳」〔註193〕。所謂「許用」，程端學的解釋是：

> 若夫「許用」之意，則猶以三傳、胡氏之說未可盡主也。是則合於《春秋》之經者，用之可也；其不合者，直求之經意而辨之可也。
> 〔註194〕

如此即是認爲，三傳與胡安國之說有合於經者，亦有不合於經者；合於經者當然採用其說，不合於經者則「直求之經意而辨之」。但如何判別合不合於經

〔註191〕見納蘭成德〈程積齋春秋序〉。〔元〕程端學：《春秋或問》（臺北：臺灣大通書局，1969 年 10 月，《通志堂經解》，冊 25），卷首，頁 1。
〔註192〕見納蘭成德〈程積齋春秋序〉。〔元〕程端學：《春秋或問》，卷首，頁 1。
〔註193〕見《元史‧選舉志》。〔明〕宋濂：《元史》，卷 81，頁 3。
〔註194〕〔元〕程端學：〈春秋本義序〉，《春秋本義》，卷首，頁 2。

呢？程端學是「以程、朱之論攷正三傳、胡氏」，凡「合於程、朱之論，則合於經之旨矣」〔註195〕。於是「用三傳、胡氏之有合者爲《本義》，諸說之合者亦附見焉；其相戾者爲《辨疑》，以正之；又摘諸說之害經者爲《或問》，以明所以去取之由」〔註196〕。由此可知，程端學以程、朱之論攷正、去取的對象，雖以三傳與胡安國之說爲主，其實尙包括其他諸儒凡一百七十六家〔註197〕之說。

程端學提出的「程、朱之論」有二：

1.「程子曰：『以傳攷經之事迹，以經別傳之真偽。』」〔註198〕

其中所謂「傳」，主要是指《左傳》。如《春秋》隱公九年冬：「公會齊侯于防。」《左傳》與程頤《春秋傳》皆云：「謀伐宋也。」但程端學採程頤之說，卻不採《左傳》之說〔註199〕，理由何在？《春秋或問》云：

> 左氏以謀伐宋爲鄭伯以王命告，於經無所考，故不取。程子以謀伐宋爲黨鄭而私謀，於經有據，故取之也。……若左氏則雜採百家之說，擇焉不精，而語焉不詳，故讀者惟其理之可信者不可廢，若與經違，與理悖，而盡信之，則反害經矣。故程子曰：「以傳攷經之事迹，以經別傳之真偽。」〔註200〕

所以「以傳攷經之事迹，以經別傳之眞僞」的眞正意涵，是不只重視諸說的結論，更要重視其推論過程。凡推論過程於經無所考者，即使結論無誤，亦不可採；必須結論正確，且推論過程於經有據，才是可信。

2.「朱子曰：『《春秋》不過直書其事。』」〔註201〕

按《朱子語類》此語原文爲：「聖人作《春秋》，不過直書其事，美惡人自見。後世言《春秋》者，動引譏、美爲言，不知他何從見聖人譏、美之意。」〔註202〕朱熹主張《春秋》直書其事，美惡人自見，目的是在反對義例模式於一字一辭之間求褒貶所在，因爲褒貶皆非聖人之意。如《春秋》隱公十年夏

〔註195〕〔元〕程端學：〈春秋本義序〉，《春秋本義》，卷首，頁2。
〔註196〕〔元〕程端學：〈春秋本義序〉，《春秋本義》，卷首，頁2。
〔註197〕詳見程端學〈春秋傳名氏〉，《通志堂經解》收錄於其《春秋本義》卷首。
〔註198〕〔元〕程端學：〈春秋本義序〉，《春秋本義》，卷首，頁2。
〔註199〕見程端學《春秋本義》。〔元〕程端學：《春秋本義》，卷3，頁10～11。
〔註200〕〔元〕程端學：《春秋或問》，卷1，頁55。
〔註201〕〔元〕程端學：〈春秋本義序〉，《春秋本義》，卷首，頁2。
〔註202〕〔宋〕黎靖德：《朱子語類》，卷133，頁11。

六月壬戌：「公敗宋師于菅。」辛未：「取郜。」辛巳：「取防。」魯隱公擊敗
宋師，取宋二邑，《春秋》書日。《公羊傳》認為，「一月而再取」，書日表示
甚惡；《穀梁傳》認為，「不正其乘敗人而深為利，取二邑，故謹而日之也」。
二傳皆以時月日例解經，書日表示貶意，是否如此呢？程端學《春秋或問》
云：

> 今壬戌敗宋師，辛未取郜，辛巳取防，魯史紀事自然之法也，得其
> 日而事益詳，魯隱之惡益彰。若或不得其日，既敗宋師，又取郜、
> 取防，其惡亦不得掩，非聖人特書以甚其惡，亦非謹其事而日之也。
> 〔註203〕

魯隱公取宋二邑，即使《春秋》不書日，亦可知其為惡，何須書日表示貶意；
所以書日是「魯史紀事自然之法」，不是聖人特書。然而書「取」是否表示為
惡呢？《春秋或問》又云：

> 「取」者，善惡通用之辭，……舊史之文，非孔子所措之字。《春秋》
> 之作，其自然之妙與天地侔，天之生物非物勿雕琢，《春秋》亦非字
> 字安排，其義乃在一句之間，而非有一字以為義，一字褒貶乃末世
> 相沿之陋。朱子曰：「當時大亂，聖人據實書之，其是非得失，付後
> 世公論，蓋有言外之意。若必於一字間求褒貶，竊恐不然。」可謂
> 善讀《春秋》矣。〔註204〕

「取」字善惡通用，亦是魯史原文，聖人只是據實書之，未加褒貶；所以凡
於一字之間求褒貶之意者，皆不合於經旨。

有了「程、朱之論」，即可作為取捨諸儒之說的依據。如《春秋》桓公八
年冬：「祭公來，遂逆王后于紀。」程端學《春秋本義》云：

> 程子曰：「祭公受命逆后而至魯，先行私禮，故書『來』。以逆后為
> 遂事，責其不虔王命，而輕天下之母也。」張氏曰：「天子雖無親迎
> 之禮，然祭公謀於魯，則當復命於王，然後遣於宗廟，以明逆后之
> 重。今使魯為媒，而因是往，輕褻王配，如此何以示正始之道哉！」
> 二說未詳孰是。若當時天子使之來魯，而又使之遂逆后，則過在桓
> 王，祭公特有從命之辜耳。〔註205〕

〔註203〕〔元〕程端學：《春秋或問》，卷1，頁56～57。
〔註204〕〔元〕程端學：《春秋或問》，卷1，頁57。
〔註205〕〔元〕程端學：《春秋本義》，卷4，頁30。

以上所引程頤與張氏之說，雖未詳孰是，仍斷以己意。但先儒爲說者不止程頤、張氏二家，該如何取捨呢？程端學《春秋或問》云：

> 先儒雖多爲說，據經觀理，不過《本義》所錄程子、張氏之云，其他或未免億度而生事也。邦衡與程子同義，孫氏、胡氏、獻可與張氏同義；孫、胡出張氏之前而弗錄者，不若張氏之詳也。康成、啖、趙諸儒皆辨天子親逆不親逆，今考經文，亦無識親逆不親逆之意。至胡氏則謂祭公來謀逆后之期；高氏則謂來謀紀難；葉氏則謂來朝；存耕又謂魯知紀之將亡，懼王后不能備禮，謀速逆之，故遂逆者，魯之意；君舉又謂，祭公不稱使，則王未有成命，而遂專之；凡此諸說，去經意益遠，皆不敢錄。〔註206〕

諸儒之說除了同義者不錄之外，考經文，凡與經意不合、去經意甚遠者，因「未免億度而生事」，亦皆不錄。其餘據經觀理，只有程頤、張氏之說合於經，而得以並存。

（二）據經比事以見義

程端學雖博採諸儒之說以解經，若諸儒捨本逐末，只求一字之褒貶，以凡例立論，則略而不取。如《春秋》僖公三十年秋：「衛侯鄭歸于衛。」按衛、曹、楚本爲同盟，晉文公將伐曹，衛成公（衛侯鄭）不許假道，於是晉文公伐衛，放逐衛成公，立其弟叔武，由大夫元咺輔政。衛成公出奔楚國，經叔武和元咺在踐土之盟上極力爭取後迎歸衛國，不料衛成公懷疑叔武篡位，殺了叔武，於是元咺出奔晉國提出控訴，晉文公再度伐衛，將衛成公執送京師交由周襄王處置，元咺則回到衛國，改立公子瑕爲君。後來衛成公獲釋，復歸於衛，殺了元咺和公子瑕；但《春秋》不書「復歸于衛」，亦不書「歸自京師」，而書「歸于衛」，諸儒或以爲善辭，或以爲惡辭，莫衷一是。程端學對於諸儒之說一概不取，理由何在？《春秋或問》云：

> 《春秋》命辭，固有重輕、有繁殺，學者當先考《春秋》之事，次觀《春秋》比事之意，然後察乎命辭輕重、繁殺之間，則聖人之意庶乎可窺其一二矣。若但求一字之褒貶與前後所書之凡例以立論焉，吾恐舍其本而究其末，緦麻之察而三年之喪不務也。自晉侯伐衛，屬辭比事至此，凡八書而見義，故衛侯鄭歸於衛，乃卒事也。

> 不比事而觀王伯之盛衰、君臣之相勝爲春秋之大變，乃拘拘於「復
> 歸」與「自京師」一字之閒，宜其說之紛紛，而徒足以亂《春秋》
> 也。〔註207〕

可知程端學不取諸儒之說的理由，在於諸儒皆以褒貶義例立論，卻不藉此觀
察王伯之盛衰、君臣之相勝，忽略春秋之大變。然而該如何求得聖人之意呢？
程端學提出以屬辭比事爲對策，其步驟有三：首先是「考《春秋》之事」，其
次是「觀《春秋》比事之意」，最後再「察乎命辭輕重、繁殺之閒」。以《春
秋》「衛侯鄭歸于衛」爲例，《春秋本義》云：

> 前書「晉人執衛侯歸之京師」，此當書「歸自京師」，而但曰「歸于
> 衛」者，當時執之、歸之，皆晉文之權，襄王擁虛器以聽命而已，
> 故不曰「歸自京師」，紀實跡也。衛侯與元咺相爲出入，君臣之道
> 廢矣。自晉侯伐衛，至此，凡八書，可見伯權盛而王綱墜，故諸侯、
> 大夫縱恣如此。故曰：尊君抑臣，貴王賤伯，《春秋》之大義也。
> 〔註208〕

首先「考《春秋》之事」，晉文公爲霸主，衛成公遭執之、歸之，皆是霸主之
權，已非周天子之權，《春秋》記載事實，所以不書「歸自京師」。其次「觀
《春秋》比事之意」，《春秋》記載衛國內亂始末，凡八條，經由排比之後，
可見「伯權盛而王綱墜」，「諸侯、大夫縱恣如此」。最後「察乎命辭輕重、繁
殺之閒」，衛成公復歸於衛，《春秋》只書「歸于衛」，得知其大義不在「歸」、
「復歸」爲善辭或惡辭，而在「尊君抑臣，貴王賤伯」。

此外，程端學認爲，「屬辭比事者，《春秋》之大法」，亦是「孔門傳授之
格言」〔註209〕，並主張「《春秋》有大屬辭比事，有小屬辭比事」〔註210〕。
何謂「大屬辭比事」？云：

> 其大者，合二百四十二年之事而比觀之，春秋之始，諸侯無王未若
> 是之甚也，終則天王不若一列國之君；始也，諸侯之大夫未若是之
> 張也，終則專國而無諸侯；始也，夷狄未若是之橫也，終則伯中國、
> 滅諸侯；始也，諸侯之伐國未甚也，終則至於滅同列之國。〔註211〕

〔註207〕〔元〕程端學：《春秋或問》，卷4，頁18。
〔註208〕〔元〕程端學：《春秋本義》，卷13，頁15。
〔註209〕〔元〕程端學：〈春秋本義通論〉，《春秋本義》，卷首，頁4。
〔註210〕〔元〕程端學：〈春秋本義通論〉，《春秋本義》，卷首，頁4。
〔註211〕〔元〕程端學：〈春秋本義通論〉，《春秋本義》，卷首，頁4。

「大屬辭比事」即是結合《春秋》二百四十二年全部事件的記載，藉由屬辭比事，瞭解時代衰敗的整體始末變化。至於何謂「小屬辭比事」？云：

> 其小者，合數十年之事而比觀之，始也，大夫執一國之權，終則至於弒其君；始也，子弟預一國之政，終則至於篡其位；始也，諸侯專恣而妄動，終則至於滅其身；始也，夫人昏姻之不正，終則至於淫亂而奔亡。〔註212〕

「小屬辭比事」則是結合《春秋》數十年之間相關事件的記載，藉由屬辭比事，瞭解政局動亂的個別因果關係。若是「人知此法，則一字褒貶與先定凡例而作《春秋》之說，久當自廢，不必多辨也」〔註213〕。

（三）《春秋》不書常事，有貶無褒

程端學認為，「《春秋》為克己復禮之書」〔註214〕，如果孔子生在三代盛世，便無作《春秋》的必要；但孔子生逢亂世，又不得出而正之，只能退而修《春秋》，即事以立教，所書皆非常之事。為何孔子所書皆非常之事呢？因為「人知其事之非常，則常道有在；夫知非常，則知己之所當克；知常道有在，則知禮之所可復。故《春秋》不書常事，屬辭比事，使人自見其義而已」〔註215〕。所以《春秋》所書皆為不合於禮的非常之事，並希望世人藉由屬辭比事自見其義，進而克己復禮，以恢復常道。

然而《四庫全書總目》批評程端學《春秋本義》云：

> 其大旨仍主常事不書、有貶無褒之義，故所徵引，大抵孫復以後之說，往往繳繞支離，橫加推衍，事事求其所以貶。如經書「紀履綸來逆女」、「伯姬歸于紀」，此自直書其事，舊無褒貶，端學必謂履綸非命卿，紀不當使來迎，魯亦不當聽其迎；夫履綸為命卿，固無明文，其非命卿，又有何據乎？「紀叔姬之歸酅」，舊皆美其不以盛衰易志，歸於夫族，端學必以為當歸魯而不當歸酅，斯已刻矣，乃復誣以失節於紀季，此又何所據乎？〔註216〕

程端學主張《春秋》不書常事，已如前述；至於主張《春秋》有貶無褒，所舉二例商榷如下：

〔註212〕 〔元〕程端學：〈春秋本義通論〉，《春秋本義》，卷首，頁4。
〔註213〕 〔元〕程端學：〈春秋本義通論〉，《春秋本義》，卷首，頁5。
〔註214〕 〔元〕程端學：〈春秋本義通論〉，《春秋本義》，卷首，頁2。
〔註215〕 〔元〕程端學：〈春秋本義序〉，《春秋本義》，卷首，頁3。
〔註216〕 《四庫全書總目》，卷28，頁6。

例一，《春秋》隱公二年秋九月：「紀履緰來逆女。」冬十月：「伯姬歸于紀。」程端學《春秋本義》云：

> 愚謂：逆當使命卿，不當使大夫。紀以大夫逆國母，魯亦不能以禮卻之，故書以示戒。〔註217〕

又云：

> 愚謂：逆非命卿，魯又順其非禮，即使伯姬隨其大夫以往，非禮矣。
> 〔註218〕

程端學怎知紀大夫履緰非命卿呢？因爲「履緰不稱氏，非卿也」〔註219〕，說見其《三傳辨疑》。履緰非命卿，既然有據，紀以大夫履緰來逆，魯使伯姬隨其大夫而往，程端學譏爲非禮自無不當。

例二，《春秋》莊公十二年春三月：「紀叔姬歸于酅。」程端學《春秋本義》云：

> 愚謂：國君死社稷，其兄弟臣妾可知也。紀國既亡，叔姬死之可也，而歸依於叛兄之叔，失節甚矣。〔註220〕

紀國將滅亡時，紀侯之弟紀季割讓酅邑投靠齊國，背叛紀侯；紀國既亡，叔姬當死而不死，反而歸依於紀季，所以程端學譏其失節，《四庫全書總目》所謂「端學必以爲當歸魯而不當歸酅」，並非其意。又程端學《春秋或問》云：

> 夫紀季以酅入于齊，則爲齊之臣，既得罪於宗廟矣。叔姬不死於國破之時，又以嫂而歸依於失節之叔，同事仇讎之齊，而謂其賢乎？
> 失其是非之心矣。〔註221〕

叔姬與紀季皆不死於國，又同事仇讎，所以程端學譏爲失節，《四庫全書總目》卻謂程端學「乃復誣以失節於紀季」，亦非其意。按叔姬當爲失節於紀國，而非失節於紀季，疑四庫館臣將「失節」二字誤解爲失去婦女貞節，以致不知所云。

依據以上二例，可知程端學是主張以合不合於禮作爲褒貶的依據，合於禮則褒，不合於禮則貶，但因爲《春秋》不書常事，所書皆爲不合於禮的非常之事，所以只見其貶，未見其褒，應不足爲怪。

〔註217〕〔元〕程端學：《春秋本義》，卷1，頁14。
〔註218〕〔元〕程端學：《春秋本義》，卷1，頁14。
〔註219〕〔元〕程端學：《三傳辨疑》（臺北：臺灣商務印書館，1986年7月，《景印文淵閣四庫全書》，冊161），卷1，頁23。
〔註220〕〔元〕程端學：《春秋本義》，卷7，頁5。
〔註221〕〔元〕程端學：《春秋或問》，卷3，頁13。

（四）訂三傳之疑似

程端學自稱，作《三傳辨疑》的目的在「訂三傳之疑似」〔註222〕，凡有可疑者，皆摘錄經文與傳文，並引諸說或以己說加以辨正。如《春秋》桓公十四年冬十二月：「宋人以齊人、蔡人、衛人、陳人伐鄭。」《左傳》云：「宋人以諸侯伐鄭，報宋之戰也。焚渠門，入及大逵，伐東郊，取牛首，以大宮之椽歸為盧門之椽。」程端學《三傳辨疑》以己說辨正之：

> 果取牛首，經當書「取邑」。果以大宮之椽歸，經當書「入鄭」，今經止曰「伐鄭」。且經言「人」，則微者也，而《左氏》以為諸侯。俱未可信也。〔註223〕

又《公羊傳》云：「以者何？行其意也。」程端學《三傳辨疑》亦以己說辨正之：

> 「以」固「行其意」，然以「行其意」釋「以」之意，義則疏矣。〔註224〕

又《穀梁傳》云：「以者，不以者也。民者，君之本也，使人以其死，非正也。」程端學《三傳辨疑》引趙氏之說辨正之：

> 趙氏曰：「《左氏》云：『凡師能左右之曰「以」。』且齊桓、晉文用諸侯之師，悉能左右之，何以不言『以』？《穀梁》之說，則諸處用兵悉不死乎？范甯註云：『本非所得制，今得制之。』則莊十五年宋人、齊人、邾人伐郳，何以不言『以』？又定四年蔡侯以吳子，豈能制之哉？」〔註225〕

然而《四庫全書總目》認為，程端學《三傳辨疑》「大抵先存一必欲廢傳之心，而百計以求其瑕纇，求之不得，則以『不可信』一語槩之」〔註226〕。若以上揭觀之，程端學對三傳皆有所辨正，無一不辨之以理，即使《左傳》所載事迹未可信，卻非求其瑕纇而不得。至於所謂「先存一必欲廢傳之心」，亦非實情，如《春秋》桓公三年秋七月壬辰朔：「日有食之，既。」《公羊傳》云：「既者何？盡也。」《三傳辨疑》即云：

> 此字訓得之。〔註227〕

〔註222〕〔元〕程端學：〈春秋本義序〉，《春秋本義》，卷首，頁4。
〔註223〕〔元〕程端學：《三傳辨疑》，卷4，頁19。
〔註224〕〔元〕程端學：《三傳辨疑》，卷4，頁19。
〔註225〕〔元〕程端學：《三傳辨疑》，卷4，頁20。
〔註226〕《四庫全書總目》，卷28，頁7～8。
〔註227〕〔元〕程端學：《三傳辨疑》，卷3，頁16。

又《穀梁傳》云：「既者，盡也，有繼之辭也。」《三傳辨疑》亦云：

> 《穀梁》謂『既者盡也』，是也。〔註228〕

不但未見有廢傳之心，反而對《公羊傳》與《穀梁傳》給予肯定。

此外，若將《三傳辨疑》與《春秋本義》相互對照，亦可得其實情。如《春秋》定公元年秋九月：「立煬宮。」《穀梁傳》云：「立者，不宜立者也。」程端學《三傳辨疑》肯定之：

> 此訓詁近之。〔註229〕

其《春秋本義》則兼采《公羊傳》而疑《左傳》之說：

> 《公羊》曰：「立者何？不宜立也。煬宮者何？煬公之宮也。」杜氏
> 曰：「煬公，伯禽子也。」《左氏》曰：「昭公出，故季平子禱于煬公。
> 九月，立煬宮。」未詳信否。〔註230〕

又如《春秋》閔公元年夏六月辛酉：「葬我君莊公。」《穀梁傳》云：「莊公葬而後舉謚，謚所以成德也，於卒事乎加之矣。」程端學《三傳辨疑》以己說辨正之：

> 《穀梁》知卒事加謚，而不知私謚之非。〔註231〕

而其《春秋本義》則採《左傳》之說：

> 十一月而葬。《左氏》曰：「亂故，是以緩。」〔註232〕

相互對照之下，程端學對三傳之說有取有捨，尤其《春秋本義》採取三傳之說者不勝枚舉，並未廢棄。

綜上可見程端學係博採諸儒之說，而辨三傳之疑；若三傳無疑，則取而不辨。《四庫全書總目》偏執其《三傳辨疑》，謂「先存一必欲廢傳之心」；並將宋儒不信三傳者析爲「棄傳而不駁傳」、「駁三傳之義例」、「駁三傳之典故」三派，以程端學「兼三派而用之」〔註233〕；又批評其《春秋本義》駁《左傳》，

〔註228〕〔元〕程端學：《三傳辨疑》，卷3，頁16。

〔註229〕〔元〕程端學：《三傳辨疑》，卷19，頁5。

〔註230〕〔元〕程端學：《春秋本義》，卷27，頁3。

〔註231〕〔元〕程端學：《三傳辨疑》，卷7，頁3。

〔註232〕〔元〕程端學：《春秋本義》，卷9，頁1。

〔註233〕《四庫全書總目》云：「蓋不信三傳之說，創於啖助、趙匡，……其後析爲三派：孫復《尊王發微》以下，棄《傳》而不駁《傳》者也；劉敞《春秋權衡》以下，駁三傳之義例者也；葉夢得《春秋讞》以下，駁三傳之典故者也。至於端學，乃兼三派而用之，且併以《左傳》爲僞撰，變本加屬，罔顧其安，至是而橫流極矣。」《四庫全書總目》，卷28，頁8。

「乃事事皆云未知信否,則天下無可據之古書」〔註234〕,誇大其詞,皆非實情,不可信從。

第四節 小 結

本章探討各家以義理解經的模式,概分爲三類:

第一類是考信類,是指對於三傳不可全信,而以程頤所提出「以傳考經之事迹,以經別傳之眞僞」爲原則,信其可信,以程頤、高閌二人爲代表。

宋儒程頤以《春秋》爲「經世之大法」,思想散見於所作《春秋傳》與朱熹所輯《河南程氏遺書》、《河南程氏外書》等著作中,主張「傳爲案,經爲斷」,以《左傳》的事迹作爲按斷的對象,以《春秋》的義理作爲按斷的依據,其義理則是來自於《詩》、《書》、《易》等經書;而《春秋》所書,有事同而辭同者,有事同而辭異者,前者可以例按斷,後者則不可以例按斷。又主張觀聖人作經本意與用心,並將《春秋》內容分爲「法」與「意」兩個層面,「法」是指制度層面而言,「意」即是指孔子的本意,主要是明王道與備四時,屬於內在層面,亦是《春秋》精神價值所在。

宋儒高閌治學專以二程爲本,所作《春秋集註》十四卷,志在紹述程頤之學,但不盲從,亦不存門戶私心,並多所精進,主張:一、聖人傳信不傳疑,《春秋》有因文致疑者,是後人口傳或傳鈔脫誤;有因義致疑者,聖人以微辭辨明疑義;有因事致疑者,《春秋》不書,皆非聖人所傳。二、《春秋》書其可書,以爲後世戒,有以以天道戒惕人事者,但《公羊傳》所謂「常事不書」未必如此,事簡者《春秋》亦書,事繁則刪略常事而書非常之事,皆可作爲戒惕。三、事同而辭同者,可以例按斷;但事同而辭異、事異而辭同者,則不可以例拘。

第二類是如史類,是指對於三傳解經須信其可信,「以傳考經之事迹,以經別傳之眞僞」;但若有不可考處,則從朱熹的見解,《春秋》當「只如看史樣看」,回歸史書的面貌。略舉朱熹、黃仲炎、呂大圭三人爲代表。

宋儒朱熹平生不敢說《春秋》,亦未爲《春秋》著書,因爲《春秋》經過歷代儒者傳承下來,於注腳上重複添加注腳,已「隔三重四重說」,必須撥除重重阻隔,否則後人難以得到聖人之心,其治《春秋》的相關學說,經後人

〔註234〕《四庫全書總目》,卷28,頁6。

輯存於《朱子語類》中。一般人認爲《春秋》難曉，是因爲局限在一字半字上推敲異同，理會褒貶，以爲皆是聖人筆削，結果反而得不到聖人本意；或誤從《左傳》，以成敗論是非，而不本於義理。朱熹提出以義理判斷是非的方法，主張合於義理者爲是，不合於義理者爲非，不輕信諸家之說；又主張「聖人據魯史以書其事，使人自觀之，以爲鑒戒爾」，所以看《春秋》應如看史，其中雖寓褒貶之義，卻是史事本身所有，並非聖人所賦予，《春秋》義例亦不是孔子所設，而是後人所爲，猶如人的命格不是先天所有，而是後人善談五行者所爲，所以不可信。

宋儒黃仲炎「遠稽孟子之書，近酌朱熹之論」，作《春秋通說》十三卷。朱熹認爲，「聖人據魯史以書其事，使人自觀之，以爲鑒戒爾」；黃仲炎亦屢次提及「《春秋》之紀事，爲戒而已矣」，主張《春秋》爲聖人教戒天下之書，以史事爲教戒，從其實而書之，未在史事之外創設褒貶義例之說。朱熹認爲，《春秋》「未必如先儒所言字字有義」；黃仲炎亦認爲，「《春秋》固有以隻字爲義，而非字字有義也」，且「《春秋》固有以隻字爲義，而非字字有義」。又主張三傳之事與義未可盡信，「當據事以觀經，或牴牾難於盡從，則以經爲斷」，仍以經爲依歸。

宋儒呂大圭爲朱熹再傳弟子，主張「《春秋》魯史也，史之所無，聖人不能強加之，史之所書，聖人亦不革也，聖人之所因革者，其義也」。所作《春秋五論》一卷、《春秋集傳》卷數不詳、《春秋或問》二十卷，皆本朱熹之說而發明之。朱熹云：「聖人作《春秋》，不過直書其事，美惡人自見。」呂大圭亦認爲，「聖人據事直書，而其義自見」；但三傳與諸儒多穿鑿義理，以《春秋》爲聖人代天子賞善罰惡之書，以日月、名稱、爵號爲褒貶之說，皆不可通。又認爲「學《春秋》者舍三傳無所考」，但亦各有缺失：《左傳》熟於事，其缺失則是不明於理，且不得其實；《公羊傳》與《穀梁傳》深於理，其缺失則是敘事謬誤，且有害於理。對於以上缺失，呂大圭提出「讀《春秋》之法，經之所有則從經，經之所無則從傳」，學者應注意辨正。

第三類是折衷類，博採三傳及諸儒之說以解經，並以程、朱之說或兼以己意爲斷，略舉張洽、俞皋、程端學三人爲代表。

宋儒張洽爲朱熹門人，作《春秋集傳》二十六卷著重於蒐羅三傳及諸儒之說，《春秋集註》十一卷著重於發明聖人之意，對於漢、唐以來諸儒的議論，莫不考覈研究，比較其異同，參校是否合於聖人之意。朱熹治《春秋》，注重

義理而反對義例，主張以義理判斷是非，並曾傳授張洽治《春秋》的要訣，就在「研窮義理」而已，別無他法。張洽傳承師說，其《春秋集傳》、《春秋集註》即是以義理判斷是非，卻又與師說有一個極大不同之處，即是兼以義例治經。明太祖洪武年間以張洽的著作爲科舉定本，「蓋重其淵源，不必定以其書也」。

元儒俞皋受學於趙良鈞，其學本出於程頤。所作《春秋集傳釋義大成》十二卷，於經文之下備列《公羊傳》、《穀梁傳》與《左傳》，兼列胡安國《春秋傳》（吳澄始謂之「四傳」），又取裁程頤、朱熹之說，以分別三傳是非，並補胡安國《春秋傳》所偏。按程頤云：「《春秋》所書，大概事同則辭同，後之學者因以謂之例。然有事同而辭異者，其義各不同，蓋不可以例斷也。」俞皋引申程頤之說，以事同、義同、辭同者，定爲凡例十六條，並指出不可以例拘者有三：「辭同而義不同者」、「事同而辭不同者」、「微辭隱義，時措從宜者」。程頤主張「以傳考經之事迹，以經別傳之眞僞」〔註235〕，俞皋亦主張「據經覈傳」，以免信從三傳之誤。又朱熹主張「聖人作經，直述其事」〔註236〕，俞皋亦主張「聖人作經，據事直書」；但朱熹的目的在使人自見其義，反對以義例解經，俞皋卻以從例的方式反駁《左傳》，與朱熹之意不合，或許因俞皋之學出於程頤，其《春秋集傳釋義大成》亦在以程頤之說辨明「四傳」是非爲主，至於是否合於朱熹之意並非所問。

元儒程端學受業於史蒙卿，盡得朱熹明體達用之旨。曾慨歎「《春秋》在諸經中獨未有歸一之說」，復因後儒多無法跳脫三傳以義例解經的窠臼，穿鑿附會，不得經義，於是作《春秋本義》三十卷、《春秋或問》十卷、《三傳辨疑》二十卷，主張以程、朱之論考正三傳、胡安國及其他諸儒凡一百七十六家之說，凡「合於程、朱之論，則合於經之旨矣」；若諸儒只求一字之褒貶，以凡例立論，則略而不取，因爲《春秋》大法不在一字褒貶，而在屬辭比事。並主張《春秋》爲克己復禮之書，所書皆爲不合於禮的非常之事，有貶而無褒，「故《春秋》不書常事，屬辭比事，使人自見其義」，進而克己復禮，以恢復常道。程端學將屬辭比事區分爲大小，有「大屬辭比事」，即是結合《春秋》二百四十二年全部事件的記載，藉由屬辭比事，瞭解時代衰敗的整體始末變化；有「小屬辭比事」，則是結合《春秋》數十年之間相關事件的記載，

〔註235〕見《河南程氏遺書·周伯忱錄》。〔宋〕朱熹：《河南程氏遺書》，卷20，頁266。
〔註236〕〔宋〕黎靖德：《朱子語類》，卷83，頁12。

藉由屬辭比事，瞭解政局動亂的個別因果關係。若是人知屬辭比事之法，「則一字褒貶與先定凡例而作《春秋》之說，久當自廢，不必多辨也」。程端學又訂三傳之疑似，凡有可疑者，皆摘錄經文與傳文，並引諸說或以己說加以辨正，對三傳之說有取有捨，尤其《春秋本義》採取三傳之說者不勝枚舉，並未廢棄；然而《四庫全書總目》偏執其《三傳辨疑》，謂「先存一必欲廢傳之心」，又批評其《春秋本義》駁《左傳》，「乃事事皆云未知信否，則天下無可據之古書」，誇大其詞，皆非實情，不可信從。

綜據上述，義理模式是以程、朱之學為宗；然而二者對於《春秋》的見解同中有異，主要有二：一是程頤主張「以傳考經之事迹，以經別傳之真偽」；朱熹則認為「亦有不可考處」，主張《春秋》當「只如看史樣看」，回歸史書的面貌。二是程頤原則上接受並採用以義例解經，但只有事同而辭同者可以例按斷，事同而辭異者則不可以例按斷；朱熹則反對三傳以義例模式解經，否定義例存在的價值，這也是程、朱二人最大的歧見。基於以上差異，本文乃將義理模式劃為考信類與如史類，並將折衷二人之說者劃為折衷類，以臻完備。

第八章 《春秋》義法之說辨模式

　　兩漢經學以遵守師法與家法爲傳統，但早在漢景帝立公羊學爲《春秋》博士時，「言《春秋》，於齊則胡毋生，於趙則董仲舒」〔註1〕，二人學說即已各自分立。董仲舒三傳弟子以嚴彭祖與顏安樂爲明《春秋》之意，亦「各顓門教授，由是公羊《春秋》有顏、嚴之學」〔註2〕。至東漢末年，何休認爲，公羊學沒落是因爲「說者疑惑」，造成「二創」〔註3〕；徐彥指出，所謂「說者疑惑」，即是「胡毋子都、董仲舒之後，莊彭祖、顏安樂之徒，見經傳與奪異於常理，故致疑惑」〔註4〕。可見雖同屬公羊學派，由於枝派蔓衍，傳承日久，學說差異會愈來愈大，甚至無法相容。

　　不僅公羊學派內部如此，其與同屬今學的穀梁學派之間亦時遇爭辯。漢武帝使穀梁學者瑕丘江公與董仲舒議，江公因口才欠佳而居於下風，穀梁學錯失了一次翻身的機會。後來江公傳授魯人榮廣，榮廣「高材捷敏，與公羊大師眭孟等論，數困之，故好學者頗復受《穀梁》」〔註5〕。

　　兩漢最有名的四次今古學之爭，則與《春秋》三傳皆有關。第一次是劉歆與太常博士爭立《毛詩》、《古文尚書》、《逸禮》、《左氏春秋》於學官。第

〔註1〕見《漢書・儒林傳》。〔清〕王先謙：《漢書補注》（上海：上海古籍出版社，2002年3月，《續修四庫全書》，冊269），卷88，頁3。

〔註2〕見《漢書・儒林傳》。〔清〕王先謙：《漢書補注》，卷88，頁22。

〔註3〕所謂「二創」，一是「倍經任意，反傳違戾」，二是「援引他經，失其句讀，以無爲有」。見何休〈春秋公羊解詁序〉。〔唐〕徐彥：《春秋公羊傳注疏》（臺北：大化書局，1982年10月，《十三經注疏》本），卷首，頁1～2。

〔註4〕〔唐〕徐彥：《春秋公羊傳注疏》，卷首，頁1。

〔註5〕見《漢書・儒林傳》。〔清〕王先謙：《漢書補注》，卷88，頁23。

二次是古學家韓歆、陳元與今學家范升爭立《費氏易》、《左氏春秋》於學官。
第三次是公羊學家李育與諸儒論五經於白虎觀，以《公羊》義難《左傳》學
家賈逵。第四次是公羊學家何休與其師羊弼追述李育之義，以難《左傳》與
《穀梁傳》，作《公羊墨守》、《左氏膏肓》、《穀梁廢疾》，鄭玄「乃發《墨守》，
鍼《膏肓》，起《廢疾》」〔註6〕。

　　三傳釋經各有所長，爭辯迄今未已，歷代儒者取捨不同，或加以申述，
或予以駁斥，或斷以己意，或參以他說，於是形成說辨模式，大致可分為會
通、據史、申例、直解四類，茲依序討論之。

第一節　會通類

　　東漢鄭玄（127～200 年）為古學家而兼治今學，最大的貢獻是會通今古
遍注群經，曾入太學學習《左傳》，又師從第五元先學習《公羊傳》，後欲注
《春秋傳》尚未完成，因發現服虔（生卒年不詳）的見解多與己同，於是將
所注全部交予服虔，而成《春秋左氏傳解誼》，目前僅有輯佚本。由於世人無
緣一睹鄭玄所注《春秋傳》，無從猜測其目的是否在會通三傳，或是否以《左
傳》為解經主體，但其「發《墨守》，鍼《膏肓》，起《廢疾》」，使何休歎服，
足見其具有會通三傳的見識與氣魄。

　　自鄭玄以後，晉儒劉兆首先以會通三傳說辨經義，所作《春秋調人》卷
數不詳，「以《春秋》一經而三家殊塗，諸儒是非之議紛然，互為讎敵，乃思
三家之異，合而通之，《周禮》有調人之官，作《春秋調人》七萬餘言，皆論
其首尾，使大義無乖，時有不合者，舉其長短以通之」〔註7〕；又晉儒王長文
亦「以為《春秋》三傳傳經不同，每生訟議，乃據經摭傳，著《春秋三傳》
十二篇」〔註8〕。此後有北魏辛子馥《春秋三傳總》卷數不詳；唐儒劉軻《三
傳指要》十五卷，陳岳《春秋折衷論》三十卷；宋儒李堯俞《春秋輯議略論》
二卷，章拱之《春秋統微》二十五卷，杜諤《春秋會義》二十六卷，朱長文

〔註6〕見《後漢書‧張曹鄭列傳》。〔南朝宋〕范曄：《後漢書》（臺北：臺灣中華書
　　　　局，1965 年 11 月，《四部備要》本），卷 65，頁 10。

〔註7〕見《晉書‧儒林列傳》。〔唐〕房玄齡等：《晉書》（臺北：臺灣中華書局，1965
　　　　年 11 月，《四部備要》本），卷 91，頁 3。

〔註8〕〔晉〕常璩：《華陽國志》（臺北：臺灣中華書局，1965 年 11 月，《四部備要》
　　　　本），卷 11，頁 10。

《春秋通志》二十卷，王乘《春秋統解》三卷，余安行《春秋新傳》十二卷，劉弇《春秋講義》卷數不詳，陳思謙《春秋三傳會同》四十卷，高元之《春秋義宗》一百五十卷，趙善湘《春秋三傳通議》三十卷；元儒李廉《春秋諸傳會通》二十四卷，王莊《春秋釋疑》卷數不詳，戴良《春秋三傳纂玄》三十二卷；明儒畢濟川《春秋會同》卷數不詳，蔡芳《春秋訓義》十一卷，金賢《春秋記愚》十卷，徐獻忠《春秋稽傳錄》卷數不詳，饒秉鑑《春秋會傳》十五卷，夏元彬《麟傳統宗》十三卷，陳士芳《春秋四傳通辭》十二卷；清儒瞿世壽《春秋管見》十三卷。

以上陳岳《春秋折衷論》、杜諤《春秋會義》、李廉《春秋諸傳會通》、饒秉鑑《春秋會傳》、夏元彬《麟傳統宗》、陳士芳《春秋四傳通辭》、瞿世壽《春秋管見》尚存，其餘已佚。會通類現存者因乏佳作，謹以杜諤、李廉二人為代表，依序討論。

一、杜諤模式

宋儒杜諤（生卒年不詳）因感於《春秋》三傳之學「異論接跡而出，是非互有所私，注釋之意多緣其流，杜元凱則拘以赴告，何休則涉以讖緯，范甯雖務探經而博采諸說，然未盡詳」〔註9〕，於是蒐集引用唐、宋三十餘家之說，作《春秋會義》二十六卷。原書久佚，經四庫館臣楊昌霖自《永樂大典》輯出，作四十卷，其中僖公、襄公《永樂大典》共缺凡三十五年，餘俱完善；但杜諤所引諸家之說有遭刪節者，並注曰「各見前」，是因為「《永樂大典》已載其全書，故不復出」〔註10〕。孫葆田、陸心源錄有副本，改編為二十六卷，皆不見；今存為孔繼涵（1739～1783 年）所錄副本，改編為十二卷，魯十二公各為一卷，已非杜諤所作原貌。茲就其解經模式考述如下：

（一）博采諸家之說，斷以己意

如《春秋》桓公六年秋九月丁卯：「子同生。」《公羊傳》云：「子同生者，孰謂？謂莊公也。何言乎子同生？喜有正也。未有言喜有正者，此其言喜有正何？久無正也。子公羊子曰：『其諸以病桓與！』」《穀梁傳》云：「疑，故

〔註9〕 見朱彝尊《經義考》引杜諤《春秋會義》自序。〔清〕朱彝尊：《經義考》（臺北：臺灣中華書局，1965 年 11 月，《四部備要》本），卷180，頁4。
〔註10〕 見孔繼涵記。〔宋〕杜諤：《春秋會義》（臺北：新文豐出版公司，1989 年 7月，《叢書集成續編》，冊269），卷首，頁1。

志之。時曰：『同乎人也。』」《左傳》云：「子同生，以大子生之禮舉之，接以大牢，卜士負之，士妻食之，公與文姜、宗婦命之。……公曰：『是其生也，與吾同物。』命之曰同。」魯桓公嫡長子（魯莊公）名同，《春秋》書其出生，原因何在？《公羊傳》認為，桓公非嫡長子，因篡弒而即位，而子同為嫡長子，未來可名正言順繼承君位，為可喜之事，所以書其出生。《穀梁傳》認為，子同之母文姜與齊襄公私通（同乎人），質疑子同是否為魯桓公所親生，所以書其出生。《左傳》認為，子同為嫡長子，魯國舉行太子出生之禮，所以書其出生，不舉行則不書，並記載魯桓公為其命名的經過。三傳之說互異。杜諤《春秋會義》云：

> 《折衷》曰：「《春秋》十二公，唯莊公是文姜之子，長而嫡，故得備太子之禮。時史書之，聖人因而從之，得其實矣。謂莊母淫于齊襄，疑非公之子而書，按桓三年文姜大歸于魯，六年子同生，至十八年公與姜氏如齊，自斯方書姦，《穀梁》注之見，何鄙之甚也！杜公得其旨。」

> 《索隱》曰：「惠公不預明嫡庶之分，亂典禮之正，若《春秋》無一言以正其本，豈聖人垂教萬世之心乎！孔子書子同生，所以哀隱、桓之禍，而防微于後，俾後世知嫡庶之不可不早辯也。」

> 《集義》曰：「適子之生，以太子之禮舉之，此夫人長子皆然也。舉之則書之，是太子之生無不書者也。若文十八年書子惡卒，亦以正其為嫡嗣矣；杜云釋之為太子，而其生不見於經，不可謂舉之則書也。公羊子謂之病桓，微旨盡矣。《左氏》略經之義，釋同之名，既已失矣。《穀梁》尤無取焉。」

> 諤曰：「禮，國君世子生，告於君，接以大牢，宰掌具，三日，卜士負之。此〈內則〉，《禮記》之正也。今桓以不正而立，子同生而《春秋》書之，《左氏》以聖人筆之於經，而遂以太子之禮附于傳，又述其名之之義，皆不明聖人所書之旨也。以《公羊》之義伸之，則《春秋》所錄誠有以病桓也，何則？十二公之年，獨書子同之生者，蓋以桓公篡立，亂長幼之道，廢嗣之法，聖人懼其繼世之道不明於後世，故起子同之文，以正魯國之傳嗣，而遏篡逆也。此亦悼之而託文爾。」〔註11〕

〔註11〕〔宋〕杜諤：《春秋會義》，卷2，頁37～38。

以上採用唐儒陳岳《春秋折衷論》、宋儒朱定序《春秋索隱》、宋儒李明復《春秋集義》之說，但陳岳支持《左傳》，朱定序、李明復認同《公羊傳》。杜諤會通三傳，並折衷諸儒之說，認為《左傳》記載魯桓公為子同舉行太子出生之禮，固然完全遵守《禮記・內則》的規範，但聖人之意不在此，因為魯十二公只有莊公（子同）記載其出生，可見聖人有意藉由子同生，強調由嫡嗣繼位的正當性，遏止類似桓公逆弒篡位的事件再度發生，所以《公羊傳》之說較為合理。

（二）諸家之說意有未盡者，申以己意

如《春秋》桓公二年秋九月：「公及戎盟于唐。」《公羊傳》與《穀梁傳》皆無說。《左傳》云：「脩舊好也。」杜諤《春秋會義》云：

> 諤曰：「傳例，公盟例日。此不日者，何休釋之而意有未盡。蓋桓內篡，而立外盟于戎，其惡已甚，何信之有！故月以畧之。」〔註12〕

杜諤未采諸家之說，而是申以己意，駁斥何休之說。按何休云：「不日者，戎怨隱不反國，善桓能自復，翕然相親信。」〔註13〕何休的見解可分為兩部分：一、魯桓公與戎盟於唐，《春秋》書月不書日，是因為魯隱公二年亦曾與戎盟於唐，建立友好關係，但戎不知隱公去世，以為去國不返，而怨盟約生變，必須重新立盟，所以不書日；二、戎欣見魯桓公主動恢復盟約，重修舊好，所以《春秋》書月。杜諤認為，何休之說意有未盡，因為此例褒貶的對象應是魯桓公，而非戎，魯桓公對內逆弒篡位，對外與戎立盟，惡而無信，所以《春秋》書月不書日。

又如《春秋》莊公十九年秋：「夫人姜氏如莒。」《公羊傳》與《左傳》皆無說。《穀梁傳》云：「婦人既嫁不踰竟，踰竟非正也。」杜諤《春秋會義》云：

> 禮，家正則國治。此明治國以家道為先也。魯莊之立，不能規制其母，使數如齊國如會如師，不足道也；今又如莒，甚矣。魯之不正可知，而《春秋》詳錄者，俾後世知婦道之不可不謹也。〔註14〕

杜諤未采諸家之說，而是申以己意，補充《穀梁傳》之說，因為夫人姜氏屢次「如齊國如會如師」，魯莊公未能約束其母，《穀梁傳》卻只於如莒時一提。

〔註12〕〔宋〕杜諤：《春秋會義》，卷2，頁15。
〔註13〕見何休《春秋公羊解詁》。〔唐〕徐彥：《春秋公羊傳注疏》，卷4，頁20。
〔註14〕〔宋〕杜諤：《春秋會義》，卷3，頁58。

但無論如何，夫人出境參加國際事務即不合婦道，所以《春秋》詳錄之，使後世知婦道不可不謹慎處理。

宋儒晁公武（1105～1180年）《郡齋讀書志》給予杜諤《春秋會義》的評價：「雖其說不皆得聖人之旨，然使後人博觀古今同異之說，則於聖人之旨或有得焉。」〔註15〕關於杜諤之說是否不皆得聖人之旨，各人自有不同評價；而使後人博觀古今同異之說，則誠爲會通類的最大貢獻。

二、李廉模式

元儒李廉（生卒年不詳）以《春秋》舉於鄉，後官至贛州路信豐縣尹，遇寇亂，守節死，《四庫全書總目》稱其「實忠義之士，非以空言說經者矣」〔註16〕。所作《春秋諸傳會通》二十四卷是取諸家之說薈萃成編，以《左傳》、《公羊傳》、《穀梁傳》、胡安國《春秋傳》、陳傅良《春秋後傳》、張洽《春秋集註》六家爲主，「先《左氏》，事之案也；次《公》、《穀》，傳經之始也；次杜氏、何氏、范氏，三傳專門也；次疏義，釋所疑也；總之以胡氏，貴乎斷也；陳、張並列，擇所長也。而又備采諸儒成說及諸傳記，略加疏剔，於異同、是非、始末之際，每究心焉」〔註17〕。茲就其解經模式考述如下：

（一）並見諸家異同

李廉〈春秋諸傳會通序〉云：「所編本欲並見諸傳異同，故凡繫是經，無大舛僻者皆錄。」〔註18〕如《春秋》桓公八年春正月己卯：「烝。」《春秋諸傳會通》云：

> 《左氏》：「閉蟄而烝。」注：「閉蟄，建亥之月。此夏之仲月，非爲過而書者，爲下五月復烝見瀆也。」《公羊》：「烝，冬祭也。春曰祠，夏曰礿，秋曰嘗，冬曰烝。常事不書，此何以書？譏亟也。亟則黷，黷則不敬。君子之祭也，敬而不黷。疏則怠，怠則忘。」《穀梁》：「烝，

〔註15〕 〔宋〕晁公武：《昭德先生郡齋讀書志》（臺北：臺灣商務印書館，1968年3月），卷1下，頁67。

〔註16〕 《四庫全書總目》（臺北：臺灣商務印書館，1986年7月，《景印文淵閣四庫全書》），卷28，頁10。

〔註17〕 〔元〕李廉：〈春秋諸傳會通序〉，《春秋諸傳會通》（臺北：臺灣大通書局，1969年10月，《通志堂經解》，冊26），卷首，頁1。

〔註18〕 〔元〕李廉：〈春秋諸傳會通序〉，《春秋諸傳會通》，卷首，頁1。

冬事也，春興之，志不時也。」疏：「凡烝合在夏之十月。」胡氏：
「案《周官・大司馬》：『中冬教大閱。』『獻禽以享烝。』而魯之烝
祭在春正月，見《春秋》用周正紀魯事也。《春秋》非以不時志也，
爲再烝見瀆書也。穀梁子乃曰：『烝，冬事，春興之，志不時。』是
以閉蟄而烝爲是，與周制異矣。」〔註19〕

以上並列《左傳》（杜預注）、《公羊傳》、《穀梁傳》（楊士勛疏）、胡安國《春
秋傳》之說，以見諸家異同。關於《春秋》爲何書烝，《左傳》（杜預注）主
張「爲再烝見瀆書」，《穀梁傳》（楊士勛疏）主張「志不時」；而胡安國引《周
官・大司馬》，支持《左傳》之說。諸說雖異，但無大舛僻，所以皆錄。

　　至於所錄諸說，「其有倍禮傷義，決不可從者，略疏於謹『案』下而辯之」。
〔註20〕如《春秋》成公十七年秋九月辛丑：「用郊。」《春秋諸傳會通》云：

《左氏》注：「九月郊祭，非禮明矣。書用郊，從史文。」《公羊》：
「用者何？不宜用也。九月，非所用郊也。然則郊曷用？用正月上
辛。或曰：『用然後郊。』」《穀梁》：「夏之始，可以承春。以秋之末，
承春之始，蓋不可矣。九月用郊，用者，不宜用也。宮室不設，不
可以祭；衣服不脩，不可以祭；車馬器械不備，不可以祭；有司一
人不備其職，不可以祭。祭者，薦其時也，薦其敬也，薦其美也，
非享味也。」胡氏：「郊之不時，未有甚於此時者也，故特曰『用郊』。
用者，不宜用也。或曰：『蓋以人享，叩其鼻血以薦也。』古者六畜
不相爲用，況敢用人乎！」

案：《春秋》書用，有用幣、用牲、用田賦、用鄫子、用致夫人，皆
不宜用之文。杜氏從史文之說，無義理，不可從。〔註21〕

以上並列《左傳》杜預注、《公羊傳》、《穀梁傳》、胡安國《春秋傳》之說，
以見諸家異同。關於《春秋》書用，《公羊傳》、《穀梁傳》、胡安國《春秋傳》
皆以爲不宜用，只有《左傳》以爲從史文；於是李廉以案語辯正《左傳》之
說爲無義理，不可從。

（二）略疏三傳是非

　　李廉〈春秋諸傳會通序〉云：「其三傳義理異同者，略疏其是非於謹『案』

〔註19〕　〔元〕李廉：《春秋諸傳會通》，卷4，頁1。
〔註20〕　〔元〕李廉：〈春秋諸傳會通序〉，《春秋諸傳會通》，卷首，頁1。
〔註21〕　〔元〕李廉：《春秋諸傳會通》，卷17，頁13～14。

下，大率多以胡氏爲主。」〔註22〕如《春秋》隱公二年冬十二月：「鄭人伐衛。」
《春秋諸傳會通》云：

案：用兵例，胡氏曰：「凡兵，聲罪致討曰伐，潛師入境曰侵，兩兵
相接曰戰，緣其城邑曰圍，造其國都曰入，徙其朝市曰遷，毀其宗
廟、社稷曰滅，詭道而勝之曰敗，悉虜而俘之曰取，輕行而掩之曰
襲，已去而躡之曰追，聚兵而守之曰戍，以弱假強而能左右之曰以；
皆誌其事實，以明輕重。內兵書敗曰戰，書滅曰取；特婉其詞，爲
君隱也。」《左氏》曰：「有鍾鼓曰伐，無曰侵。」《春秋》書齊侵蔡、
晉侵楚，皆用大師，若無鍾鼓，何以行乎？《左氏》非也。《公羊》
曰：「觕曰侵，精曰伐。」是以深者爲經，淺者爲觕；案前後有侵師
至破其國，伐師乃不深入者，多矣，《公羊》亦非也。《穀梁》又以：
「苞人民、毆牛馬曰侵，斬樹木、壞宮室曰伐。」案齊桓伐楚，不
戰而服，初無斬木、壞宮之舉，《穀梁》亦非也。〔註23〕

關於《春秋》書侵、書伐的意義，《左傳》以「有鍾鼓曰伐，無曰侵」，《公羊
傳》以「觕曰侵，精曰伐」，《穀梁傳》以「苞人民、毆牛馬曰侵，斬樹木、
壞宮室曰伐」，各不相同。李廉引胡安國之說，以「聲罪致討曰伐，潛師入境
曰侵」爲案語，疏通辯正三傳之說皆非。

又李廉所謂「大率多以胡氏爲主」，意即《春秋諸傳會通》除胡安國之說
之外，尚徵引其他諸家之說，以疏通三傳是非，「皆依先儒成說，並不敢臆斷」
〔註24〕。而李廉雖以胡安國之說爲主，卻亦有所駁正，如《春秋》文公三年
夏五月：「王子虎卒。」《春秋諸傳會通》云：

《左氏》：「王叔文公卒，來赴，弔如同盟，禮也。」注：「不書爵者，
天王赴也，翟泉嘗同盟。」疏：「畿內之臣不得外交諸侯，其臣不敢
赴魯，必天子爲之赴，赴以王子爲親，不復言其爵也。」《公羊》：「天
子之大夫也。外大夫不卒，此何以卒？新使乎我也。」注：「子虎，
即叔服也。」《穀梁》同。胡氏：「王子虎不書爵，譏之也，天子內
臣無外交。或曰：『禮，稱情而爲之節文者也。叔服新使乎我，則宜
有恩禮矣。仲尼脫驂於舊館，雖卒叔服，可也。』夫脫驂於舊館，

〔註22〕　〔元〕李廉：〈春秋諸傳會通序〉，《春秋諸傳會通》，卷首，頁1。
〔註23〕　〔元〕李廉：《春秋諸傳會通》，卷1，頁10。
〔註24〕　〔元〕李廉：〈春秋諸傳會通序〉，《春秋諸傳會通》，卷首，頁1。

惡夫涕之無從而爲之者，非禮之經也。天子內臣無外交，而以新使乎我加恩禮焉，是以私情害公義，失輕重之權矣。」

案：《左氏》注王子虎、大宰文公，王卿士也；內史叔服，王之大夫也。後十四年星孛之變，又載叔服之言，則分明兩人矣。啖子、陳氏亦以《公》、《穀》爲非，不知胡氏何據？且胡氏於星孛之下，又引叔服之言，則亦不以《左氏》爲非矣，不知何不照應如此？〔註25〕

李廉考證王子虎與叔服爲二人，並徵引啖著、陳傅良之說，以疏通三傳是非。但《公羊傳》與《穀梁傳》皆以爲同一人；《左傳》前以爲同一人，後以爲二人；胡安國亦前以爲同一人，後以爲二人，自相矛盾，李廉皆予以駁正。

（三）通經提掇大意

李廉〈春秋諸傳會通序〉云：「此經大槼在屬詞比事，故於例之異同，事之首尾，或辭同而事異，或事異而辭同〔註26〕，皆通經提掇大意，使前後貫通。一事之疑，一字之異，皆發明之，並用先儒議論。」〔註27〕如《春秋》桓公十一年秋九月：「突歸于鄭。」《春秋諸傳會通》云：

經以篡而書歸者二：此年突，莊二十四年亦。執而歸者二：僖三十年衛侯鄭，成十六年曹伯也。大國得封而書歸者二：昭十三年蔡侯廬，陳侯吳也。〔註28〕

以上藉由屬辭比事，歸納《春秋》書歸例有三：篡而書歸、執而書歸、大國得封而書歸，三者辭同而事異，得見《春秋》之意。又如《春秋》莊公十七年秋：「鄭詹自齊逃來。」《春秋諸傳會通》云：

逃例三：此年，及僖五年鄭伯逃歸不盟，襄七年陳侯逃歸也。君臣同詞，皆匹夫之事也。然宣十七年高固逃歸不書，襄十六年高厚逃歸不書，則《春秋》不以逃義罪二子也。〔註29〕

以上藉由屬辭比事，歸納《春秋》書逃有三，不書逃有二（事見《左傳》），書者以逃義罪之，不書者不以逃義罪之，或書或不書，事同而辭異，亦得見《春秋》之意。

〔註25〕 〔元〕李廉：《春秋諸傳會通》，卷12，頁7。
〔註26〕 「事異而辭同」，疑係「事同而辭異」之誤。
〔註27〕 〔元〕李廉：〈春秋諸傳會通序〉，《春秋諸傳會通》，卷首，頁1。
〔註28〕 〔元〕李廉：《春秋諸傳會通》，卷4，頁6。
〔註29〕 〔元〕李廉：《春秋諸傳會通》，卷6，頁14。

由於李廉《春秋諸傳會通》「持論俱明白正大，總論百餘條，權衡事理，尤得比事屬辭之旨」〔註30〕，清聖祖康熙年間《欽定春秋傳說彙纂》多採錄其說，獲得很高的評價。

第二節　據史類

所謂據史，是指儒者依據《左傳》史事以治經或攻駁他傳。如宋儒蘇轍《春秋集解》十二卷，朱震《春秋左氏講義》四卷，陳傅良《左氏章指》三十卷、《春秋後傳》十二卷，呂祖謙《春秋集解》三十卷，魏了翁《春秋左傳要義》三十一卷，林栗《春秋經傳集解》三十三卷，王日休《左氏正鑑》卷數不詳，謝諤《春秋左氏講義》三卷，李孟傳《左氏說》十卷，李淶《春秋廣誨蒙》一卷，趙彥秬《春秋左氏發微》十卷，趙崇度《左氏常談》卷數不詳；元儒葉正道《左氏窺斑》卷數不詳，李昶《春秋左氏遺意》二十卷，張樞《春秋三傳歸一義》三十卷，敬鉉《續屏山杜氏春秋遺說》八卷；明儒王廉《春秋左氏鈎玄》卷數不詳，郭登《春秋左傳直解》十二卷，包瑜《春秋左傳》四十卷，邵寶《左觿》一卷，陸粲《春秋左氏鐫》二卷，楊伯珂《左傳摘議》十卷，王震《春秋左翼》十卷；清儒朱鶴齡《讀左日鈔》十二卷，錢綺《左傳札記》七卷，俞樾《達齋春秋論》一卷；民國章炳麟先生《春秋左傳讀敘錄》一卷。

以上蘇轍《春秋集解》、陳傅良《春秋後傳》、呂祖謙《春秋集解》、魏了翁《春秋左傳要義》、邵寶《左觿》、陸粲《春秋左氏鐫》、王震《春秋左翼》、朱鶴齡《讀左日鈔》、錢綺《左傳札記》、俞樾《達齋春秋論》、章炳麟先生《春秋左傳讀敘錄》尚存，其餘已佚。謹以蘇轍、陳傅良、呂祖謙三人為代表，依序討論。

一、蘇轍模式

宋儒蘇轍（1039～1112年）自年少即治《春秋》，鑒於當時學者多效法孫復舍傳求經，不信史實，古說漸廢，後來王安石當政，詆讏《春秋》為「斷爛朝報」，不列學官，於是以十數年之精力，「覽諸家之說，而裁之以義」〔註31〕，

〔註30〕《四庫全書總目》，卷28，頁11。

〔註31〕〔宋〕蘇轍：〈春秋集解引〉，《春秋集解》（臺北：新文豐出版公司，1985年1月，《叢書集成新編》，冊108），卷首，頁1。

作《春秋集解》十二卷。其說以《左傳》史實爲本，對於孔子所予奪而左丘明不盡明者，則參酌《公羊傳》、《穀梁傳》及啖助、趙匡諸儒之說；但「昔之儒者，各信其學，自是而非人，是以多窒而不通」〔註32〕，所以實際上蘇轍對於《左傳》以外諸家之說多所批評。爰就其解經模式考述如下：

（一）《春秋》之事當從史

蘇轍《春秋集解》云：

> 凡《春秋》之事當從史。《左氏》，史也；《公羊》、《穀梁》，皆意之也。蓋孔子之作《春秋》，事亦略矣，非以爲史也，有待乎史而後足也。以意傳《春秋》而不信史，失孔子之意矣。〔註33〕

孔子據魯史作《春秋》，《春秋》是經而非史，其事較爲疏略，不如史事完整，所以解經仍須參酌史實。三傳只有《左傳》記錄完整的史實，可以彌補《春秋》的不足；而《公羊傳》與《穀梁傳》是以臆度解經，又不信史實，所以失孔子之意。如《春秋》隱公元年秋七月：「天王使宰咺來歸惠公仲子之賵。」蘇轍《春秋集解》云：

> 魯之喪，諸侯有來賵者矣，皆以常事不書。……其賵，非禮也。天子七月而葬，同軌畢至；諸侯五月，同盟至；……。以賵惠公，則緩；以賵仲子，則未薨也。……《穀梁》曰：「仲子者，惠公之母，孝公之妾也。禮，賵人之母則可，賵人之妾則不可。君子以其可辭而受之。」以仲子爲惠公之母，疑於僖公成風故也。婦人既嫁從夫，夫死從子，由其夫之喪而賵之，曰惠公仲子；由其子之喪而禭之，曰僖公成風。禮，不可以賵人之妾，而仲子獨無子乎？雖從其夫，禮也。〔註34〕

《春秋》常事不書，而書「天王使宰咺來歸惠公仲子之賵」表示不合禮法。爲何不合禮法呢？依據《左傳》記載的史實解經，周天子若是賵惠公，諸侯應於去世後五個月內完成葬禮，惠公去世已逾五個月，歸賵太遲，若是賵惠公之妾仲子，仲子尚未去世，所以無論周天子賵惠公或仲子，皆不合禮法。但《穀梁傳》認爲，賵人之母合於禮法，賵人之妾不合禮法，仲子爲惠公之母，孝公之妾，周天子賵孝公之妾，所以不合禮法。依據《左傳》記載的史

〔註32〕 〔宋〕蘇轍：〈春秋集解引〉，《春秋集解》，卷首，頁1。
〔註33〕 〔宋〕蘇轍：《春秋集解》，卷1，頁3。
〔註34〕 〔宋〕蘇轍：《春秋集解》，卷1，頁3。

實，《穀梁傳》的失誤有二：第一，誤以《春秋》文公九年冬「秦人來歸僖公成風之襚」爲書法例，成風是僖公之母，莊公之妾，但仲子不是惠公之母，孝公之妾，而是桓公之母，惠公之妾；第二，即使仲子去世，仲子雖是惠公之妾，但亦是桓公（尚未即位）之母，周天子賵人之母，並無不合禮法。《穀梁傳》不信史實，又以臆度解經，所以連續發生失誤。

然而《左傳》的義例未必正確，如《春秋》隱公二年冬十二月乙卯：「夫人子氏薨。」蘇轍《春秋集解》云：

> 桓公之母仲子也。凡公母稱夫人，薨則曰夫人某氏薨，葬畢而祔于廟則曰葬我小君某氏，不稱夫人則曰某氏卒，不祔于廟則不書葬。仲子始娶于宋，故曰夫人子氏薨，特立之廟而不祔故不書葬。《左氏》曰：「不赴于諸侯，不反哭于寢，不祔于姑，故不曰薨；不稱夫人，故不言葬。」考之以事皆不合，失之矣。〔註35〕

以上歸納《春秋》書法，與《左傳》義例完全不同，蘇轍考《左傳》義例與事實亦不合，可見《左傳》義例未必可探。

（二）諸侯之事，告則書，不然則否

《左傳》隱公十一年冬十月：「鄭伯以虢師伐宋。壬戌，大敗宋師，以報其入鄭也。宋不告命，故不書。凡諸侯有命，告則書，不然則否。師出臧否，亦如之，雖及滅國，滅不告敗，勝不告克，不書于策。」孔子據魯史作《春秋》，而魯史則是依據諸侯告命而書，不告命則不書。魯、宋二國同盟，但《左傳》「鄭伯以虢師伐宋」一事未見於《春秋》，即是因爲宋國未向魯國告命，所以魯史不書，《春秋》亦不得見。爰《春秋》隱公元年夏五月：「鄭伯克段于鄢。」蘇轍《春秋集解》亦云：

> 凡諸侯之事，告則書，不然則否。雖及滅國，滅不告敗，勝不告克，不書于策。《公羊》、《穀梁》以爲諸侯之事盡於《春秋》也，而事爲之說，則過矣。〔註36〕

《春秋》記載「鄭伯克段于鄢」一事，表示鄭國向魯國告命，魯史依據鄭國告命而書，所以得見於《春秋》。至於《公羊傳》與《穀梁傳》不明此理，誤以爲諸侯之事皆已記載於《春秋》，不知參酌史實以解經，所以容易發生失誤。

〔註35〕　〔宋〕蘇轍：《春秋集解》，卷1，頁4～5。
〔註36〕　〔宋〕蘇轍：《春秋集解》，卷1，頁3。

（三）循理而言，要之於通

蘇轍〈春秋集解引〉云：

> 老子有言：「學不學，復衆人之所過，以輔萬物之自然，而不敢爲。」
> 予竊師此語，故循理而言，言無所係，理之所至，如水之流，東西
> 曲直，勢不可常，要之於通而已。〔註37〕

蘇轍解經，自許效法老子，沒有私心，亦不敢妄言，一切循理，順其自然，並矯正回復諸家之説，以求通達經義。如《春秋》桓公六年秋九月丁卯：「子同生。」蘇轍《春秋集解》云：

> 子同，桓之適長也。以太子生之禮舉之，故書。《公羊》曰：「喜有
> 正也。喜有正，所以病桓也。」然則非病桓將不書乎？《穀梁》曰：
> 「疑，故志之。」然則非疑將不志乎？〔註38〕

魯桓公嫡長子（魯莊公）名同，《春秋》書其出生，原因何在？《公羊傳》認爲，桓公非嫡長子，因篡弒而即位，而子同爲嫡長子，未來可名正言順繼承君位，爲可喜之事，所以書其出生。《穀梁傳》認爲，子同之母文姜與齊襄公私通，質疑子同是否爲魯桓公所親生，所以書其出生。但《左傳》認爲，子同爲嫡長子，魯國舉行太子出生之禮，所以書其出生。《左傳》有史實作依據，舉行太子出生之禮則書之，不舉行則不書，如此解經自然通達，毋須如《公羊傳》、《穀梁傳》另覓理由，且理由未必成立，所以蘇轍採用《左傳》之説。

按朱彝尊《經義考》引陳弘緒跋：「聖人之爲經也，麗於事者必根柢於道，揆之道而不合，則雖其事之傳於久遠者，要亦未可盡信。《左氏》紀事，粲然具備，而亦閒有悖於道者。……《公》、《穀》雖以臆度解經，然亦得失互見，如『戎伐凡伯於楚邱』，《穀梁》以『戎』爲『衛』；『齊仲孫來』，《公》、《穀》皆以爲『魯慶父』；『魯滅項』，又皆以爲『齊實滅之』，顯然與經謬戾，其失固不待言。至如隱四年秋『翬帥師會宋公、陳侯、蔡人、衛人伐鄭』，桓十有四年秋八月『壬申御廩災，乙亥嘗』，莊二十有四年夏『公如齊逆女』，諸如此類，似《公》、《穀》之説妙合聖人精微，而穎濱〔註39〕一槩以深文詆之，可謂因噎廢食，讀者舍其短而取其長可也。」〔註40〕蘇轍解經以《左傳》史

〔註37〕 〔宋〕蘇轍：〈春秋集解引〉，《春秋集解》，卷首，頁1。
〔註38〕 〔宋〕蘇轍：《春秋集解》，卷2，頁13。
〔註39〕 蘇轍晚年自號穎濱遺老。
〔註40〕 〔清〕朱彝尊：《經義考》，卷182，頁7。

實爲本，而非揆之以道，所以對於《公羊傳》、《穀梁傳》之說時多譏刺，不問是否合於道。其評論頗爲公允。

二、陳傅良模式

宋儒陳傅良（1137～1203 年）專治《左傳》，卓然名家。陳傅良《左氏章指》、《春秋後傳》根據舊文，研求聖人微旨，考究至詳，並有宋儒樓鑰（1137～1213 年）合序一篇，可證二書互爲體用。

按《春秋後傳》係依序鈔錄《左傳》所引經文（止於哀公十四年春「西狩獲麟」），徵引諸說，括述大旨。至於《左氏章指》久已亡佚，《永樂大典》雖存梗概，惜因殘闕，不能成帙，故四庫館臣未予裒錄；其內容「大略謂《左氏》存其所不書以實其所書，《公羊》、《穀梁》以其所書推見其所不書，而《左氏》實錄矣，此《章指》之所以作」〔註41〕。茲依據《春秋後傳》，並藉由樓鑰〈春秋後傳左氏章指序〉，考述陳傅良解經模式如下：

（一）《左傳》著經之不書，以見經之所書

樓鑰〈春秋後傳左氏章指序〉云：

> 若《左氏》，或以爲非爲經而作；惟公以爲，「著其不書以見《春秋》之所書者，皆《左氏》之力」。《章指》一書，首尾專發此意。〔註42〕

陳傅良主張，《左傳》乃是爲經而作，其解經方法是「著其不書以見《春秋》之所書」；而所謂「著其不書」，是指《左傳》記錄《春秋》不書的史事。如《春秋》隱公十一年夏：「公會鄭伯于時來。」秋七月壬午：「公及齊侯、鄭伯入許。」《左傳》云：「夏，公會鄭伯于郲，謀伐許也。…秋七月，公會齊侯、鄭伯伐許。……壬午，遂入許，許莊公奔衛。」魯、齊、鄭三國聯軍討伐許國，經、傳相互對照之下，《左傳》書「許莊公奔衛」，而《春秋》不書，其意何在？《春秋後傳》云：

> 宋不王，鄭伯以王命討之，由是入郕，又入許，取宋、衛、蔡三師焉。夫以王命討不庭，顧因以爲暴，許無君者十有五年，甚矣，鄭

〔註41〕 〔宋〕陳振孫：《直齋書錄解題》（臺北：臺灣商務印書館，1968 年 3 月），卷 3，頁 64。

〔註42〕 〔宋〕陳傅良：《春秋後傳》（臺北：臺灣大通書局，1969 年 10 月，《通志堂經解》，冊 21），卷首，頁 3。

> 之專也，於是許莊公奔衛不書，非其罪也。凡奔，非其罪不書。奔
> 非其罪，莫甚於被兵者也，是故許男奔衛不書。〔註43〕

鄭莊公擔任周王的左卿士，出兵討伐不服王命的宋、郕、許諸國，許莊公因而出奔衛國。鄭莊公意圖占領許國，於是指派鄭大夫公孫獲與許大夫百里扶植許叔（鄭莊公之弟）代理，造成許國此後長達十五年沒有國君，不僅作法粗暴，也是擅專王命、踰越分際。可見許莊公出奔衛國，是因爲鄭莊公心懷不軌，罪不在許莊公，所以《春秋》不書。藉由《左傳》將這段《春秋》不書的史事記錄下來，就可明白《春秋》所要表達的意旨。

（二）依據史事發明新說

陳振孫《直齋書錄解題》指出，陳傅良尚有「其他發明多新說，序文略見之」〔註44〕。據樓鑰〈春秋後傳左氏章指序〉列舉新說如下：

1. 春秋分為三時期

陳傅良「深究經旨，詳閱世變」之後，依據魯十二公將春秋區分爲三個時期，「有所謂隱、桓、莊、閔之春秋，有所謂僖、文、宣、成之春秋，有所謂襄、昭、定、哀之春秋」〔註45〕（疑說在《左氏章指》）。

2. 春秋始於東周桓王

《春秋後傳》云：「春秋非始於平王，始於桓王也。」〔註46〕按平王東遷，衛武公、鄭武公入相於周，五十餘年之間，「諸侯猶有讓千乘之國者也」，「臣子猶知尊君親上也」，「據經守古之士爲多也」；到了鄭莊公爲卿士，王貳于虢，於是周、鄭交惡；桓王即位，鄭莊公入郕、入許、釋泰山之祀、成宋亂，桓王憤而伐鄭，「繻葛之敗，彝倫攸斁，《春秋》所以作也」。又鄭莊公克段于鄢、盟于石門、來歸祊、來渝平、伐取戴、以璧假許田、如紀，「終莊公之篇皆特筆也，《春秋》數致意焉，則是作經之始也」〔註47〕。

3. 諸侯改元始於西周共和之際

《春秋後傳》云：「爲王者然後改元。諸侯改元，自汾王以前未有也。……〈世家〉魯眞公十四年、齊武公九年、宋釐公十七年、晉靖侯十七年、楚熊

〔註43〕 〔宋〕陳傅良：《春秋後傳》，卷1，頁13～14。
〔註44〕 〔宋〕陳振孫：《直齋書錄解題》，卷3，頁64。
〔註45〕 見樓鑰〈春秋後傳左氏章指序〉。〔宋〕陳傅良：《春秋後傳》，卷首，頁2。
〔註46〕 〔宋〕陳傅良：《春秋後傳》，卷1，頁1。
〔註47〕 〔宋〕陳傅良：《春秋後傳》，卷1，頁1。

勇六年、陳幽公十三年始記厲王奔彘，則紀年所由起也，則作史改元皆共和之際。」〔註48〕

4. 魯史為東遷之史

《春秋後傳》云：「晉之《乘》，楚之《檮杌》，魯之《春秋》，皆東遷之史也。古者諸侯無私史；有邦國之志，則小史掌之，而藏周室。……是故〈費誓〉繫於周書；漢、汝、江、沱至於譚大夫下國之詩，皆編入於南、雅。自三史作，而國自為史矣。」〔註49〕

5. 齊、鄭之合散為春秋之終始

按《春秋》隱公三年冬十二月：「齊侯、鄭伯盟于石門。」定公七年秋：「齊侯、鄭伯盟于鹹。」《春秋後傳》云：「齊、鄭合，天下始多故矣。天下之無王，鄭為之也；天下之無伯，齊為之也。是故書齊、鄭盟於石門，以志諸侯之合；書齊、鄭盟於鹹，以志諸侯之散，是春秋之終始也。夫子之作《春秋》，於隱、桓、莊之際，唯鄭多特筆焉；於襄、昭、定、哀之際，唯齊多特筆焉。」〔註50〕又云：「特相盟，自齊桓以來未之有也，於是再見。其再見何？諸侯無主盟矣。是故石門志諸侯之合也，鹹志諸侯之判也。」〔註51〕

6. 大夫專將而後弒其君

按《春秋》隱公四年秋：「翬帥師會宋公、陳侯、蔡人、衛人伐鄭。」公子翬專權於魯國，並以大夫的身分帥師會諸侯伐鄭，後來成為逆弒隱公的主謀，所以《春秋後傳》云：「諸侯專征，而後千乘之國有弒其君者矣；大夫專將，而後百乘之家有弒其君者矣。」〔註52〕

7. 宋、魯、衛、陳、蔡一黨，齊、鄭一黨

《春秋後傳》云：「春秋之初，宋、魯、衛、陳、蔡一黨也，齊、鄭一黨也。鄭有志於叛王而合諸侯，於是渝平於魯；齊亦為艾之盟以平魯，為瓦屋之盟以平宋、衛，所謂成三國也。冬諸侯之交盛矣。」〔註53〕鄭國意圖背叛周王，得到盟友齊國相助，而與宋、魯、衛三國達成和平協議，可見雙方本為敵對的勢力。

〔註48〕 〔宋〕陳傅良：《春秋後傳》，卷1，頁2。
〔註49〕 〔宋〕陳傅良：《春秋後傳》，卷1，頁3。
〔註50〕 〔宋〕陳傅良：《春秋後傳》，卷1，頁7。
〔註51〕 〔宋〕陳傅良：《春秋後傳》，卷11，頁3～4。
〔註52〕 〔宋〕陳傅良：《春秋後傳》，卷1，頁8。
〔註53〕 〔宋〕陳傅良：《春秋後傳》，卷1，頁11。

8. 鄭、魯、齊中丘之會而後諸侯之師橫行

宋殤公不朝見周王，鄭莊公奉王命討伐宋國，並私會魯隱公、齊僖公於中丘。《春秋後傳》云：「鄭有志於叛王而合諸侯，故無王命而私會齊、魯，齊、魯亦無王命而私會於鄭，而後諸侯之師始衡行於天下。」〔註54〕

9. 父子兄弟之禍莫甚於宋、魯、衛、齊、鄭五國

《春秋後傳》云：「春秋之初，罪莫甚於鄭莊，宋、魯、齊、衛次之，而父子兄弟之禍亦莫甚於此五國者。」〔註55〕如鄭莊公卒後，世子忽、公子亹、公子儀被殺；宋殤公、宋閔公相繼遭弒；魯隱公遭弒；齊襄公遭弒，公孫無知、公子糾被殺；衛桓公遭弒，公子急、公子壽被殺，「是可爲不臣者之戒矣」〔註56〕。

10. 志伯（霸主）見夷夏盛衰

《春秋》僖公四年春正月：「公會齊侯、宋公、陳侯、衛侯、鄭伯、許男、曹伯侵蔡，蔡潰，遂伐楚。」宣公元年秋：「楚子、鄭人侵陳，遂侵宋。」《春秋後傳》云：「侵蔡，遂伐楚，以志齊桓之伯；侵陳，遂侵宋，以志楚莊之伯。足以見夷夏之盛衰矣。」〔註57〕

11. 書帥師見魯三家之所從始

《春秋》僖公四年冬十二月：「公孫茲帥師，會齊人、宋人、衛人、鄭人、許人、曹人侵陳。」僖公十五年春三月：「公孫敖帥師，及諸侯之大夫救徐。」僖公元年冬十月壬午：「公子友帥師，敗莒師于酈。」《春秋後傳》云：「會侵未有帥師者，而公孫茲書帥師；會救未有帥師者，而公孫敖書帥師。……見三家之所從始也。」〔註58〕魯三家始於公孫茲、公孫敖、公子友，《春秋》爲了表示三家所從始，所以會侵、會救亦書帥師。

12. 書逃歸示夷夏之辨

《春秋》僖公五年秋八月：「諸侯盟于首止，鄭伯逃歸，不盟。」《春秋後傳》云：「國君而曰逃，賤之也。何賤乎鄭伯？以其背夏盟也。」〔註59〕鄭伯背夏盟，

〔註54〕　〔宋〕陳傅良：《春秋後傳》，卷1，頁12。
〔註55〕　〔宋〕陳傅良：《春秋後傳》，卷2，頁8。
〔註56〕　〔宋〕陳傅良：《春秋後傳》，卷2，頁8。
〔註57〕　〔宋〕陳傅良：《春秋後傳》，卷5，頁3。
〔註58〕　〔宋〕陳傅良：《春秋後傳》，卷5，頁5。
〔註59〕　〔宋〕陳傅良：《春秋後傳》，卷5，頁6。

《春秋》書其逃歸。但文公十年厥貉之會麇子逃歸，宣公十一年厲之役鄭伯逃歸，為何《春秋》不書呢？因為「蓋逃楚也」，「所以示夷夏之辨嚴矣」〔註60〕。

13. 自宋昭公始，治在大夫

《春秋》文公七年夏四月：「宋人殺其大夫。」《春秋後傳》云：「自隱而下，春秋治在諸侯。……自文而下，春秋治在大夫。……舍賊而稱人，自宋昭公始，是春秋之大變也；是故終昭公之世，不名其大夫。」〔註61〕宋昭公即位後，治在大夫，是春秋之大變，賊殺其執政大夫公孫固，《春秋》不書賊，亦不書大夫之名。又云：「《春秋》有天下之辭焉，有一國之辭焉，有一人之辭焉。」〔註62〕天下之辭是為天子所立，一國之辭是為諸侯所立，一人之辭是為大夫一人所立。「於晉靈公，凡會盟皆不序諸侯，是天下之辭也。於魯莊公，凡會齊襄皆書人，是一國之辭也。於魯桓公，凡大夫將皆不言大夫；於宋昭公，凡大夫皆不名，是一人之辭也。」〔註63〕

14. 「於干戈無不貶，於玉帛之使則從其爵，勸懲著矣。」〔註64〕（疑說在《左氏章指》）

15. 狄秦，狄鄭，狄晉

狄秦，見《春秋》文公十年夏：「秦伐晉。」《春秋後傳》云：「狄秦也。……夏之變於夷，秦人為之也。又三十年而狄鄭，又五十年而狄晉；狄鄭猶可也，狄晉甚矣。」〔註65〕狄鄭，見《春秋》成公三年冬十一月：「鄭伐許。」《春秋後傳》云：「狄鄭也。其狄之何？楚之伯，鄭人為之也。……桓公卒，鄭始朝楚，諸夏之變於夷，鄭為亂階也。」〔註66〕狄晉，見《春秋》昭公十二年冬：「晉伐鮮虞。」《春秋後傳》云：「狄晉也。……楚……假討賊之名以盟諸夏，而晉連年有事于狄，……詳於狄事而不詳于楚，則晉無中國之志也，於是狄晉。」〔註67〕至於《春秋》文公十五年秋「晉荀吳帥師伐鮮虞」，何以無貶？因為「於初伐貶，餘實錄已爾」〔註68〕。

〔註60〕 〔宋〕陳傅良：《春秋後傳》，卷5，頁6。
〔註61〕 〔宋〕陳傅良：《春秋後傳》，卷6，頁6。
〔註62〕 〔宋〕陳傅良：《春秋後傳》，卷6，頁6。
〔註63〕 〔宋〕陳傅良：《春秋後傳》，卷6，頁6。
〔註64〕 見樓鑰〈春秋後傳左氏章指序〉。〔宋〕陳傅良：《春秋後傳》，卷首，頁3。
〔註65〕 〔宋〕陳傅良：《春秋後傳》，卷6，頁9～10。
〔註66〕 〔宋〕陳傅良：《春秋後傳》，卷8，頁4。
〔註67〕 〔宋〕陳傅良：《春秋後傳》，卷10，頁8～9。
〔註68〕 〔宋〕陳傅良：《春秋後傳》，卷10，頁11。

16. 諸侯郊禘為東遷之僭禮

《春秋》僖公三十一年夏四月：「四卜郊不從，乃免牲，猶三望。」除了魯僖公舉行郊祭之外，秦襄公作西畤祠白帝，齊桓公欲封禪，晉平公郊鯀，皆為僭禮。《春秋後傳》云：「諸侯之有郊禘，東遷之僭禮也。」〔註69〕

以上諸新說，為先儒所未發，前所未聞，皆陳傅良依據史事發明《左傳》之章指。

（三）藉《公羊傳》、《穀梁傳》之事與例，發明《左傳》之義

元儒趙汸（1319～1369 年）對於宋代《春秋》學者，最為推崇陳傅良，云：

> 永嘉陳君舉始用二家之說，參之《左氏》，以其所不書，實其所書，以其所書，推見其所不書，為得學《春秋》之要，在三傳後，卓然名家。〔註70〕

所稱陳傅良始用《公羊傳》、《穀梁傳》二家之說，參之《左傳》，表達並不精確。按《春秋後傳》白注「有《公羊傳》」（或「《公羊》有傳」）、「有《穀梁傳》」（或「《穀梁》有傳」）者，僅屬備考，並未引述其內容，仍是以發明《左傳》之章指為主，如《春秋》閔公二年冬十二月：「鄭棄其師。」《春秋後傳》自注「《公羊》有傳」，並云：「於是高克奔陳。不書，不足書也。」〔註71〕「高克奔陳」一句，即出自《左傳》，而非《公羊傳》。又按《春秋後傳》自注「見《公羊》」者，亦僅止於其事，而不及於其義，如《春秋》定公八年冬：「從祀先公，盜竊寶玉大弓。」《春秋後傳》云：「書陽虎為盜，是治陪臣也。君子之作《春秋》，至於陪臣，斯極矣。」〔註72〕並自注「見《公羊》」，三傳之中，僅見《公羊傳》指陽虎為盜，至於「是治陪臣」云云，仍是依據《左傳》之事所發明之義，非出自《公羊傳》。同理可推，《春秋》隱公二年秋九月：「紀裂繻來逆女。」《春秋後傳》云：「內女為夫人，凡八見，於經未有來逆者。書逆紀伯姬，吾女遭人倫之變者也。」〔註73〕並自注「本《公羊傳》例逆女不書」，逆女不書雖是《公羊傳》例，但「書逆紀伯姬」云云，亦是依據《左傳》之事所發明之義，非出自《公羊傳》。

〔註69〕〔宋〕陳傅良：《春秋後傳》，卷5，頁23。

〔註70〕〔元〕趙汸：〈春秋集傳序〉，《春秋集傳》（臺北：臺灣大通書局，1969 年 10月，《通志堂經解》，冊 25），卷首，頁3。

〔註71〕〔宋〕陳傅良：《春秋後傳》，卷4，頁4。

〔註72〕〔宋〕陳傅良：《春秋後傳》，卷11，頁5。

〔註73〕〔宋〕陳傅良：《春秋後傳》，卷1，頁5。

但趙汸亦指出陳傅良之蔽，云：

> 然其所蔽，則遂以《左氏》所錄爲魯史舊文，而不知策書有體，夫子所據以加筆削者，《左氏》亦未之見也。《左氏》書首所載『不書』之例，皆史法也，非筆削之旨。《公羊》、《穀梁》每難疑，以『不書』發義，實與《左氏》異師。陳氏合而求之，失其本矣。故於《左氏》所錄而經不書者，皆以爲夫子所削，則其不合於聖人者亦多矣。〔註74〕

按《左氏章指》已佚，陳傅良是否以《左傳》所錄爲魯史舊文，目前不可考；但趙汸既稱陳傅良誤以《左傳》所錄爲魯史舊文，又稱《左傳》「不書」之例皆史法，說法自相矛盾。另趙汸稱陳傅良誤以《左傳》「不書」之例爲夫子所削，而與《公羊傳》、《穀梁傳》「合而求之，失其本矣」；《四庫全書總目》附和之，稱「以《公》、《穀》合《左氏》，爲切中其失耳」〔註75〕，實爲失察，因爲陳傅良只是藉《公羊傳》、《穀梁傳》之事與例，發明《左傳》之義，並非會通三傳之義，趙汸之說應予辨正。

三、呂祖謙模式

宋儒呂祖謙（1137～1181年）生平致力於研究《左傳》，相關著作有《左傳類編》六卷、《左氏國語類編》二卷、《左氏博議》二十五卷（或作二十卷〔註76〕）、《春秋講義》一卷、《左傳手記》一卷、《左氏傳說》二十卷、《左氏傳續說》十二卷、《春秋集解》十二卷。其中《左傳類編》、《左氏國語類編》係屬緯史模式圖表譜曆類；《左氏博議》凡一百六十八篇，依據傳文爲題，發爲議論，呂祖謙謙稱「爲諸生課試之作」〔註77〕，實則「其經緯世教，扶植人心，有裨於聖學者，正復不少」〔註78〕，非止嘉惠舉業而已；《春秋講義》

〔註74〕 〔元〕趙汸：〈春秋集傳序〉，《春秋集傳》，卷首，頁3～4。

〔註75〕 《四庫全書總目》，卷27，頁16。

〔註76〕 《四庫全書總目》云：「《通考》載作二十卷，與此本不同。蓋此本每題之下附載《左氏傳》文，中間微引典故，亦畧爲注釋，故析爲二十五卷。其注不知何人作，觀其標題版式，蓋麻沙所刊。考《宋史・藝文志》有祖謙門人張成招《標注左氏博議綱目》一卷，疑當時書肆以成招《標注》散入各篇也。」《四庫全書總目》，卷27，頁19。

〔註77〕 見呂祖謙〈左氏博議序〉。〔宋〕呂祖謙：《東萊先生左氏博議》（臺北：新文豐出版公司，1985年1月，《叢書集成新編》，冊110），卷首，頁1。

〔註78〕 見胡鳳丹〈重刊東萊博議序〉。〔宋〕呂祖謙：《東萊先生左氏博議》，卷首，頁1。

爲「少年之作，但不至如《博議》之太刻」〔註79〕，未見；《左傳手記》「視
《講義》稍不衍文」〔註80〕，亦未見；《左氏傳說》以魯十二公爲序，亦設傳
文爲題，持論與《左氏博議》略同，推闡則更爲詳盡，但「似一時講說，門
人所鈔錄者」〔註81〕；《左氏傳續說》爲繼《左氏傳說》而作，但其體例不同，
有如語錄，「隨文解義，故議論稍不如前說之闊大」〔註82〕；《春秋集解》係
採集三傳以下諸家之說，「所擇頗精，卻無自己議論」〔註83〕。爰就《左氏博
議》、《左氏傳說》、《左氏傳續說》考述其解經模式如下：

（一）看《左傳》規模

呂祖謙《左氏傳說・看左氏規模》云：

> 看《左傳》，須看一代之所以升降，一國之所以盛衰，一君之所以治
> 亂，一人之所以變遷。能如此看，則所謂先立乎其大者。然後看一
> 書之所以得失。〔註84〕

《左傳》是以春秋爲時代背景的一部著作，記載的事迹包括春秋時代的典章制
度、人情世故等史事。呂祖謙教人治《左傳》的步驟有五，當先從其時代背景
的大處著眼（步驟一至四），再進入其文章得失的討論（步驟五），依序爲：

1. 看一代之所以升降

春秋時代王權由升而降的關鍵在東周平王，東周初期先王流風遺制、典
章文物猶存，禮樂征伐尚自天子出，諸侯須入王室爲臣，且周王猶能立君（如
《左傳》隱公三年：「鄭武公、莊公爲平王卿士。」隱公五年：「曲沃叛王。
秋，王命虢公伐曲沃，而立哀侯于翼。」隱公九年夏：「宋公不王，鄭伯爲王
左卿士，以王命討之。」）；但平王自爲不振，以虛言欺鄭，全失人君之體，
周、鄭交質，君臣若敵國，王綱自此開始解紐。〔註85〕

〔註79〕 見朱彝尊《經義考》引黃震曰。〔清〕朱彝尊：《經義考》，卷187，頁5。
〔註80〕 見朱彝尊《經義考》引黃震曰。〔清〕朱彝尊：《經義考》，卷187，頁6。
〔註81〕 〔宋〕陳振孫：《直齋書錄解題》，卷3，頁63。
〔註82〕 《四庫全書總目》，卷27，頁18。
〔註83〕 〔宋〕陳振孫：《直齋書錄解題》，卷3，頁62。
〔註84〕 〔宋〕呂祖謙：《左氏傳說》（臺北：臺灣大通書局，1969年10月，《通志堂經解》，冊22），卷首，頁1。
〔註85〕 呂祖謙《左氏傳說・看左氏規模》所舉東周平王自爲不振之例，尚云：「曲沃莊伯本出孽，正當助翼伐曲沃，今乃助曲沃伐翼，此附臣伐君，全不是天討，君臣之綱亂矣。……武氏子非王命而求賻。」前者事在魯隱公五年春，後者事在魯隱公三年秋，但平王崩於魯隱公三年春三月壬戌，事例有誤。〔宋〕呂祖謙：《左氏傳說》，卷首，頁1～2。

2. 看一國之所以盛衰

以衛國爲例，《左傳》隱公四年春衛州吁弒君自立，石碏因子石厚與州吁合謀，竟大義滅親，派遣家臣刺殺之，君子譽爲「純臣」；其後衛國有史鰌、蘧瑗，皆爲忠臣，「故季札有衛多君子之言，發源蓋始於此」〔註86〕。

3. 看一君之所以治亂

以魯隱公爲例，惠公去世，隱公年長本當繼立爲君，卻因桓公爲惠公所愛而攝位，以致《左傳》隱公元年夏四月費伯非公命而「帥師城郎」，同年冬公子豫亦非公命而「及邾人、鄭人盟于翼」，四年秋公子翬固請而帥師會宋公、陳侯、蔡人、衛人伐鄭，「皆隱公不能收君柄，故末年所以有鍾巫之變也」〔註87〕。

4. 看一人之所以變遷

情形有二：一是自善而入惡，如《左傳》隱公四年夏鄭莊公向陳國求和，陳公子佗曾諫言「親仁善鄰」，陳桓公不許；隱公六年夏鄭莊公侵陳獲勝，翌年冬兩國議和，陳公子佗前往鄭國會盟時，卻表現出不當一回事的態度，「與前面諫陳侯時和氣無復存，幾乎自是兩箇人」〔註88〕。二是自惡而入善，如隱公元年夏五月鄭莊公克叔段于鄢，並寘母姜氏于城潁，「天理已絕，古今大惡也」〔註89〕；經過潁考叔開導，莊公終有悔心，「天理油然而生，遂爲母子如初」〔註90〕。

5. 看一書之所以得失

呂祖謙認爲《左傳》敘事有得有失，其得的方面，以隱公元年夏五月鄭莊公克叔段于鄢爲例，敘事「極有筆力，寫其怨端之所以萌，良心之所以回，皆可見，始言『亟請於武公』，『亟』之一字，母子之相仇疾，病源在此；後面言『姜氏欲之，焉辟害』，此全無母子之心，……是欲曲在姜氏，直在莊公，及其欲伐段而待其惡大，亦欲曲在叔段，直在莊公，此所以伐之無辭」〔註91〕。至於其失的方面，有所謂「三病」：第一病是「不明君臣大義，視周室如列國」

〔註86〕 見呂祖謙《左氏傳說·看左氏規模》。〔宋〕呂祖謙：《左氏傳說》，卷首，頁2。
〔註87〕 見呂祖謙《左氏傳說·看左氏規模》。〔宋〕呂祖謙：《左氏傳說》，卷首，頁2。
〔註88〕 見呂祖謙《左氏傳說·看左氏規模》。〔宋〕呂祖謙：《左氏傳說》，卷首，頁3。
〔註89〕 見呂祖謙《左氏傳說·看左氏規模》。〔宋〕呂祖謙：《左氏傳說》，卷首，頁2。
〔註90〕 見呂祖謙《左氏傳說·看左氏規模》。〔宋〕呂祖謙：《左氏傳說》，卷首，頁2。
〔註91〕 見呂祖謙《左氏傳說·看左氏規模》。〔宋〕呂祖謙：《左氏傳說》，卷首，頁3。

〔註92〕，以隱公三年「周鄭交質」、「結二國之信」爲例，「此等言語似敵國一般，蓋周之衰，習俗見得如此，左氏雖才高識遠，然不曾明理，溺於習俗之中，而不能於習俗之外別著一隻眼看此」〔註93〕；第二病是「好以人事附會災祥」〔註94〕；第三病是「記管、晏之事則盡精神，纔說聖人便無氣象」〔註95〕。《四庫全書總目》對此「三病」之說，認爲「雖亦沿宋儒好軋先儒之習，然實頗中其失」〔註96〕，本文亦表贊同。

（二）看《左傳》綱領

呂祖謙〈左氏傳續說綱領〉云：

> 子貢曰：「文、武之道，未墜於地，在人，賢者識其大者，不賢者識其小者，莫不有文、武之道焉。」此數句便是看《左傳》綱領。
> 〔註97〕

所以《左傳》是以文、武之道爲綱領。但綱領要如何看呢？呂祖謙教人將《左傳》三十卷分爲三節：第一節自第一卷至第三卷莊公九年齊桓公初出時，「此一節霸者未興，當時之權亦未嘗專在一國」〔註98〕；第二節自第三卷莊公九年以後至第二十七卷定公四年召陵之盟，此一節「正是五霸迭興之際」〔註99〕；第三節自第二十七卷召陵之盟以後至第三十卷末，此一節晉失去霸業，「自是以來，吳與越却以蠻夷主盟諸侯」〔註100〕。由此可見，呂祖謙將《左傳》視爲文、武之道與春秋五霸的興衰史，第一節霸權未興，文、武之道猶存；第二節五霸迭興，文、武之道沒落；第三節霸權衰落，文、武之道亦蕩然無存。

在《左傳》綱領之下，呂祖謙提出將《論語》與《孟子》中的「三論」併看：

〔註92〕 見呂祖謙〈左氏傳續說綱領〉。〔宋〕呂祖謙：《左氏傳續說》（臺北：新文豐出版公司，1989年7月，《叢書集成續編》，冊270），卷首，頁4。
〔註93〕 見呂祖謙《左氏傳說·看左氏規模》。〔宋〕呂祖謙：《左氏傳說》，卷首，頁4。
〔註94〕 見呂祖謙〈左氏傳續說綱領〉。〔宋〕呂祖謙：《左氏傳續說》，卷首，頁4。
〔註95〕 見呂祖謙〈左氏傳續說綱領〉。〔宋〕呂祖謙：《左氏傳續說》，卷首，頁4。
〔註96〕 《四庫全書總目》，卷27，頁18。
〔註97〕 〔宋〕呂祖謙：《左氏傳續說》，卷首，頁1。
〔註98〕 見呂祖謙〈左氏傳續說綱領〉。〔宋〕呂祖謙：《左氏傳續說》，卷首，頁1。
〔註99〕 見呂祖謙〈左氏傳續說綱領〉。〔宋〕呂祖謙：《左氏傳續說》，卷首，頁1。
〔註100〕 見呂祖謙〈左氏傳續說綱領〉。〔宋〕呂祖謙：《左氏傳續說》，卷首，頁2。

1. 論禮樂征伐自天子出

〈左氏傳續說綱領〉云：

> 孔子論「禮樂征伐自天子出」，與「祿之去公室」，與「陳恆弒君」，
> 當作一段看。蓋天下大勢，浸浸至此，亦非一日。……當夫子請討
> 陳恆之時，亦是一箇時節，當時魯君若從其說，亦可轉而爲夏、商、
> 周之盛，惟其不從，終所以變而爲戰國，不可整頓。〔註101〕

呂祖謙提出將《論語》孔子論「禮樂征伐自天子出」〔註102〕、「祿之去公室」
〔註103〕、「陳恆弒君」〔註104〕當作一段看，除了可以藉由孔子所說，看出春
秋末期諸國政權逐漸由大夫把持爲大勢所趨之外，更可以看出孔子獨具慧
眼，猶能洞察天下由衰轉盛的契機，只可惜魯哀公未能把握。

2. 論五霸

〈左氏傳續說綱領〉云：

> 孟子論五霸一段，正是說春秋一節，當子細看。「天子適諸侯曰巡
> 狩」，天子五載一巡狩，〈舜典〉、《周官》皆同此制。……「諸侯朝
> 於天子曰述職」，如〈舜典〉所謂「明試以功，車服以庸」是。……
> 「諸侯束牲、載書而不歃血」，是諸侯之束牲是備而不用，此見齊桓
> 威信兼著，此只是仍舊舉盟時禮數，故牲皆不殺。……「今之大夫，
> 今之諸侯之罪人也」，諸侯之所以爲三王之罪人也者，皆由其大夫長
> 逢其惡，故曰「今之大夫，今之諸侯之罪人也」。〔註105〕

呂祖謙認爲，孟子論五霸〔註106〕，正是說春秋時期的歷史。亦即春秋時期的

〔註101〕〔宋〕呂祖謙：《左氏傳續說》，卷首，頁2。

〔註102〕《論語·季氏》：「孔子曰：『天下有道，則禮樂征伐自天子出；天下無道，則
禮樂征伐自諸侯出。自諸侯出，蓋十世希不失矣；自大夫出，五世希不失矣；
陪臣執國命，三世希不失矣。天下有道，則政不在大夫；天下有道，則庶人
不議。』」〔宋〕邢昺：《論語注疏》（臺北：大化書局，1982年10月，《十三
經注疏》本），卷16，頁65。

〔註103〕《論語·季氏》：「孔子曰：『祿之去公室五世矣，政逮於大夫四世矣，故夫三
桓之子孫微矣。』」〔宋〕邢昺：《論語注疏》，卷16，頁65。

〔註104〕《論語·憲問》：「陳成子弒簡公。孔子沐浴而朝，告於哀公，曰：『陳恆弒其
君，請討之。』公曰：『告夫三子。』孔子曰：『以吾從大夫之後，不敢不告
也。君曰「告夫三子」者！』之三子告，不可。孔子曰：『以吾從大夫之後，
不敢不告也。』」〔宋〕邢昺：《論語注疏》，卷14，頁56。

〔註105〕〔宋〕呂祖謙：《左氏傳續說》，卷首，頁2～4。

〔註106〕《孟子·告子下》引孟子曰：「五霸者，三王之罪人也；今之諸侯，五霸之罪

歷史正是隨著五霸的興衰而演變，霸權興起後，周天子的地位與威信一落千丈，後人藉由孟子全面而概括性的說明，可以瞭解三王的典章制度，並與五霸的會盟誓命作一對比，所以呂祖謙教人仔細看。

3. 論管仲

〈左氏傳續說綱領〉云：

> 《論》、《孟》論管仲，併作一段，此亦要看。孔子稱管仲，但言其功，孟子卻責以王者之佐。夫子見子貢企慕聖學，求造其妙，一或過之，則失其中，雖言管仲之功，亦是隨材而教子貢。孟子見公孫丑性質卑下，未明於理，或推管仲之功，則公孫丑必有歆慕之意，而其趨向愈卑，則孟子之責管仲，亦所以教公孫丑。〔註107〕

孔子稱管仲相桓公以齊霸諸侯〔註108〕，孟子責管仲未佐桓公以齊王天下〔註109〕，二位聖人的說法完全相反，究竟管仲是功是過呢？呂祖謙跳出常人

人也：今之大夫，今之諸侯之罪人也。天子適諸侯曰巡狩，諸侯朝於天子曰述職。春省耕而補不足，秋省斂而助不給。入其疆，土地辟，田野治，養老尊賢，俊傑在位，則有慶，慶以地；入其疆，土地荒蕪，遺老失賢，掊克在位，則有讓。一不朝，則貶其爵；再不朝，則削其地；三不朝，則六師移之。是故天子討而不伐，諸侯伐而不討。五霸者，摟諸侯以伐諸侯者也，故曰：『五霸者，三王之罪人也。』五霸，桓公為盛。葵丘之會，諸侯束牲、載書而不歃血。初命曰：『誅不孝，無易樹子，無以妾為妻。』再命曰：『尊賢育才，以彰有德。』三命曰：『敬老慈幼，無忘賓旅。』四命曰：『士無世官，官事無攝，取士必得，無專殺大夫。』五命曰：『無曲防，無遏糴，無有封而不告。』曰：『凡我同盟之人，既盟之後，言歸于好。』今之諸侯，皆犯此五禁，故曰：『今之諸侯，五霸之罪人也。』長君之惡其罪小，逢君之惡其罪大。今之大夫皆逢君之惡，故曰：『今之大夫，今之諸侯之罪人也。』」〔宋〕孫奭：《孟子注疏》（臺北：大化書局，1982年10月，《十三經注疏》本），卷12下，頁95。

〔註107〕〔宋〕呂祖謙：《左氏傳續說》，卷首，頁4。

〔註108〕《論語・憲問》：「子貢曰：『管仲非仁者與？桓公殺公子糾，不能死，又相之。』子曰：『管仲相桓公，霸諸侯，一匡天下，民到于今受其賜。微管仲，吾其被髮左衽矣！豈若匹夫匹婦之為諒也，自經於溝瀆而莫之知也。』」〔宋〕邢昺：《論語注疏》，卷14，頁55～56。

〔註109〕《孟子・公孫丑上》：「公孫丑問曰：『夫子當路於齊，管仲、晏子之功，可復許乎？』孟子曰：『子誠齊人也，知管仲、晏子而已矣。或問乎曾西曰：「吾子與子路孰賢？」曾西蹵然，曰：「吾先子之所畏也。」曰：「然則吾子與管仲孰賢？」曾西艴然不悅，曰：「爾何曾比予於管仲？管仲得君，如彼其專也；行乎國政，如彼其久也；功烈，如彼其卑也。爾何曾比予於是？」』曰：『管仲，曾西之所不為也，而子為我願之乎？』曰：『管仲以其君霸，晏子以其君顯。管仲、晏子猶不足為與？』曰：『以齊王，由反手也。』」〔宋〕孫奭：《孟子注疏》，卷3上，頁20。

的思維模式，不以功過來論管仲，而認為是二位聖人因材施教的結果，所以教人併作一段看。

　　至於呂祖謙為何要將《論語》與《孟子》中的「三論」與《左傳》併看，而不單獨看《左傳》呢？因為《左傳》記事與《論語》、《孟子》有差異。以「陳恆弒君」為例，《論語》記載孔子「之三子告」請求討伐陳恆，《左傳》卻未記載孔子曾向三子報告〔註110〕，所以呂祖謙認為，「『陳恆弒君』一段，恐記不出聖人之意，左氏於孔門事記多失實，惟孔門弟子記得其真」〔註111〕。再以孟子論五霸為例，《孟子》記載齊桓公盟諸侯於葵丘，有「五命」以戒諸侯，《左傳》卻未記載「五命」之事〔註112〕，呂祖謙認為，原因是「左氏愛仲之深，而於桓公之過皆隱而不書，……桓雖為霸主，而於『五命』之戒亦未免有所犯，故左氏特隱之，所以使後世不知桓公言之而躬自蹈之也」〔註113〕。由此進一步推論，左丘明只是子產、叔向一類的賢大夫，「杜預謂左邱明受經於仲尼，其說難信」〔註114〕。

（三）隨事立義

　　以《左氏博議》為例，呂祖謙「隨事立義，以評其得失」〔註115〕，如以《左傳》隱公元年夏「潁考叔還武姜」為題，按鄭莊公之弟共叔段以其母武姜為內應，將要起兵作亂，莊公於是討伐共叔段，並將武姜安置於城潁，誓言不再相見，但後來後悔了，在潁考叔的指引下，終於母子重聚。《左氏博議》云：

> 物之逆其天者，其終必還。凡出於自然，而莫知其所以然者，天也。羽之浮，石之沈，矢之直，蓬之曲，土之止，水之動，自古固然而不可加損，庸非天乎？苟以人力勝之，則羽可積而沈也，石可載而浮也，矢可揉而曲也，蓬可扶而直也，土可墾而動也，水可壅而止也。人力既窮，則未有不復其初者焉。不積之，則羽還其天而浮矣；

〔註110〕《左傳》哀公十四年夏六月甲午：「齊陳恆弒其君壬于舒州。孔丘三日齊，而請伐齊三。……公曰：『子告季孫。』孔子辭，退而告人曰：『吾以從大夫之後也，故不敢不言。』」

〔註111〕〔宋〕呂祖謙：《左氏傳續說》，卷12，頁7。

〔註112〕《左傳》僖公九年秋：「齊侯盟諸侯于葵丘，曰：『凡我同盟之人，既盟之後，言歸于好。』」

〔註113〕見呂祖謙〈左氏傳續說綱領〉。〔宋〕呂祖謙：《左氏傳續說》，卷首，頁2。

〔註114〕見呂祖謙〈左氏傳續說綱領〉。〔宋〕呂祖謙：《左氏傳續說》，卷首，頁4。

〔註115〕《四庫全書總目》，卷27，頁17。

不載之,則石還其天而沈矣;不揉之,則矢還其天而直矣;不扶之,則蓬還其天而曲矣。止者,土之天也;壅者窮,則土之止固自若也。動者,水之天也;壅者窮,則水之動固自若也。有限之力豈能勝無窮之天也耶!

子之於父母,天也;雖天下之大惡,其天未嘗不存也。莊公怒其弟而上及其母,因之城穎,絕滅天理,居之不疑。觀其黃泉之盟,終其身而無可移之理矣,居無幾何而遽悔焉,是悔也,果安從而生哉!蓋莊公自絕天理,天理不絕莊公。一朝之忿,赫然勃然,若可以勝天;然忿戾之時,天理初無一毫之損也,特暫為血氣所蔽耳。血氣之忿,猶溝澮焉,朝而盈,夕而涸,而天理則與乾坤周流而不息也;忿心稍衰,愛親之念油然自還而不能已。彼穎考叔特迎其欲還之端而發之耳,其於莊公之天理,初無一毫之增也。考叔之見莊公,不感之以言,而感之以物;不感之以物,而感之以天。愛其母者,莊公之與考叔同一心也,同一心是同一天也,其啜羹,其舍肉,其遺母,皆天理之發見者也。考叔以天示之,莊公以天受之,故不下席之間,回滔天之惡,為蓋世之善,是豈聲音笑貌能為哉!

惜夫考叔得其體而不得其用,故亦不能無遺憾焉。方莊公語考叔以誓母之故,考叔盍告之曰:「醉之所言,醒必不踐。狂之所行,瘳必不為。」既醒而猶踐之,則其醉必未醒也;既瘳而猶為之,則其狂必未瘳也。君之誓母之辭未悔,則必以為是;既悔,則必知其非。知其非而憚改焉,是猶未悔也,是猶以為是也。莊公苟聞此言,則其私情邪念冰泮雪消,而無復存者矣。考叔乃曲為之說,俾莊公闕地及泉,陷於文過飾非之地。莊公天理方開,而考叔遽以人欲蔽之,可勝嘆哉!不特蔽莊公之天理,當考叔發闕地及泉之言,考叔胸中之天理所存亦無幾矣。故開莊公之天理者,考叔也;蔽莊公之天理者,亦考叔也。向若莊公幸而遇孔孟,乘一念之悔,廣其天理而大之,六通四闢,上不失為虞舜,下不失為曾參,豈止為鄭之莊公哉!惜夫莊公之不遇孔孟,而遇考叔也。〔註116〕

以上為隨「穎考叔還武姜」之事,而立「物之逆其天者,其終必還」之義。首先鋪陳萬物皆有其天性,縱使經由人為的方式暫時改變其外貌,但終究改

〔註116〕 〔宋〕呂祖謙:《東萊先生左氏博議》,卷1,頁3～4。

變不了其內在的天性；其次說明父母與子女的親情是人類的天性，所以即使
莊公誓言母子不再相見，但無法改變母子親情的天性，所以終究要後悔的；
最後批判潁考叔啟發了莊公的天性，卻不能用天性破解莊公的誓言，反而教
莊公用不合天性的「闕地及泉」方式與母相見，可惜錯失了弘揚天理的機會。
其議論層次分明，事件的得失立見，對於《左傳》義理的闡釋可謂別有見地。

　　宋儒朱熹認為，呂祖謙「博學多識」，但其「說義理太多傷巧，未免杜撰」
〔註117〕。《四庫全書總目》亦云：

> 宋儒朱熹稱其極為詳博，然遣詞命意，頗傷於巧。考祖謙所作《大
> 事紀》，朱子亦謂有纖巧處，而稱其「指公孫宏、張湯姦狡處，皆說
> 得羞愧殺人」云云。然則朱子所謂巧者，乃指其筆鋒穎利，凡所指
> 摘，皆刻露不留餘地耳，非謂巧於馳辨，至或顛倒是非也。〔註118〕

呂祖謙有《大事紀》十二卷，係仿司馬光《資治通鑑》而作，朱熹評論其《大
事紀》「太纖巧」〔註119〕。《四庫全書總目》解釋所謂「巧」，是指其「筆鋒穎
利，凡所指摘，皆刻露不留餘地耳，非謂巧於馳辨，至或顛倒是非」；但如此
解釋，似乎不是朱熹的本意。按朱熹云：

> 今之做《春秋》義，都是一般巧說，專是計較利害，將聖人之經做
> 一箇權謀機變之書。〔註120〕

所謂「巧」，乃指「計較利害」、「權謀機變」，顯然是負面的意義。朱熹又云：
「某便是不喜伯恭《博議》時，他便都是這般議論，恁地忒細碎，不濟得事。」
〔註121〕因此評論呂祖謙《左氏博議》「潁考叔還武姜」，云：「他是且欲全他母
子之恩，以他重那盟誓未肯變，故且教他恁地做，這且得他全得大義，未暇
計較這箇，又何必如此去論他。」〔註122〕朱熹認為，潁考叔顧及鄭莊公的誓
言，指引莊公挖掘隧道在地底相見，完全是為了成全母子親情，反對呂祖謙
以「巧」字為出發點為文批判，太過「計較利害」、「權謀機變」。而《四庫全
書總目》未引用朱熹的本意，卻另闢方向作不同的解釋，隱約有為呂祖謙辯

〔註117〕　〔宋〕黎靖德：《朱子語類》（臺北：漢京文化事業，1980年7月），卷122，
　　　　　頁1。
〔註118〕　《四庫全書總目》，卷27，頁17。
〔註119〕　〔宋〕黎靖德：《朱子語類》，卷122，頁4。
〔註120〕　〔宋〕黎靖德：《朱子語類》，卷83，頁26。
〔註121〕　〔宋〕黎靖德：《朱子語類》，卷83，頁14。
〔註122〕　〔宋〕黎靖德：《朱子語類》，卷83，頁15。

護的用意。不過，《四庫全書總目》認爲：「祖謙邃於史事，知空談不可以説經，故研究傳文，窮始末以核得失，而不倡廢傳之高論，視孫復諸人，其學爲有據多矣。」〔註123〕評論是相當公允的。

第三節　申例類

所謂申例，是指儒者申述三傳義例以治經或攻駁他傳。

關於《公羊傳》義例方面，自東漢以降，迄於隋代，公羊學逐漸沒落，儒者發明《公羊傳》解經義例者，除何休假借《公羊傳》爲傳承董仲舒《春秋》王魯説張本，本文將之劃歸寓言模式（詳見第四章第一節）外，僅有佚名《春秋公羊傳條例》一卷、荀爽《春秋條例》（卷數不詳）、刁氏《春秋公羊例序》五卷，且皆已佚。唐代啖助學派興起，《春秋》義例之學以取舍三傳成爲新興發展趨勢，此後專門發明公羊學義例的著作更屬罕見，僅宋儒陳德寧（生卒年不詳）作《公羊新例》十四卷疑似屬之，但已佚。直到清初常州學派形成，標榜以復興公羊學爲職志，其中劉逢祿作《春秋公羊經何氏釋例》十卷，兼治《公羊傳》與何休義例，是爲重要的代表。

關於《穀梁傳》義例方面，穀梁學一度興盛於漢宣帝時期，後因左氏學異軍突起而沒落，東晉范甯「以《春秋穀梁氏》未有善釋，遂沈思積年，爲之集解，其義精審，爲世所重」〔註124〕，迄今《春秋穀梁傳集解》仍爲穀梁學最重要的著作，而其《春秋穀梁傳例》亦爲目前所知《穀梁傳》義例最早的專門著作。但穀梁學並未因范甯的努力而出現轉機，到了唐代以後，甚至與公羊學同樣走上「浸微」、「殆無師説」〔註125〕的命運，只在啖助學派興起取舍三傳義例解經的風潮時，短暫地扮演著陪襯的角色。明代僅有李舜臣作《穀梁三例》〔註126〕，申述《穀梁傳》時月日例，但未見。清代今學復興，穀梁學亦隨之略見起色，許桂林作《春秋穀梁傳時月日書法釋例》四卷，重啓專門發明《穀梁傳》義例的研究工作。

〔註123〕《四庫全書總目》，卷27，頁18～19。
〔註124〕見《晉書・范汪列傳》。〔唐〕房玄齡：《晉書》，卷75，頁17。
〔註125〕見《隋書・經籍志》。〔唐〕魏徵：《隋書》（臺北：臺灣中華書局，1965年11月，《四部備要》本），卷32，頁14。
〔註126〕朱彝尊《經義考》引李舜臣自序曰：「三例者，時月日也。」〔清〕朱彝尊：《經義考》，卷201，頁5。

關於《左傳》義例方面，自漢至隋專門發明《左傳》解經義例者，本文已將劉賈許穎諸儒及杜預模式列爲原創類討論（詳見第三章第一節），此外尚有漢代鄭興《春秋條例章句訓詁》（卷數不詳）、鄭眾《春秋難記條例》九卷、晉代劉寔《春秋條例》十一卷及《左氏牒例》二十卷、梁簡文帝《左氏傳例苑》十八卷、南朝宋崔靈恩《左氏條例》十卷、北齊張思伯《左氏刊例》十卷、佚名《春秋左氏傳條例》二十五卷，但均已亡佚，在服虔、杜預之學分庭抗禮的學術環境下湮沒不彰。唐代啖助學派興起，以例解經，不專主一傳，《左傳》獨擅勝場的局面受到重大衝擊，此時雖仍有韓滉作《春秋通例》一卷〔註127〕以申左氏學義例，但已不合於時宜而亡佚。宋代諸儒研究經文本義者，對於「傳事不傳義」的《左傳》較不重視，亦無相關義例之作。元代以降，偶有專門發明左氏學義例的著作，如元代吳迂作《左傳義例》（卷數不詳），但已佚；明代李舜臣作《春秋左傳考例》，但未見；於今可見者，僅有劉師培先生重啓專門發明《左傳》義例的研究工作。

茲依治《公羊傳》、《穀梁傳》、《左傳》順序，謹就劉逢祿、范甯、許桂林、劉師培先生四人申例模式討論之。

一、劉逢祿模式

清儒劉逢祿（1776～1829年）爲常州學派的重要人物，認爲「《春秋》者，五經之筦鑰也，先漢師儒畧皆亡闕」，後人求觀聖人之志與七十子之所傳，惟有從董仲舒與何休之言入手。由於「董生、何氏之書，若合符節」，所以專治何休公羊學，並「尋其條貫，正其統紀」，作《春秋公羊經何氏釋例》十卷；又「析其疑滯，強其守衛」，作《公羊春秋何氏解詁箋》一卷、《答難》二卷；又「博徵諸史刑禮之不中者」，作《議禮決獄》二卷；又「推原左氏、穀梁氏之失」，作《穀梁廢疾申何》二卷、《鍼膏肓評》一卷、《左氏春秋考證》二卷〔註128〕；其他尚有《發墨守評》一卷、《春秋賞罰格》二卷、《緯略》一卷、《論語述何》二卷等，皆以發揚何休公羊學思想爲主。

〔註127〕朱彝尊《經義考》引王讜曰：「韓晉公治《左氏》，……撰《左氏通例》一卷。」〔清〕朱彝尊：《經義考》，卷177，頁1。

〔註128〕見劉逢祿〈春秋公羊經何氏釋例目錄敘〉。〔清〕劉逢祿：《春秋公羊經何氏釋例》（臺北：藝文印書館，年月份不詳，《皇清經解》，卷1280），目錄，頁2～3。

　　劉逢祿認爲，「經之可以條例求者，惟《禮・喪服》及《春秋》而已」〔註129〕。所作《春秋公羊經何氏釋例》十卷，凡三十篇：1. 張三世例，2. 通三統例，3. 內外例，4. 時月日例，5. 名例，6. 褒例，7. 譏例，8. 貶例，9. 誅絕例，10. 律意輕重例，11. 王魯例，12. 建始例，13. 不書例，14. 諱例，15. 朝聘會盟例，16. 崩薨卒葬例，17. 大國卒葬表，18. 小國進黜表，19. 秦楚吳進黜表，20. 公終始例，21. 娶歸終始例，22. 致公例，23. 公大夫世系表，24. 內大夫卒例，25. 侵伐戰圍入滅取邑例，26. 地例，27. 郊禘例，28. 闕疑例，29. 主書例，30. 災異例。茲依據《春秋公羊經何氏釋例》考述如下：

（一）條列經文、傳文及何休注文作例

　　劉逢祿認爲，「撥亂反正，莫近《春秋》，董、何之言，受命如嚮」〔註130〕；但所作《春秋公羊經何氏釋例》十卷，目的在藉何休之說推求《春秋》義例，未直接引述董仲舒之言，各篇除〈大國卒葬表〉、〈小國進黜表〉、〈秦楚吳進黜表〉之外，皆條列經文、傳文及何休《春秋公羊解詁》注文，條末偶下案語，篇末則以「釋曰」云云暢述己見。如〈諱例〉：

> 莊二十六年：「曹殺其大夫。」《傳》：「不死於曹君者也。不言曹君之滅，爲曹羈諱也。不言戰，爲曹羈諱也。」注：「諱者，上出奔嫌辟難，欲起其賢，又所諫者戰也，故爲去『戰』、『滅』之文，以致其意。」案：有師命，不可去，爲曹羈張義，故取其犕者，曰侵言之。〔註131〕

此條出自《春秋》莊公二十六年夏，經文、傳文及何休注文俱全。但尚有其他組合形式，如〈誅絕例〉：

> 定十年：「宋樂世心出奔曹。宋公子池出奔陳。」〔註132〕

此條出自《春秋》定公十年秋，只引經文，傳無文，未引何休注文。〈名例〉：

> 文九年：「秦人來歸僖公成風之襚。」《傳》：「兼之，非禮也。」
> 〔註133〕

〔註129〕見劉逢祿〈公羊春秋何氏解詁箋敍〉。〔清〕劉逢祿：《公羊春秋何氏解詁箋》（臺北：藝文印書館，年月份不詳，《皇清經解》，卷1290），卷首，頁1。

〔註130〕見劉逢祿〈春秋公羊經何氏釋例目錄敍〉。〔清〕劉逢祿：《春秋公羊經何氏釋例》（《皇清經解》，卷1280），目錄，頁2～3。

〔註131〕〔清〕劉逢祿：《春秋公羊經何氏釋例》（《皇清經解》，卷1285），頁25。

〔註132〕〔清〕劉逢祿：《春秋公羊經何氏釋例》（《皇清經解》，卷1283），頁15。

〔註133〕〔清〕劉逢祿：《春秋公羊經何氏釋例》（《皇清經解》，卷1282），頁9。

此條出自《春秋》文公九年冬，引經文及傳文，未引何休注文。〈朝聘會盟例〉：

> 莊二十三年：「祭叔來聘。」注：「不稱使者，公一陳佗，故絕，使
> 若我無君，因不與天子下聘小人。」〔註134〕

此條出自《春秋》莊公二十三年春，引經文及何休注文，傳無文。〈時月日例〉：

> 《傳》：「非此月日也。以此月日卒，待君命然後卒大夫。」〔註135〕

此條出自《春秋》成公十七年冬十一月壬申，只引傳文，未引經文及何休注
文。〈律意輕重例〉：

> 《傳》：「譏同姓之滅，力能救之而不救也。」注：「以屬上，力能獲
> 邾婁，而不救曹，故責之。」〔註136〕

此條出自《春秋》定公八年春，引傳文及何休注文，未引經文。〈律意輕重例〉：

> 注：「同姓相貪利，惡差重，恥差深。」〔註137〕

此條出自《春秋》僖公三十一年春，只引何休注文，未引經文及傳文。以上
組合形式凡七種，其中有三種形式所作例未引何休注文（何休注文未釋例），
劉逢祿卻均歸納為何休釋例，學者研究時須分辨之。

（二）為何休「三科九旨」設例

　　劉逢祿《春秋公羊經何氏釋例》三十篇中，〈張三世例〉、〈通三統例〉、
〈內外例〉三篇內容屬何休「三科九旨」範圍；但「張三世」、「通三統」
二詞非何休所有，可能與宋氏（宋衷）「三科九旨」有關。而宋氏「三科九
旨」與〈張三世例〉、〈通三統例〉、〈內外例〉、〈時月日例〉、〈名例〉、〈褒
例〉、〈譏例〉、〈貶例〉、〈誅絕例〉諸篇內容近似，鄭卜五先生認為劉逢祿
「把何休的『三科九旨』、宋氏的『三科九旨』都概括進去，是以兼容並蓄
的集大成態度，來發揮何休釋《公羊》之旨」〔註138〕，從表面上看來是有
一定道理的；但宋氏「三科九旨」內容已不可一睹，實質上仍是以何休「三
科九旨」為主。

　　除〈張三世例〉、〈通三統例〉、〈內外例〉三篇之外，〈王魯例〉、〈建始例〉
二篇亦是以何休「三科九旨」為基礎。本文已於義例模式與寓言模式論及，

〔註134〕　〔清〕劉逢祿：《春秋公羊經何氏釋例》（《皇清經解》，卷1286），頁1～2。
〔註135〕　〔清〕劉逢祿：《春秋公羊經何氏釋例》（《皇清經解》，卷1281），頁2。
〔註136〕　〔清〕劉逢祿：《春秋公羊經何氏釋例》（《皇清經解》，卷1284），頁14。
〔註137〕　〔清〕劉逢祿：《春秋公羊經何氏釋例》（《皇清經解》，卷1284），頁9。
〔註138〕　鄭卜五：〈劉逢祿春秋公羊經何氏釋例其義例之見解研究〉，《經學研究集刊》
　　　　　第2期（2006年10月），頁215。

何休「三科九旨」雖或有例，卻未必是爲義例模式而設。但劉逢祿既爲何休「三科九旨」設例，茲仍就該五篇義例概述如下：

1. 張三世例

凡十七條，如：

> 僖二十六年：「楚人滅隗，以隗子歸。」注：「不名者，所傳聞世，
> 見治始起，責小國畧，但絕不誅之。」〔註139〕
> 昭三年：「北燕伯欵出奔齊。」注：「名者，所見世，著治太平，責
> 小國詳，錄出奔當誅。」〔註140〕

所傳聞世責小國畧而不書名，所見世責小國詳而書名，然則所聞世該如何責小國，又該書名或不書名呢？以此二條作例似欠周延。又如：

> 定六年：「季孫斯、仲孫忌帥師圍運。」《傳》：「此仲孫何忌也，譏
> 二名。」注：「定、哀之間，文致太平，欲見王者治定，無所復爲譏，
> 唯有二名，故譏之，此春秋之制也。」〔註141〕

「譏二名」既爲春秋之制，其義已明，是否成例實無關緊要。

2. 通三統例

凡二十條，如：

> 桓四年春正月：「公狩于郎。」《傳》：「春日苗，秋日蒐，冬日狩。」
> 注：「不以夏田者，春秋制也，以爲飛鳥未去于巢，走獸未離於穴，
> 恐傷害于幼稺，故于苑囿中取之。」〔註142〕

此條稱「不以夏田」亦爲春秋之制，其義已明；且「不以夏田」僅此一條，並不成例。又如：

> 僖二十八年：「晉侯入曹，執曹伯畀宋人。」注：「時天王居于鄭，
> 晉文欲討楚師，以宋王者之後，法度所存，故因假使治之。宋稱人
> 者，明聽訟必師斷，與其眾共之。」〔註143〕

宋國爲殷王之後，爲三統之一，有王者之法，可代替周天子治諸侯之罪，擔當主持國際正義的角色，此條目的在陳述三統王法傳承，不在爲宋設例，無例可說。

〔註139〕 〔清〕劉逢祿：《春秋公羊經何氏釋例》（《皇清經解》，卷1280），頁2。
〔註140〕 〔清〕劉逢祿：《春秋公羊經何氏釋例》（《皇清經解》，卷1280），頁3。
〔註141〕 〔清〕劉逢祿：《春秋公羊經何氏釋例》（《皇清經解》，卷1280），頁3。
〔註142〕 〔清〕劉逢祿：《春秋公羊經何氏釋例》（《皇清經解》，卷1280），頁6。
〔註143〕 〔清〕劉逢祿：《春秋公羊經何氏釋例》（《皇清經解》，卷1280），頁7。

3. 內外例

凡三十五條，如：

> 隱十一年注：「內適外言如，外適內言朝聘，所以別外尊內也。」〔註144〕
>
> 僖二十五年注：「外小惡正之者，宋以內娶，故公族以弱，妃黨以彊，疾其末，故正其本。」〔註145〕

此二條強調內外之別，設例的書法亦清晰明確，其餘諸條皆類此。

4. 王魯例

凡二十九條，如：

> 隱七年：「滕侯卒。」《傳》：「不名，微國也。稱侯，不嫌也。」注：「所傳聞世未可卒，所以稱侯而卒者，《春秋》王魯，託隱公以爲始受命王。滕子先朝隱公，《春秋》襃之以禮，嗣子得以其禮祭，故稱侯見其義。」〔註146〕

此條目的在闡釋《春秋》假託魯隱公爲始受命王，滕子率先來朝，所以受到《春秋》襃揚，不在爲滕子設例，無例可說。又如：

> 桓十四年：「鄭伯使其弟語來盟。」注：「莅盟、來盟例皆時者，從內爲王義，明王者當以至信先天下。」〔註147〕

此條重點不在來盟例時或莅盟例時，而在標榜《春秋》託魯爲王之義，所以無例可說。

5. 建始例

凡十三條，如：

> 隱二年：「無駭帥師入極。」《傳》：「展無駭也，不氏，疾始滅也，《春秋》之始也。」注：「《春秋》託王者始起所當誅也。」〔註148〕

春秋滅國以此爲始，第二次滅國即不可稱始，所以「始滅」僅此一條，並不成例。又如：

> 桓七年：「焚咸邱。」《傳》：「疾始以火攻也。」注：「傳不託始者，前此未有，無所託也。」〔註149〕

〔註144〕 〔清〕劉逢祿：《春秋公羊經何氏釋例》（《皇清經解》，卷1280），頁10。
〔註145〕 〔清〕劉逢祿：《春秋公羊經何氏釋例》（《皇清經解》，卷1280），頁11。
〔註146〕 〔清〕劉逢祿：《春秋公羊經何氏釋例》（《皇清經解》，卷1285），頁2。
〔註147〕 〔清〕劉逢祿：《春秋公羊經何氏釋例》（《皇清經解》，卷1285），頁3。
〔註148〕 〔清〕劉逢祿：《春秋公羊經何氏釋例》（《皇清經解》，卷1285），頁6。
〔註149〕 〔清〕劉逢祿：《春秋公羊經何氏釋例》（《皇清經解》，卷1285），頁7。

春秋火攻城邑以此爲始，第二次火攻即不可稱始，所以「始以火攻」僅此一條，亦不成例。

以上略舉劉逢祿爲何休「三科九旨」諸條所設義例，除內外例尚可稱例之外，其餘或不成例，或無例可說，劉逢祿雖設爲例，卻頗感勉強，未臻完善。

二、范甯模式

晉儒范甯（339～401 年）爲穀梁學大師，但自幼通習《春秋》三傳，認爲三傳「臧否不同，褒貶殊致」，「《左氏》豔而富，其失也巫；《穀梁》清而婉，其失也短；《公羊》辯而裁，其失也俗」〔註150〕，並各舉數例以證之，謂「若此之類，傷教害義，不可強通者也」〔註151〕，見解頗爲持平。這種爲《穀梁傳》作注卻不偏袒《穀梁傳》的作風，迥異於一般儒者。

范甯鑒於「釋《穀梁傳》者雖近十家，皆膚淺末學，不經師匠，辭理典據既無可觀，又引《左氏》、《公羊》以解此傳，文義違反，斯害也已」，於是「商略名例，敷陳疑滯，博示諸儒同異之說」〔註152〕，著成《春秋穀梁傳集解》，「援漢、魏、晉各家之說甚詳」〔註153〕。據唐代楊士勛（生卒年不詳）釋曰：「商署名例者，即范氏別爲署例百餘條是也。」〔註154〕所謂「署例」，即其《春秋穀梁傳例》，該書今已亡佚，但仍殘存於其《春秋穀梁傳集解》及楊士勛疏中，如范甯所引「傳例曰」及楊士勛所引「范氏略例云」、「范氏別例云」、「范例云」等皆是。清代王謨（約1731～1817 年）、黃奭（1809～1853年）曾「鈔出楊氏疏中所引署例、別例共二十四條」〔註155〕，輯爲一卷；但其中第一條「日食例」出自楊士勛疏〔註156〕而未必范甯所發明，且漏鈔「還例」、「地震例」、「在例」、「卒例」、「會葬例」、「日入例」諸條，因非本文重點，姑略而不論。謹就殘存者約五十餘條考述其義法如下：

〔註150〕見范甯〈春秋穀梁傳序〉。〔唐〕楊士勛：《春秋穀梁傳注疏》（臺北：大化書局，1982 年10 月，《十三經注疏》本），卷首，頁4。

〔註151〕見范甯〈春秋穀梁傳序〉。〔唐〕楊士勛：《春秋穀梁傳注疏》，卷首，頁3。

〔註152〕見范甯〈春秋穀梁傳序〉。〔唐〕楊士勛：《春秋穀梁傳注疏》，卷首，頁4。

〔註153〕〔清〕阮元：〈春秋穀梁傳注疏挍勘記序〉，《春秋穀梁傳注疏》，卷首，頁1。

〔註154〕〔唐〕楊士勛：《春秋穀梁傳注疏》，卷首，頁4。

〔註155〕〔清〕王謨：〈穀梁傳例序錄〉，《漢魏遺書鈔》（臺北：藝文印書館，年月份不詳，《叢書集成續編》景印《漢魏遺書鈔》原刻本），卷首，頁1。

〔註156〕〔唐〕楊士勛：《春秋穀梁傳注疏》，卷1，頁3。

（一）從例與省文皆不發傳

1. 從例不發傳者

如《春秋》文公六年冬：「閏月不告月，猶朝于廟。」《穀梁傳》云：「『猶』之為言可以已也。」書「猶」表示不必舉行卻仍舉行之意。楊士勛疏：

> 重發傳者，前為三望，發此是朝廟，嫌異，故重明之。范例「猶」有五等，發傳者三：僖三十一年「猶三望」獨發傳者，据始也；宣三年不發傳者，從例也；成七年亦不發傳者，亦為從例可知也；此年發傳者，朝與三望異也；宣八年發傳者，嫌仲遂有罪不得廢禮，又繹祭與朝廟禮異故也。〔註157〕

按范甯《傳例》列舉《春秋》「猶例」計有五條，稱之為五等：第一條見僖公三十一年夏四月：「四卜郊，不從，乃免牲，猶三望。」第二條見宣公三年春正月：「郊牛之口傷，改卜牛，牛死，乃不郊，猶三望。」第三條見成公七年春正月：「鼷鼠食郊牛角，改卜牛，鼷鼠又食其角，乃免牛。」夏：「不郊，猶三望。」第四條見上。第五條見宣公八年夏六月辛巳：「有事于大廟。」「仲遂卒于垂。」壬午：「猶繹，萬入，去籥。」其中前三條均為「猶三望」，第四條為「猶朝」，第五條為「猶繹」。《穀梁傳》只對第一、四、五條發明義例解「猶」為「可以已」，第二、三條則無，因為第一條已發明義例在先，所以從例即可，不必重複。至於第四、五條為何不從例呢？因為第四條「朝」、第五條「繹」與前三條「三望」意義互異，所以各自重新發明義例，而不從例。

2. 省文不發傳者

如《春秋》僖公十五年冬十一月壬戌：「晉侯及秦伯戰于韓，獲晉侯。」《穀梁傳》云：「韓之戰，晉侯失民矣，以其民未敗而君獲也。」范甯注：「獲者，不與之辭。諸侯非可相獲。」〔註158〕書「獲」表示是《春秋》所反對的事。楊士勛疏：

> 范別例云：「凡書獲有七，謂莒挐一也，晉侯二也，華元三也，蔡公子濕四也，陳夏齧五也，齊國書六也，麟七也。於晉侯，著失民之咎；於蔡公子濕，彰公子之病；華元，表得眾之辭；莒挐，顯公子之紿。自餘雖不發，從省文可知也。」〔註159〕

〔註157〕〔唐〕楊士勛：《春秋穀梁傳注疏》，卷10，頁42。
〔註158〕〔唐〕楊士勛：《春秋穀梁傳注疏》，卷8，頁34。
〔註159〕〔唐〕楊士勛：《春秋穀梁傳注疏》，卷8，頁34。

按范甯《傳例》列舉《春秋》「獲例」計有七條：第一條見僖公元年冬十月壬午：「公子友帥師，敗莒師于麗，獲莒挐。」《穀梁傳》云：「內不言獲，此其言獲，何也？惡公子之紿。」書「獲」之義在顯公子友之紿。第二條見上，書「獲」之義在著晉侯失民之咎。第三條見宣公二年春二月壬子：「宋華元帥師，及鄭公子歸生帥師，戰于大棘。宋師敗績，獲宋華元。」《穀梁傳》云：「獲者，不與之辭也。言盡其眾，以救其將也。以三軍敵華元，華元雖獲，不病矣。」書「獲」之義在表華元得眾之辭。第四條見襄公八年夏：「鄭人侵蔡，獲蔡公子濕。」《穀梁傳》云：「人，微者也；侵，淺事也；而獲公子，公子病矣。」書「獲」之義在彰蔡公子濕之病。第五條見昭公二十三年秋七月戊辰：「吳敗頓、胡、沈、蔡、陳、許之師于雞甫。胡子髡、沈子盈滅，獲陳夏齧。」《穀梁傳》云：「獲陳夏齧，獲者，非與之辭也，上下之稱也。」第六條見哀公十一年夏五月甲戌：「齊國書帥師，及吳戰于艾陵。齊師敗績，獲齊國書。」《穀梁傳》無說。第七條見哀公十四年春：「西狩獲麟。」《穀梁傳》云：「引取之也。狩地不地，不狩也。非狩而曰狩，大獲麟，故大其適也。」以上第一至四條書「獲」之義，《穀梁傳》皆分別發明之；但第五至七條書「獲」之義，則付之闕如。范甯認為，第五條書「獲」之義，在「賢夏齧雖獲不病，以其得眾也，義與華元同」〔註160〕；第六條亦「與華元同義」〔註161〕；第七條書「獲」之義，由於「諸獲者皆不與也，故今言獲麟，自為孔子來魯，引而取之，亦不與魯之辭也」〔註162〕。所以第五至七條書「獲」之義，與第一至四條相同，皆為「不與之辭」，《穀梁傳》未分別發明之，實係省文。

（二）非禮書月，餘不書月者當條皆有義

《春秋》文公九年春三月：「夫人姜氏至自齊。」《穀梁傳》云：「卑以尊致，病文公也。」范甯注：

> 夫人行例不致，乃以君禮致，刺公寵之過。〔註163〕

「致」為國君遠行返歸告廟之禮，例書時；魯文公夫人姜氏自齊返歸亦行告廟之禮，是文公寵愛太過，所以書月譏刺之。楊士勛疏：

〔註160〕〔唐〕楊士勛：《春秋穀梁傳注疏》，卷18，頁75。
〔註161〕〔唐〕楊士勛：《春秋穀梁傳注疏》，卷20，頁86。
〔註162〕〔唐〕楊士勛：《春秋穀梁傳注疏》，卷20，頁87。
〔註163〕〔唐〕楊士勛：《春秋穀梁傳注疏》，卷11，頁44。

范氏例云：「夫人行有十二，例時。此致而書月者，蓋以非禮而致，故書月以刺之。餘不書月者，當條皆有義耳。」〔註164〕

按《春秋》魯夫人遠行計有十二條，第一條見桓公十八年春正月：「公會齊侯于濼，公與夫人姜氏遂如齊。」《穀梁傳》無譏文。第二條見莊公五年夏：「夫人姜氏如齊師。」《穀梁傳》云：「婦人既嫁不踰竟，踰竟非禮也。」第三條見莊公十五年夏：「夫人姜氏如齊。」《穀梁傳》云：「婦人既嫁不踰竟，踰竟非禮也。」第四條文公九年春：「夫人姜氏如齊。」《穀梁傳》無譏文。第五條見莊公二年冬十二月：「夫人姜氏會齊侯于禚。」《穀梁傳》云：「婦人既嫁不踰竟，踰竟非正也。婦人不言會，言會非正也。」第六條見莊公七年春：「夫人姜氏會齊侯于防。」《穀梁傳》云：「婦人不會，會非正也。」第七條見莊公七年冬：「夫人姜氏會齊侯于穀。」《穀梁傳》云：「婦人不會，會非正也。」第八條見莊公十九年秋：「夫人姜氏如莒。」《穀梁傳》云：「婦人既嫁不踰竟，踰竟非正也。」第九條見莊公二十年春二月：「夫人姜氏如莒。」《穀梁傳》云：「婦人既嫁不踰竟，踰竟非正也。」第十條見僖公十一年夏：「公及夫人姜氏會齊侯于陽穀。」《穀梁傳》無譏文。第十一條見僖公十七年秋：「夫人姜氏會齊侯于卞。」《穀梁傳》無譏文。第十二條見文公九年春三月：「夫人姜氏至自齊。」《穀梁傳》云：「卑以尊致，病文公也。」以上第一、五、九、十二條書月，皆為譏刺夫人之行不合禮；又第二、三、六、七、八條雖書時不書月，但有《穀梁傳》發明義例以譏刺夫人，亦無疑義。至其餘第四、十、十一條書時不書月，《穀梁傳》卻無譏文，則如范甯之意「當條皆有義」，皆有譏刺夫人之義。

（三）未詳者闕疑，不妄作例

范甯對於經文、傳例、《禮記》、鄭玄釋義闕疑者，均注明「甯所未詳」（「甯所未聞」、「某所未詳」、「甯不達此義」），以審慎保留的態度來處理，不妄作例：

1. 經文未詳者

計有八例〔註165〕，姑舉三例，例一，《春秋》桓公四年夏：「天王使宰渠伯糾來聘。」范甯注：

〔註164〕〔唐〕楊士勛：《春秋穀梁傳注疏》，卷11，頁44。

〔註165〕見《春秋》桓公四年夏：「天王使宰渠伯糾來聘。」桓公七年夏：「鄧侯吾離來朝。」莊公二十二年夏五月。成公十六年冬十二月：「公至自會。」昭公十年十二月甲子：「宋公成卒。」昭公十一年春：「葬宋平公。」定公六年夏：「季孫斯、仲孫何忌如晉。」定公十四年秋：「城莒父及霄。」

下無秋、冬二時，甯所未詳。〔註166〕

按《春秋》爲編年體例，「四時具而後爲年」，雖無事亦「不遺時」〔註167〕，但此例夏之後遺漏秋、冬二時，原因不詳，闕疑。例二，《春秋》成公十六年冬十二月：「公至自會。」范甯注：

> 無二事，會則致會，伐則致伐。上無會事，當言「至自伐鄭」，而言「至自會」，甯所未詳。〔註168〕

按《春秋》成公十六年秋：「公會尹子、晉侯、齊國佐、邾人伐鄭。」魯成公與各國會商伐鄭之事，是爲伐事，而非會事，則魯成公返歸應書「至自伐鄭」，而非「至自會」，但經書「至自會」，原因不詳，闕疑。例三，《春秋》昭公十一年春：「葬宋平公。」范甯注：

> 晉獻公以殺世子申生，故不書葬。宋平公殺世子座而書葬，何乎？
> 何休曰：「座有罪，故也。」座之罪，甯所未聞。〔註169〕

晉獻公與宋平公皆殺世子，但前者不書葬而後者書葬，義例不一，原因不詳，闕疑。

2. 傳例未詳者

計有三例，例一，《春秋》隱公九年春：「天王使南季來聘。」《穀梁傳》云：「聘諸侯，非正也。」范甯注：

> 《周禮》：天子「時聘以結諸侯之好，殷覜以除邦國之慝，間問以諭諸侯之志，歸脤以交諸侯之福，賀慶以贊諸侯之喜，致禬以補諸侯之災。」許慎曰：「禮：臣病，君親問之。天子有下聘之義。」《傳》曰「聘諸侯非正」，甯所未詳。〔註170〕

天子聘問諸侯見《周禮》明文，《穀梁傳》卻稱「非正」，原因不詳，闕疑。例二，《春秋》莊公元年冬：「齊師遷紀、邢鄑郚。」《穀梁傳》云：「紀，國也。邢鄑郚，國也。或曰：遷紀于邢鄑郚。」范甯注：

> 若齊師遷紀于邢鄑郚，當言「于」以明之，又不應復書地，當如宋人遷宿、齊人遷陽。「或曰」之說，甯所未詳。〔註171〕

〔註166〕〔唐〕楊士勛：《春秋穀梁傳注疏》，卷3，頁10。

〔註167〕見《春秋》桓公元年冬十月《穀梁傳》文。

〔註168〕〔唐〕楊士勛：《春秋穀梁傳注疏》，卷14，頁59。

〔註169〕〔唐〕楊士勛：《春秋穀梁傳注疏》，卷17，頁71。

〔註170〕〔唐〕楊士勛：《春秋穀梁傳注疏》，卷2，頁7。

〔註171〕〔唐〕楊士勛：《春秋穀梁傳注疏》，卷5，頁16。

紀是國名，但邢鄙鄷部是國名或地名則有不同之說。《穀梁傳》所引「或曰」認為邢鄙鄷部是地名；但范甯認為遷例不書地名，且邢鄙鄷部若是地名，則前亦應有「于」字，所以對於「或曰」之說未詳，闕疑。例三，《春秋》哀公二年夏：「晉趙鞅帥師，納衛世子蒯聵于戚。」《穀梁傳》云：「納者，內弗受也。帥師而後納者，有伐也。何用弗受也？以輒不受也。以輒不受父之命，受之王父也。信父而辭王父，則是不尊王父也。其弗受，以尊王父也。」范甯注：

　　　甯不達此義。〔註172〕

按《春秋》定公十四年秋「衛世子蒯聵出奔宋」，但其父衛靈公未曾廢之，仍為世子。靈公去世，蒯聵返國而弗受，是因衛國內亂，並非其子輒「從王父之言，《傳》似失矣」〔註173〕。誠如范甯〈春秋穀梁傳序〉云：「以拒父為尊祖，是為子可得而叛也。……若此之類，傷教害義，不可強通者也。」〔註174〕所以闕疑。

3.《禮記》未詳者

計有一例，如《春秋》僖公八年秋七月：「禘于大廟。」范甯注：

　　　〈雜記下〉曰：「孟獻子曰：『七月日至，可以有事于祖。』七月而禘，獻子為之。」案：宣九年「仲孫蔑如京師」，於是獻子始見經，襄十九年卒。然則失禮非獻子所始明矣。〈雜記〉之云，甯所未詳。

〔註175〕

魯僖公八年秋七月舉行禘祭為失禮，《禮記·雜記下》稱七月舉行禘祭始於孟獻子，但僖公在位時獻子尚未出生，所以范甯對於此說未詳，闕疑。

4. 鄭玄釋義未詳者

計有二例，例一，《春秋》莊公三十二年秋七月癸巳：「公子牙卒。」范甯注：

　　　牙、慶父同母弟。何休曰：「傳例大夫不日卒，惡也。牙與慶父共淫哀姜，謀殺子般，而日卒，何也？」鄭君釋之曰：「牙，莊公母弟，不言弟，其惡已見，不待去日矣。」甯案：傳例諸侯之尊，弟兄不得以屬通，蓋以禮諸侯絕朞，而臣諸父昆弟稱昆弟，則是申其私親

〔註172〕〔唐〕楊士勛：《春秋穀梁傳注疏》，卷20，頁85。
〔註173〕見范甯注引江熙曰。〔唐〕楊士勛：《春秋穀梁傳注疏》，卷20，頁85。
〔註174〕〔唐〕楊士勛：《春秋穀梁傳注疏》，卷首，頁3。
〔註175〕〔唐〕楊士勛：《春秋穀梁傳注疏》，卷7，頁31。

也。宣十七年：「公弟叔肸卒。」《傳》曰：「其曰公弟叔肸，賢之也。」

然則不稱弟，自其常例耳。鄭君之説，某〔註176〕所未詳。〔註177〕

所引「何休曰」出自《穀梁廢疾》，「鄭君釋之曰」則係鄭玄《起廢疾》之語。按「大夫不日卒惡也」是《穀梁傳》所發明義例〔註178〕，公子牙作惡多端，應卒不書日，經文卻書日，以致遭何休質疑。鄭玄爲《穀梁傳》辯護，認爲公子牙不稱爲魯莊公之弟，已見其惡，所以不必再卒不書日。但范甯認爲國君之弟本來就不稱弟，不稱弟爲常例，稱弟反而是稱許的特例，亦即鄭玄之説不足以反駁何休，所以范甯表示未詳，闕疑。例二，《春秋》昭公十二年冬：「晉伐鮮虞。」《穀梁傳》云：「其曰晉，狄之也。其狄之，何也？不正其與夷狄交伐中國，故狄稱之也。」范甯注：

何休曰：「《春秋》多與夷狄並伐，何以不狄也？」鄭君釋之曰：「晉不見因會以綏諸夏，而伐同姓，貶之可也。狄之大重，晉爲厥慭之會，實謀救蔡，以八國之師而不救，楚終滅蔡，今又伐徐，晉不糾合諸侯以遂前志，舍而伐鮮虞，是楚而不如也，故狄稱之焉。」厥慭之會，《穀梁》無傳，鄭君之説似依《左氏》，甯所未詳，是《穀梁》意非。〔註179〕

按《春秋》昭公十一年秋：「季孫意如會晉韓起、齊國弱、宋華亥、衛北宮佗、鄭罕虎、曹人、杞人于厥慭。」《穀梁傳》無説。《左傳》云：「會于厥慭，謀救蔡也。」鄭玄雖爲《穀梁傳》辯護，但其説來自《左傳》，所以范甯表示未詳，闕疑。

三、許桂林模式

清儒許桂林（1779～1822 年）篤信穀梁學，認爲《春秋》書法以時月日爲例，諸家發明時月日例則以《穀梁傳》最爲詳備，先儒卻「多譏爲迂妄」〔註180〕，於是作《春秋穀梁傳時月日書法釋例》四卷。持平而論，後儒專門發明《穀梁傳》時月日例者，首推許桂林，其模式考述如下：

〔註176〕 「某」，原作「其」。阮元云：「閩、監、毛本『其』作『某』是也。」從其校
　　　　改。〔清〕阮元：〈穀梁注疏卷六校勘記〉，《春秋穀梁傳注疏》，卷6，頁26。
〔註177〕 〔唐〕楊士勛：《春秋穀梁傳注疏》，卷6，頁25。
〔註178〕 《春秋》隱公元年冬十二月：「公子益師卒。」《穀梁傳》云：「大夫日卒，正
　　　　也；不日卒，惡也。」
〔註179〕 〔唐〕楊士勛：《春秋穀梁傳注疏》，卷17，頁72。
〔註180〕 〔清〕許桂林：《春秋穀梁傳時月日書法釋例》（臺北：新文豐出版公司，1985
　　　　年1月，《叢書集成新編》，冊109），卷1，頁1。

（一）區分《穀梁傳》時月日例為通例、專門例與傳外餘例以明體例

按許桂林《春秋穀梁傳時月日書法釋例》四卷體例：

卷一〈總論〉，為其自序。首論《穀梁傳》有功於經者三端，其次辨駁宋代趙匡、劉敞、元代程端學、汪克寬、清代顧棟高諸儒之說，末論《春秋》三傳異同。

卷二〈提綱〉，舉其大綱。凡三十一條：1.「《春秋》書時月日，有正例；不用正例者，或謹之，或危之，或美之，或惡之，或備之，或略之，或著之，或非之，或信之，或閔之。」2.「雖無事，必書正月；不自正，則不書；非正始，則不書。」3.「雖無事，必書夏四月、秋七月、冬十月。」4.「閏月不書，朝於廟則書，喪以閏數則書。」5.「日事遇朔曰朔，遇晦曰晦。」6.「即位不書日；書日，謹之也，著之也。」7.「公如，往時致時，正也；往時致月，危致；往月致時，危往；往月致月，有懼焉爾，又曰惡之也；非如而曰如，則亦書月。朝時，正也；惡之，故謹而月之。致天子而朝，則謹而日之，又不繫月也。覜亦朝類也，惡之，則謹而日之。」8.「盟渝不日，卑者之盟不日，前定之盟不日，外盟不日。而參盟之始，謹而日之；內不與，而其盟善，亦謹而日之。齊桓之盟不日，雖內與，亦不日，信之也。葵邱之盟日，美之也，備之也。」9.「郊不時，則書時月，甚則書日。烝不時，又瀆祭，則書時月日；嘗不時，又不敬，則書時月日。」10.「大閱以崇武，謹而日之。」11.「侵時，惡之，故謹而日之。」12.「戰書日。日，其戰也；日，其悉也。」13.「敗不日，疑戰也；其日，成敗之也。夷狄不日。」14.「潰例月，甚則日；惡之，故謹而日之。」15.「日入，惡入者也。」16.「取邑不日；不正之，則謹而日之。」17.「滅國不日，微國也；又曰中國日，卑國月，夷狄時。滅夷狄而書月，其君賢也。滅中國而書時，非滅也。」18.「日入，惡入者也。」19.「日歸，見知弒也，亦惡之也。」20.「大夫出奔，謹而日之，正其罪而日之。」21.「諸侯日卒，正也；出行未踰竟，亦書日；踰竟，則不日。夷狄不卒，卒而不日；進之，則日；時卒，惡之也。子卒日，正也；不日，故也；有所見，則日。大夫日卒，正也；不日卒，惡也。」22.「天子志崩不志葬；志葬，危不得葬也；日之，甚矣。諸侯葬時，正也；月葬，故也；日葬，故也，為不得葬也；而為賢者崇，亦書日。弒君賊不討，不葬；而子弒父者，不忍使父失民於子，亦月葬；非弒，則時葬。內女不日卒而月葬，閔之也。」23.「弒，

謹而日之；未成爲君，不日。中國子弑不日，夷之也。夷狄子弑日，謹之也。」24.「殺諸侯稱月；稱日，謹之也。殺亂臣賊子書月，謹之也。」25.「日食晦，言日不言朔；食二日，言朔不言日；夜食，不言朔不言日；言日言朔，食正朔也。」26.「旱時，正也。雩月，正也；雩不月而時，非之也。」27.「地震，謹而日之。山崩書日，重其變也；有崩道，則不日。」28.「大災異日，次月，次時。」29.「蟲災，甚則月，不甚則時。」30.「書時，略也；書月日，詳矣；書昔，書夜中，書日中，書日下稷，蓋非常之至也。」31.「月或書夏五而不云月，日或連書甲戌、己丑，闕文，或傳疑也。」〔註181〕其中15.與18.雖字面相同，但前者爲「滅入之入」，後者爲「出入之入」〔註182〕。

卷三〈述傳〉，析其子目。凡二十九例：1.正月例，2.夏四月秋七月冬十月例，3.閏月例，4.朔晦例，5.即位例，6.公如例，7.朝例，8.盟例，9.郊例，10.烝嘗例，11.嘉禮例，12.大閱例，13.侵例（附伐例），14.戰例，15.敗例，16.潰例，17.入例，18.取例，19.滅例，20.入例，21.歸例，22.奔例，23.卒葬例，24.弑例，25.殺例（附用例），26.日食例，27.旱雩例（附不雨例、雨例），28.災異例，29.傳疑例。其中17.與20.皆爲入例，但前者爲「滅入之入」，後者爲「出入之入」〔註183〕。此二十九例即爲《穀梁傳》專門例。

卷二〈提綱〉與卷三〈述傳〉一爲綱一爲目，但部分有綱而無目者（列於〈提綱〉而不列於〈述傳〉），因爲許桂林「以其爲全書之通例」〔註184〕。經對照之後，發現有綱而無目者僅〈提綱〉1.「《春秋》書時月日，有正例；不用正例者，或謹之，或危之，或美之，或惡之，或備之，或略之，或著之，或非之，或信之，或閔之。」是爲《穀梁傳》通例。

卷四〈傳外餘例〉，「則以傳無明文而僅見於范注者，附之於後」〔註185〕。凡三十三例：1.夫人如例，2.外相朝例，3.聘例，4.會例，5.平例，6.遇例，7.夫人饗例，8.王使例，9.歸例，10.宗廟例，11.祭祀例，12.逆女例，13.送女例，14.狩例，15.城例，16.伐例，17.圍例，18.克例，19.救例，

<hr>

〔註181〕〔清〕許桂林：《春秋穀梁傳時月日書法釋例》，卷2，頁1～3。
〔註182〕參照羅士琳跋關於〈述傳〉第十七、二十例自注。〔清〕許桂林：《春秋穀梁傳時月日書法釋例》，卷末，頁1。
〔註183〕見羅士琳跋。〔清〕許桂林：《春秋穀梁傳時月日書法釋例》，卷末，頁1～2。
〔註184〕見羅士琳跋。〔清〕許桂林：《春秋穀梁傳時月日書法釋例》，卷末，頁2。
〔註185〕見羅士琳跋。〔清〕許桂林：《春秋穀梁傳時月日書法釋例》，卷末，頁1～2。

20. 遷例，21. 諸侯奔例，22. 諸侯歸例，23. 執例，24. 立例，25. 公薨例，26. 夫人薨例，27. 周大夫卒例，28. 內女卒例，29. 賵例，30. 有年例，31. 大水例，32. 內災例，33. 外災例。其中 9. 歸例爲「歸地之例，與〈提綱〉、〈述傳〉入歸之例不同」〔註186〕。

（二）藉由《春秋》闕文以辨正時月日例

《春秋》有闕文，溯其形成原因，主要有二說：一是宋代呂大圭（1227～1275 年）所主張，闕文是聖人筆削的「特筆」〔註187〕；二是元代趙汸（1319～1369 年）所主張，闕文是聖人「存策書之大體」〔註188〕，魯史原貌即如此。但《春秋》修作完成後，在傳鈔過程中仍有脫誤的可能，如「張晏謂《春秋》萬八千字，李燾謂今闕一千二百四十八字」〔註189〕，如何判讀闕文，事關《春秋》以一字爲褒貶的微言大義，亦是歷來諸儒爭辯不已的問題。許桂林云：

> 春王正月、秋七月，《穀梁》皆有傳；而桓四年、七年無秋冬，昭十
> 年、定十四年不書冬，莊二十二年書夏五月而無事，乃不發傳言其
> 故，知此實作《傳》後缺文。程端學疑《春秋》多孔子修成後所缺，
> 以駁《穀梁》日月例，於理難通。桂林以《穀梁》無傳者證爲作《傳》
> 後所缺，於事較確。而先儒謂桓無秋冬貶其篡立，莊書夏五月譏娶
> 讎女，昭不書冬在娶孟子之歲，謬悠之說不攻自破。〔註190〕

以上諸例闕文，元儒程端學（1278～1334 年）認爲是《春秋》修成後所缺，質疑《穀梁傳》是依據殘缺不全的經文以發明時月日例。許桂林則予反駁，認爲以上諸例不僅缺時月日或經文，連闡釋義例的傳文亦缺，可知以上諸例是《穀梁傳》成書後所缺；亦即《穀梁傳》成書時，諸條經文是完整的。許桂林不贊成依據闕文妄發義例，因爲以上諸例既缺時月日、經文、傳文，豈可得知經義爲何，所發義例只是「謬悠之說」罷了。

另有儒者誤以時月日例不書月日者爲闕文，許桂林云：

> 《穀梁》例，災異甚則月，不甚則時。僖二十九年秋「大雨雹」，季

〔註186〕見羅士琳跋關於〈傳外餘例〉第九例自注。〔清〕許桂林：《春秋穀梁傳時月日書法釋例》，卷末，頁 2。

〔註187〕〔宋〕呂大圭：《春秋五論》（臺北：臺灣大通書局，1969 年 10 月，《通志堂經解》，冊 23），頁 13。

〔註188〕〔元〕趙汸：〈春秋集傳序〉，《春秋集傳》，卷首，頁 7。

〔註189〕〔清〕許桂林：《春秋穀梁傳時月日書法釋例》，卷 1，頁 1。

〔註190〕〔清〕許桂林：《春秋穀梁傳時月日書法釋例》，卷 1，頁 1。

本謂不書月日爲闕文，棟高亦信之，以爲豈經一時皆雨雹。然則隱二年春「公會戎於潛」，經一時皆會戎乎？五年春「公觀魚於棠」，經一時皆觀魚乎？以此類推，《春秋》闕文殆居其半。……三傳各相傳受，而經文不同者，不過人名、……地名……之類，而最易訛誤脫落之月日，三傳皆同，其無脫誤審矣。〔註191〕

由於《春秋》三傳不書月日者皆同，可見並未脫誤，乃屬時月日例的書法，不是闕文。因此，皮錫瑞讚許許桂林藉由《春秋》闕文辨正時月日例，爲「有功於《穀梁》，與劉逢祿有功於《公羊》相等」〔註192〕。

（三）引駁《公羊傳》、范甯注以釋時月日例

據阮元（1764～1849 年）指出，許桂林《春秋穀梁傳時月日書法釋例》「有引《公羊》互證者，有駁《公羊》而專主者」〔註193〕。但除了引駁《公羊傳》例占多數之外，尚有引駁范甯注若干例，一併略述如下：

1. 引《公羊傳》與《穀梁傳》互證者

許桂林認爲，《穀梁傳》「與《公羊》爲同門，各自爲傳，而詳略亦復相備」〔註194〕，所以二傳得以相互參證。如入例，《春秋》隱公八年春三月庚寅：「我入邴。」《穀梁傳》云：「入者，內弗受也。日入，惡入者也。」《公羊傳》云：「其言入何？難也。其日何？難也。其言我何？言我者，非獨我也，齊亦欲之。」許桂林案：

前入陳、入楚，爲入於彼之人：此入邴，爲入於我之人，故別錄焉。

《公羊》別發難也一例，與《穀》不悖，而可相輔。〔註195〕

按《春秋》宣公十一年冬十月丁亥：「楚子入陳。」《穀梁傳》云：「入者，內弗受也。日入，惡入者也。」《春秋》定公四年冬十一月庚辰：「吳入楚。」《穀梁傳》云：「日入，易無楚也。」許桂林將「入陳」、「入楚」與此例「入邴」作比較，前二者爲他國入侵，後者爲我魯國入侵，但《穀梁傳》釋「入邴」並無新意，而《公羊傳》則注意及此，別發一例，所以可與《穀梁傳》相輔。

〔註191〕〔清〕許桂林：《春秋穀梁傳時月日書法釋例》，卷1，頁2～3。
〔註192〕〔清〕皮錫瑞：《經學通論》（臺北：河洛圖書出版社，1974 年 12 月），頁 53。
〔註193〕見阮元序。〔清〕許桂林：《春秋穀梁傳時月日書法釋例》，卷首，頁 1。
〔註194〕〔清〕許桂林：《春秋穀梁傳時月日書法釋例》，卷1，頁6。
〔註195〕〔清〕許桂林：《春秋穀梁傳時月日書法釋例》，卷3，頁21～22。

2. 駁《公羊傳》而專主《穀梁傳》者

許桂林認為，「《穀梁》之義多正，《公羊》之論多偏，蓋以《穀梁》為正傳，《公羊》為外傳」〔註196〕，所以二傳釋例互異時，原則上是贊同《穀梁傳》之說為主。如不雨例，《春秋》文公二年夏：「自十有二月不雨，至于秋七月。」《穀梁傳》云：「歷時而言不雨，文不憂雨也。不憂雨者，無志乎民也。」《公羊傳》云：「何以書？記異也。大旱以災書，此亦旱也，曷為以異書？大旱之日短而云災，故以災書；此不雨之日長而無災，故以異書也。」許桂林案：

> 《公羊》此義與《穀梁》異，不如《穀梁》為長。《穀梁》說最足證
> 日月為襃貶義例之所在也。〔註197〕

《穀梁傳》對於長期不雨的解釋是魯文公不關心民生，而《公羊傳》只是就災日長短作用詞分析，所以許桂林認為《穀梁傳》較優。但《穀梁傳》並非盡優，如晦例，《春秋》僖公十五年秋九月己卯晦：「震夷伯之廟。」《穀梁傳》云：「晦，冥也。」《公羊傳》云：「晦者何？冥也。……何以書？記異也。」又《春秋》成公十六年夏六月甲午晦：「晉侯及楚子、鄭伯戰于鄢陵。」《穀梁傳》云：「日事遇晦曰晦。」《公羊傳》云：「晦者何？冥也。何以書？記異也。」許桂林案：

> 《公羊》兩傳皆云：「晦者何？冥也。何以書？記異也。」《穀梁》
> 此云：「日事遇晦曰晦。」己卯晦亦云：「晦，冥也。」自亂其例，
> 最為可惜。〔註198〕

「晦例」二條，《公羊傳》釋例相同，《穀梁傳》釋例卻各異，所以許桂林認為《穀梁傳》「自亂其例」，以《公羊傳》為優僅此一例。

3. 引范甯注為證者

如朝例，《春秋》隱公十一年春：「滕侯、薛侯來朝。」《穀梁傳》云：「諸侯來朝時，正也。」許桂林案：

> 朝時，正也。……實來，以畫我，書月。實來，范注云：「來朝例時；
> 月者，謹其無禮。」是也。〔註199〕

〔註196〕〔清〕許桂林：《春秋穀梁傳時月日書法釋例》，卷1，頁6。
〔註197〕〔清〕許桂林：《春秋穀梁傳時月日書法釋例》，卷3，頁45。
〔註198〕〔清〕許桂林：《春秋穀梁傳時月日書法釋例》，卷3，頁5。
〔註199〕〔清〕許桂林：《春秋穀梁傳時月日書法釋例》，卷3，頁8～9。

按《春秋》桓公六年春正月：「寔來。」《穀梁傳》云：「寔來者，是來也。何謂是來？謂州公也。其謂之是來，何也？以其畫〔註200〕我，故簡言之也。諸侯不以過相朝也。」諸侯來朝例書時，但過境不必相朝。州公過魯境卻來朝，不合禮法，所以書月。許桂林引范甯注，證明州公「以過相朝」爲無禮。

4. 駁范甯注者

如弒例，《春秋》文公元年冬十月丁未：「楚世子商臣弒其君髡。」《穀梁傳》云：「目髡之卒，所以謹商臣之弒也。夷狄不言正不正。」范甯注：「徐乾曰：『中國君卒，正者例日，篡立不正者不日；夷狄君卒，皆略而不日，所以殊夷夏也。』」〔註201〕許桂林案：

> 注疏於弒例多引卒例爲說，弒豈可與卒爲例，此不可通之甚也。
> 〔註202〕

卒例、弒例互不可通，范甯卻引徐乾卒例之說以釋弒例，所以遭許桂林駁斥。

四、劉師培模式

劉師培先生（1884～1919年）以《左傳》名家，其曾祖孟瞻公因不滿《左傳》古義陋於杜預，曾「掇拾賈、服、鄭三君之注，疏通證明，作《左傳舊注疏證》，上徵子駿、叔重之師說，近采顧、惠、焦、洪之遺編，末下己意以定從違」〔註203〕。先生受家學淵源影響，對於杜預等後儒批評劉、賈、許、潁諸儒「雜入《公》、《穀》之說，爲自淆家法」，頗不以爲然，認爲「實則《左氏》自有其義」，且「杜氏既尊『五十凡』爲周公所制，而其釋例又不依傳文以爲說，自創科條，支離繳繞，乃是杜氏之例，非《左氏》之例」〔註204〕；並進一步指出，「杜說之誤，屬於訓詁典制者，其失小，屬於義例者，其失巨」〔註205〕，其義例之失計二十端：1.「以經傳爲誤」，2.「經闕」，3.「經倒文」，4.「傳寫失之」，5.「无義例」，6.「經直因史成文，經用舊史」，7.「書法一彼

〔註200〕 鍾文烝注：「畫者，即下句『以過相朝』是也。」〔清〕鍾文烝：《春秋穀梁傳注疏》（北京：中華書局，2009年5月），卷3，頁96。

〔註201〕 〔唐〕楊士勛：《春秋穀梁傳注疏》，卷10，頁40。

〔註202〕 〔清〕許桂林：《春秋穀梁傳時月日書法釋例》，卷3，頁39。

〔註203〕 劉師培：《讀左箚記》（臺北：華世出版社，1975年4月，《劉申叔先生遺書》，冊1），頁1。

〔註204〕 劉師培：《讀左箚記》，頁18～19。

〔註205〕 劉師培：《春秋左氏傳傳注例略》（臺北：華世出版社，1975年4月，《劉申叔先生遺書》，冊1），頁4。

一此，並仍史舊」，8.「史言其實，所書非例」，9.「史特書」，10.「史異詞」，11.「史略文」，12.「史缺文」，13.「史失之」，14.「經不書，因史舊法」，15.「史承告詞書策，《春秋》承策爲經」，16.「告詞略」，17.「書名不書名，從赴」，18.「以某事告，故時，史因以爲文」，19.「外事不書，悉由不赴」，20.「內事不書，悉由不告廟」〔註206〕。於是作《春秋左氏傳古例詮微》、《春秋左氏傳傳例解略》、《春秋左氏傳傳注例略》、《春秋左氏傳例略》、《春秋左氏傳時月日古例考》、《讀左簡記》、《春秋左氏傳答問》諸書，以傳承《左傳》漢儒舊說。茲就其所發明義例模式考述如下：

（一）引《左傳》勘經

劉師培先生云：

> 同一事實，成、襄以前，惟書於傳；成、襄以後，斯著於經。引傳勘經，知昭義例。〔註207〕

此說是劉師培先生之見，發現《春秋》與《左傳》對於同一事實的記錄規則，可以魯成公、襄公爲界線，成公之前傳書者經不書，襄公之後傳書者經亦書。例如：

1. 成例

例一，《左傳》成公十一年冬：「華元如楚，遂如晉，合晉、楚之成。」宋大夫斡旋晉、楚兩國言和，事在魯成公之時，傳書而經不書。例二，《春秋》襄公二十七年夏：「叔孫豹會晉趙武、楚屈建、蔡公孫歸生、衛石惡、陳孔奐、鄭良霄、許人、曹人于宋。」秋七月辛巳：「豹及諸侯之大夫盟于宋。」《左傳》襄公二十七年夏：「宋向戌善於趙文子，又善於令尹子木，欲弭諸侯之兵以爲名。如晉，……晉人許之。如楚，楚亦許之。如齊，……齊人許之。告於秦，秦亦許之。皆告於小國，爲會於宋。」秋七月辛巳：「將盟於宋西門之外。」乙酉：「宋公及諸侯之大夫盟于蒙門之外。」宋大夫向戌號召諸侯弭兵，事在魯襄公之時，傳書而經亦書。

2. 亂例

例一，《左傳》莊公十九年夏：「王奪子禽、祝跪與詹父田，而收膳夫之秩，故蒍國、邊伯、石速、詹父、子禽、祝跪作亂，因蘇氏。」秋：「五大夫

〔註206〕劉師培：《春秋左氏傳傳注例略》，頁 4。

〔註207〕劉師培：《春秋左氏傳傳注例略》，頁 1。

奉子頹以伐王，不克，出奔溫。蘇子奉子頹以奔衛。衛師、燕師伐周。」周惠王時，五位大夫作亂，並奉王子頹以伐王，事在魯莊公之時，即成公之前，傳書而經不書。例二，《左傳》僖公十一年夏：「揚、拒、泉、皋、伊、雒之戎同伐京師，入王城，焚東門，王子帶召之也。秦、晉伐戎以救周。」周襄王時，王子帶勾結戎族攻打京師，事在魯僖公之時，即成公之前，亦傳書而經不書。例三，《春秋》昭公二十二年夏六月：「叔鞅如京師葬景王。王室亂。」《左傳》昭公二十二年夏六月丁巳：「葬景王。王子朝因舊官百工之喪職秩者，與靈、景之族以作亂。」葬周景王時，王子朝作亂，事在魯昭公之時，即襄公之後，傳書而經亦書。

3. 楚滅諸夏書卿例

例一，《春秋》成公十七年冬：「楚人滅舒庸。」《左傳》成公十七年冬：「舒庸人以楚師之敗也，道吳人圍巢、伐駕、圍釐虺，遂恃吳而不設備。楚公子橐師襲舒庸，滅之。」楚滅舒庸，事在魯成公之時，傳書楚卿而經不書。例二，《春秋》襄公二十五年秋八月：「楚屈建帥師滅舒鳩。」《左傳》襄公二十五年秋七月：「舒鳩人卒叛，楚令尹子木伐之。……遂圍舒鳩，舒鳩潰。」八月：「楚滅舒鳩。」楚滅舒鳩，事在魯襄公之時，經、傳皆書楚卿。但有例外者，如《春秋》宣公八年夏六月：「楚人滅舒蓼。」《左傳》宣公八年夏：「楚為眾舒叛故，伐舒蓼，滅之。」楚滅舒蓼，事在魯宣公之時，即成公之前，經、傳皆不書楚卿，與例不合。又如《春秋》昭公四年秋七月：「楚子、蔡侯、陳侯、許男、頓子、胡子、沈子、淮夷伐吳。……遂滅賴。」《左傳》昭公四年秋七月：「楚子以諸侯伐吳。」八月：「遂以諸侯滅賴。」楚滅賴，事在魯昭公之時，即襄公之後，經、傳皆不書楚卿，亦與例不合，此例劉師培先生諒係失察。

4. 晉滅夷狄書卿例

例一，《春秋》宣公十五年夏六月癸卯：「晉師滅赤狄潞氏，以潞子嬰兒歸。」《左傳》宣公十五年夏六月癸卯：「晉荀林父敗赤狄于曲梁。」辛亥：「滅潞。」晉滅潞，事在魯宣公之時，即成公之前，傳書晉卿而經不書。例二，《春秋》昭公十七年秋八月：「晉荀吳帥師滅陸渾之戎。」《左傳》昭公十七年秋九月丁卯：「晉荀吳帥師，涉自棘津，使祭史先用牲于雒，陸渾人弗知，師從之。」庚午：「遂滅陸渾。」晉滅陸渾，事在魯昭公之時，即襄公之後，經、傳皆書晉卿。

以上諸例，劉師培先生認爲「比類以觀，可以知其微旨矣」〔註208〕。

（二）詮《左傳》古例

劉師培先生認爲，「漢儒治《左氏》者劉、賈、許、穎，均以義例說經，而大義略符」〔註209〕，於是融合漢儒之說，並加以己意，略分爲六例：時月日例、名例、禮例、地例、事例、詞例。茲就前三例說明如下：

1. 時月日例

劉師培先生云：

> 時月日例，三傳所同。……經有不待褒貶而善惡見者，此類是也。
> 〔註210〕

時月日例不是《公羊傳》與《穀梁傳》的專例，《左傳》古經師說亦是藉由時月日例以發明經文中隱含的善惡意涵，如《春秋》文公八年冬十月丙戌：「公孫敖奔莒。」賈逵曰：「日者，以罪廢命，大討也。」〔註211〕即是。又云：

> 內災所生，書月書時，經視憂勤爲判，微詞豐旨，隨事約文，宪其
> 正變，罔弗輪孚，非徒紀遠近、明先後，上律天時已也。〔註212〕

如《春秋》桓公十四年秋八月壬申：「御廩災。」乙亥：「嘗。」《左傳》云：「書不害也。」魯國糧倉發生大火，但魯桓公認爲損害不大，照常舉行秋祭，所以《春秋》書時書月書日雖然文詞簡約，卻是用以區分政者勤政與否，其中有豐富的意涵，不僅是記其事的遠近、先後、天時而已。又云：

> 至於典儀備闕、約劑詳易、鈞識所資，亦咸入例。〔註213〕

如劉、賈、許、穎云：「日月詳者弔贈備，日月畧者弔有闕。」〔註214〕賈逵、許淑曰：「盟載詳者，日月備；易者，日月略。」〔註215〕所以有關典儀是否完備、盟約是否詳盡、記事是否重要，皆可以時月日例表達。

〔註208〕劉師培：《春秋左氏傳傳注例略》，頁1。

〔註209〕劉師培：《春秋左氏傳傳注例略》，頁3。

〔註210〕劉師培：《春秋左氏傳古例詮微》（臺北：華世出版社，1975年4月，《劉申叔先生遺書》，冊1），頁11～12。

〔註211〕〔晉〕杜預：《春秋釋例》（臺北：臺灣中華書局，1970年3月），卷1，頁12。

〔註212〕劉師培：《春秋左氏傳古例詮微》，頁11。

〔註213〕劉師培：《春秋左氏傳古例詮微》，頁11。

〔註214〕〔晉〕杜預：《春秋釋例》，卷3，頁3。

〔註215〕〔晉〕杜預：《春秋釋例》，卷1，頁12。

2. 名例

名例是用以褒貶進退，劉師培先生云：

> 《春秋》隨稱而書，此恆例也。若或賤從貴稱，斯爲進例，傳例所署，曰嘉、曰貴、曰珍。貴從賤稱，斯爲退例，傳例所揭，曰賤、曰疾、曰尤。〔註216〕

以上將名例分爲三類：一是隨稱而書的恆例〔註217〕，無所謂褒貶進退，無須多作說明。二是賤從貴稱的進例〔註218〕，例一，《春秋》莊公二十五年春：「陳侯使女叔來聘。」《左傳》云：「始結陳好也，嘉之，故不名。」陳大夫女叔始來結二國之好，爲了表示嘉之，所以書字不書名。例二，《春秋》文公十四年秋九月：「宋子哀來奔。」《左傳》云：「宋高哀爲蕭封人，以爲卿，不義宋公而出，遂來奔。書曰：『宋子哀來奔。』貴之也。」宋卿子哀認爲國君不義而來奔魯國，爲了表示貴之，所以書字不書名。例三，《春秋》文公八年冬十月壬午：「公子遂會晉趙盾，盟于衡雍。」乙酉：「公子遂會雒戎，盟于暴。」《左傳》云：「書曰『公子遂』，珍之也。」魯公子遂與晉、雒戎二國結盟，有利於社稷，爲了表示珍之，所以書公子遂。三是「貴從賤稱」的退例，例一，《春秋》桓公七年夏：「穀伯綏來朝。鄧侯吾離來朝。」《左傳》云：「穀伯、鄧侯來朝，名，賤之也。」穀伯、鄧侯來朝而無禮，爲了表示賤之，所以書名。例二，《春秋》隱公三年秋：「翬帥師會宋公、陳侯、蔡人、衛人伐鄭。」《左傳》云：「諸侯復伐鄭，宋公使來乞師，公辭之。羽父請以師會之，公弗許，固請而行。故書曰『翬帥師』，疾之也。」魯公子翬不顧隱公反對，堅持會合諸侯再度伐鄭，爲了表示疾之，所以書翬不書公子。例三，《春秋》襄公三十年冬：「晉人、齊人、宋人、衛人、鄭人、曹人、莒人、邾人、滕人、薛人、杞人、小邾人會于澶淵，宋災故。」《左傳》云：「爲宋災故，諸侯之大夫會，以謀歸宋財。冬十月，叔孫豹會晉趙武、齊公孫蠆、宋向戌、衛北宮佗、鄭罕虎及小邾之大夫，會于澶淵，既而無歸於宋，故不書其人。君子曰：『信其不可不慎乎！澶淵之會，卿不書，不信也。……。』書曰『某人某人會于澶淵』，宋災故，尤之也。」各國大夫會於澶淵言商如何救濟宋國火災，竟然毫無結果，爲了表示尤之，所以書人不書大夫或卿。

〔註216〕劉師培：《春秋左氏傳古例詮微》，頁12～13。
〔註217〕劉師培：《春秋左氏傳古例詮微》，頁12。
〔註218〕劉師培：《春秋左氏傳古例詮微》，頁12。

3. 禮例

劉師培先生云：

> 先儒説經，並云「經約《周禮》」。……正變之禮不明，則《春秋》
> 之義不著。〔註219〕

《春秋》是一部崇尚周代禮法爲主的典籍，禮例有正有變，必須分辨何者爲正例，何者爲變例，才能明白《春秋》大義所在。所以劉師培先生近一步指出經書正變的形式有二：一是「書經爲恆，弗書爲變」〔註220〕，以國君喪葬爲例，如《春秋》隱公十一年冬十一月壬辰：「公薨。」《左傳》云：「有死者，不書葬，不成喪也。」國君去世，書薨、書葬爲禮法常例，但魯隱公是遭桓公謀弑而亡，根本未舉行正式喪禮，所以不書葬，爲禮法變例。二是「恆禮不書，書昭正變」〔註221〕，以治兵爲例，如《春秋》莊公八年春正月甲午：「治兵。」《左傳》云：「治兵于廟，禮也。」諸侯每三年治兵一次〔註222〕，由於《春秋》詳內略外，所以書魯莊公治兵於廟，爲禮法正例，其餘不書則爲變例。至於《左傳》宣公十五年秋七月壬午：「晉侯治兵于稷，以略狄土，立黎侯而還。」晉侯治兵，《春秋》不書，爲禮法正例，書則爲變例。

至於劉、賈、許、潁諸儒説《左傳》時，爲何雜入《公羊傳》與《穀梁傳》之説？其理由有二：一是「《左氏》先師詮解經文各有師説，即與二傳偶合，亦係經例相同」〔註223〕；二是劉向以前「本傳師説未備」，儒者多兼治二傳，所以有「本傳無説取資二傳者」，「要非強附二傳比也」〔註224〕。

（三）以服虔之説考經傳異詞

《春秋》與《左傳》多異詞，劉師培先生認爲，漢儒以「傳書事實，主明經例」〔註225〕，作爲對於經傳異詞的解説；而服虔治《左傳》，集眾家之説，闡發「故訓典制爲詳」〔註226〕，足以考辨經例，舉例如下：例一，《左傳》文公十一年秋：「襄仲聘于宋，且言司城蕩意諸而復之，因賀楚師之不害也。」

〔註219〕劉師培：《春秋左氏傳古例詮微》，頁15～16。
〔註220〕劉師培：《春秋左氏傳古例詮微》，頁15。
〔註221〕劉師培：《春秋左氏傳古例詮微》，頁15。
〔註222〕見《春秋》隱公五年春《左傳》文。
〔註223〕劉師培：《春秋左氏傳傳注例略》，頁3。
〔註224〕劉師培：《春秋左氏傳傳注例略》，頁3。
〔註225〕劉師培：《春秋左氏傳傳注例略》，頁1。
〔註226〕劉師培：《春秋左氏傳傳注例略》，頁3。

服虔云：「反不書者，施而不德。」〔註227〕宋國司城蕩意諸於魯文公八年冬出奔魯國，文公十一年秋歸宋，因其施政無德」，所以其歸宋之事傳有經無，服虔所云即爲解說經例。例二，《春秋》襄公二十六年春二月辛卯：「衛甯喜弒其君剽。」《左傳》云：「殺子叔及太子角。」服虔云：「殺太子角不書，舉重者。」〔註228〕衛大夫殺其國君剽與太子角二人，但經只舉較重要者爲代表，所以不書殺太子角，服虔所云即爲解說經例。例三，《春秋》襄公二十三年夏：「陳殺其大夫慶虎及慶寅。」《左傳》云：「陳侯如楚，公子黃愬二慶於楚，楚人召之，使慶樂往殺之，慶氏以陳叛。夏，屈建從陳侯圍陳。陳人城，板隊而殺人，役人相命，各殺其長，遂殺慶虎、慶寅。」服虔云：「稱國以殺，不成惡人，肆其志也。」〔註229〕陳大夫慶虎與慶寅專權反叛，陳侯前往楚國求援，楚國派兵圍陳，陳國築城工人趁機殺了二慶，經不願惡人惡行得逞，所以不書慶氏以陳叛與楚圍陳，服虔所云即爲解說經例。劉師培先生藉由以上三例，證明「舉凡傳詳經略以及傳有經無者，筆削所昭，莫不著義。」〔註230〕

（四）以劉歆、賈逵之說考時月日例

《春秋》三傳皆有時月日例，其中《公羊傳》與《穀梁傳》相當重視時月日例，不再贅述。至於《左傳》，亦有二例：一是大夫卒例，《春秋》隱公元年多十二月：「公子益師卒。」《左傳》云：「眾父卒，公不與小斂，故不書日。」〔註231〕二是日食例，《春秋》桓公十七年冬十月朔：「日有食之。」《左傳》云：「不書日，官失之也。」又《春秋》僖公十五年夏五月：「日有食之。」《左傳》云：「不書朔與日，官失之也。」

劉師培先生認爲，《左傳》除了發明大夫卒與日食以時月日爲例之外，「餘則隱含弗發，以俟隅反」〔註232〕，於是作《春秋左氏傳時月日古例考》一卷，凡二十五例（元年例、春三月書王例、春三月不書王例、空書時月及時月不

〔註227〕見孔穎達疏引。〔唐〕孔穎達：《春秋左傳正義》（臺北：大化書局，1982 年10 月，《十三經注疏》本），卷 19 下，頁 148。

〔註228〕見孔穎達疏引。〔唐〕孔穎達：《春秋左傳正義》，卷 37 下，頁 287。

〔註229〕見孔穎達疏引。〔唐〕孔穎達：《春秋左傳正義》，卷 35，頁 273。

〔註230〕劉師培：《春秋左氏傳傳注例略》，頁 1。

〔註231〕杜預注：「始死，情之所篤，禮之所崇，故以小斂爲文；至於但臨大斂及不臨喪，亦同不書日。」〔唐〕孔穎達：《春秋左傳正義》，卷 2，頁 16。

〔註232〕劉師培：《春秋左氏傳時月日古例考》（臺北：華世出版社，1975 年 4 月，《劉申叔先生遺書》，冊 1），序目，頁 1。

具例、晦朔例、閏月例、是月例、盟例、會遇例、崩薨卒例、葬例、殺例、出奔及歸入納例、侵伐襲例、戰例、滅入取例、朝覲例、還至例、內外逆女例、執殺例、城築新作例、郊雩烝嘗例、蒐狩例、日食例、內外災變例）。其發明時月日例的原則，「要以劉、賈爲歸，漢說不存，則從缺遺，不復引二傳爲說」〔註233〕。姑舉二例：例一，晦朔例，《春秋》僖公十五年秋九月己卯晦：「震夷伯之廟。」劉師培先生云：

> 《漢書·五行志下之上》云：「劉歆以爲《春秋》及朔言朔，及晦言晦，人道所不及，則天震之。展氏有隱慝，故天加誅於其祖夷伯之廟以譴告之也。成公十六年六月甲午晦「晉侯及楚子、鄭伯戰於鄢陵」，皆月晦云。」就子駿之說繹之。所謂「及朔言朔」、「及晦言晦」者，僅指天災物異言。復舉「六月甲午晦」者，所以明晦均月晦，以別二傳訓冥之說，非謂鄢陵書晦亦「及晦書晦」例也。〔註234〕

此例即以劉歆之說爲依歸，且不引二傳爲說。例二，出奔例，《春秋》文公八年冬十月：「公孫敖如京師，不至而復。」丙戌：「奔莒。」劉師培先生云：

> 杜預《釋例》「大夫卒例」引賈氏曰：「日者，以罪廢命，大討也。」由此誼而推，則出奔之例日月詳者其惡深，日月略者其惡減。〔註235〕

此例即以賈逵之說爲依歸，亦未引二傳爲說。但劉師培先生發明滅入取例時，有邏輯上的疑慮，該例云：

> 滅入取之書於經者，或日，或月，或時。遷邑之例，或時，或月。降例，均時。先儒說佚。以前例推之，疑月日愈詳，其惡益甚；夷狄相併及亡由自取者，則月，月從略，與《穀梁》之例略同。〔註236〕

按所謂「以前例推之」，即指「公孫敖如京師」一事，《穀梁傳》云：「未如而曰如，不廢君命也。……唯奔莒之爲信，故謹而日之也。」賈逵之說與《穀梁傳》偶合。由於後例「先儒說佚」，義例無所依歸，本應依照自訂的原則「從缺遺，不復引二傳爲說」，但劉師培先生未「從缺遺」，反而將後例以前例推之，恐將令人質疑是否合於先儒之意。

〔註233〕 劉師培：《春秋左氏傳時月日古例考》，序目，頁 3。
〔註234〕 劉師培：《春秋左氏傳時月日古例考》，頁 4。
〔註235〕 劉師培：《春秋左氏傳時月日古例考》，頁 7～8。
〔註236〕 劉師培：《春秋左氏傳時月日古例考》，頁 9。

第四節　直解類

　　所謂直解，是指儒者解經以經文爲依歸，不信三傳之説，率以己意爲斷。兩漢公羊、穀梁二家立於學官，專據一傳以治《春秋》；但東漢今學漸衰，古學日盛，治古學者亦兼習今學，各家仍以信守一傳以上爲治《春秋》之本。東晉范甯是第一位同時批評三傳的儒者，云：「《左氏》豔而富，其失也巫；《穀梁》清而婉，其失也短；《公羊》辯而裁，其失也俗。」〔註237〕范甯雖批評《穀梁傳》，但仍以治穀梁學爲本。隋代王通主張「三傳作而《春秋》散」〔註238〕，演變到了唐代中期，盧仝「《春秋》三傳束高閣，獨抱遺經究終始」〔註239〕，不信三傳的思想已然形成。《四庫全書總目》稱「不信三傳之説創於啖助、趙匡」〔註240〕，按啖助、趙匡與盧仝雖爲同時人，但是以取舍三傳義例解經，並非完全不信三傳，屬義例解經模式（詳見本文第三章第二節），與盧仝將三傳束諸高閣是有所不同的。盧仝所作《春秋摘微》應即直解經義，可惜已佚。

　　《四庫全書總目》將宋儒不信三傳者析爲三派：一是「孫復《尊王發微》以下，棄傳而不駁傳者也」；二是「劉敞《春秋權衡》以下，駁三傳之義例者也」；三是「葉夢得《春秋讞》以下，駁三傳之典故者也」〔註241〕。其實孫復《春秋尊王發微》不駁傳，是另有經世之意，本文劃歸於寓言模式起興類（詳見第四章第二節）；劉敞《春秋權衡》雖駁三傳義例，但不廢傳，亦不盡泥傳，仍據義考例，以折衷之，本文劃歸於義例模式取舍三傳類（詳見第三章第二節）；只有葉夢得《春秋讞》意在駁三傳典故，爲本章直解類所要考述的範圍。至於《四庫全書總目》又以元儒程端學「乃兼三派而用之」〔註242〕，本文酌其對於三傳不合於經者，雖主張「直求之經意而辨之」〔註243〕，實際仍以程頤、朱熹之説爲宗，爰劃歸於義理模式折衷類（詳見第七章第三節）。《四庫全書總目》之説不盡可從。

〔註237〕見范甯〈春秋穀梁傳序〉。〔唐〕楊士勛：《春秋穀梁傳注疏》，卷首，頁4。

〔註238〕見王通《中説・天地》。〔隋〕王通：《中説》（臺北：臺灣中華書局，1965年11月，《四部備要》本），卷2，頁6。

〔註239〕〔唐〕韓愈：〈寄盧仝〉，《昌黎先生集》（臺北：臺灣中華書局，1965年11月，《四部備要》本），卷5，頁3～4。

〔註240〕《四庫全書總目》，卷28，頁8。

〔註241〕《四庫全書總目》，卷28，頁8。

〔註242〕《四庫全書總目》，卷28，頁8。

〔註243〕〔元〕程端學：〈春秋本義序〉，《春秋本義》（臺北：臺灣大通書局，1969年10月，《通志堂經解》，冊25），卷首，頁2。

屬於說辨模式直解類者，有宋儒劉易《春秋經解》二卷，張根《春秋指南》，葉夢得《春秋讞》三十卷、《春秋攷》三十卷、《春秋傳》二十卷，劉夙《春秋講義》一卷，范士衡《尊經傳》卷疏不詳，趙鵬飛《春秋經筌》十六卷，黃震《黃氏日抄》七卷；元儒王元杰《春秋讞義》十二卷，梁寅《春秋攷義》十卷；明儒季本《春秋私考》三十六卷，熊過《春秋明志錄》十二卷，朱睦㮮《春秋諸傳辨疑》四卷，郝敬《春秋直解》十五卷、《春秋非左》二卷，高攀龍《春秋孔義》十二卷，周廷求《春秋二十編》三卷，余光、余颺《春秋存俟》十二卷，王寅《春秋自得篇》十二卷；清儒姚際恆《春秋通論》十五卷，牛運震《春秋傳》十二卷，羅典《讀春秋管見》十四卷。

以上葉夢得《春秋讞》、《春秋攷》、《春秋傳》、趙鵬飛《春秋經筌》、黃震《黃氏日抄》、王元杰《春秋讞義》、季本《春秋私考》、熊過《春秋明志錄》、朱睦㮮《春秋諸傳辨疑》、郝敬《春秋直解》、《春秋非左》、高攀龍《春秋孔義》、姚際恆《春秋通論》、牛運震《春秋傳》、羅典《讀春秋管見》尚存，其餘已佚。謹以葉夢得、趙鵬飛、郝敬三人為代表，依序討論。

一、葉夢得模式

宋儒葉夢得（1077～1148 年）鑒於王安石當政時期，「熙寧用事之臣倡為『新經』之說，既天下學士、大夫以談《春秋》為諱」〔註 244〕，於是作《春秋讞》二十二卷、《春秋攷》三十卷、《春秋傳》二十卷、《春秋指要總例》二卷、《石林春秋》八卷，其中只有《春秋傳》流傳至今猶為完書，餘自明以來藏書家皆不著錄，僅《春秋讞》、《春秋攷》散見於《永樂大典》中，尚存十之八九，經四庫館臣排比綴輯，復勒成書。按葉夢得云：「自其《讞》推之，知吾之所正為不妄也，而後可以觀吾《攷》；自其《攷》推之，知吾之所擇為不誣也，而後可以觀吾《傳》。」〔註 245〕可知其思維程序係先《春秋讞》、次《春秋攷》、再次《春秋傳》，爰依序就其解經模式考述如下：

（一）以決獄之法議三傳之罪

葉夢得〈春秋讞序〉云：

〔註 244〕 見真德秀跋。〔宋〕葉夢得：《春秋傳》（臺北：臺灣大通書局，1969 年 10 月，《通志堂經解》，冊 21），卷 20，頁 19。

〔註 245〕 〔宋〕葉夢得：〈春秋攷序〉，《春秋攷》（臺北：新文豐出版公司，1985 年 1月，《叢書集成新編》，冊 110），卷首，頁 2。

以《春秋》爲用法之君，而己聽之。有不盡其辭，則欺民；有不盡
其法，則欺君。凡啖、趙論三家之失爲《辨疑》，劉氏廣啖、趙之遺
爲《權衡》，合二書，正其差誤，而補其疏略，目之曰讞。〔註246〕

葉夢得將《春秋》定位爲「用法之君」，以「讞」爲名，意在議三傳之罪〔註247〕。
《春秋讞》分爲《春秋左傳讞》十卷、《春秋公羊傳讞》六卷、《春秋穀梁傳
讞》六卷，葉夢得自記《左傳》四百四十二條、《公羊傳》三百四十條、《穀
梁傳》四百四十條；但四庫館臣據《永樂大典》所載，參以程端學《三傳辨
疑》，通加檢核，《左傳》缺九十條，《公羊傳》缺六十五條，《穀梁傳》缺八
十四條，已非完帙〔註248〕。《春秋讞》整合唐儒陸淳（啖助、趙匡）《春秋集
傳辨疑》與宋儒劉敞《春秋權衡》攻駁三傳之説，並修正二書的差誤，補足二
書的疏略，以「是正三家之過」〔註249〕。如《春秋》桓公七年夏：「穀伯綏來
朝。鄧侯吾離來朝。」穀伯綏、鄧侯吾離爲何書名呢？《左傳》認爲「賤之」，
《公羊傳》認爲「失地」，《穀梁傳》認爲「失國」。陸淳《春秋集傳辨疑》云：

《左氏》曰：「賤之也。」此説不明，故不取。《公》、《穀》並云：「失
國之君。」趙子曰：「蓋以其書名，故云爾。」據諸失國之君，唯隨
敵以歸者則書名，若奔他國並不書名，則兩國之於例，固非失國明
矣。〔註250〕

陸淳因《左傳》之説不明而不取，並引趙匡之説駁斥《公羊傳》與《穀梁傳》，
認爲穀伯綏、鄧侯吾離並非隨敵以歸，且不是投奔他國的失國之君，所以書
名。又劉敞《春秋權衡》云：

《左氏》曰：「名，賤之也。」杜氏云：「僻陋小國，賤之，禮不足，
故書名。」非也。穀，伯爵；鄧，侯爵。侯、伯之爵豈小哉！……
且先王制禮，不敢遺小國之臣，豈嘗惡其僻陋而賤之哉！此非《春
秋》之意也。〔註251〕

〔註246〕 見陳振孫《直齋書錄解題》引葉夢得〈春秋讞序〉。〔宋〕陳振孫：《直齋書錄
　　　　解題》，卷3，頁59～60。
〔註247〕 「讞」，《說文解字》作「灢」。《說文解字·水部》云：「灢，議辠也。」〔清〕
　　　　段玉裁：《說文解字注》（臺北：黎明文化事業，1984年2月），卷21，頁41。
〔註248〕 《四庫全書總目》，卷27，頁10。
〔註249〕 〔宋〕葉夢得：〈春秋攷序〉，《春秋攷》，卷首，頁1。
〔註250〕 〔唐〕趙匡：《春秋集傳辨疑》（臺北：新文豐出版公司，1985年1月，《叢
　　　　書集成新編》，冊108），卷2，頁22。
〔註251〕 〔宋〕劉敞：《春秋權衡》（臺北：臺灣大通書局，1969年10月，《通志堂經
　　　　解》，冊19），卷2，頁11～12。

劉敞駁斥《左傳》之說，認爲穀伯綏、鄧侯吾離皆有崇高的爵位，不是僻陋小國，所以不是因爲「賤之」而書名。

但《春秋集傳辨疑》、《春秋權衡》二書只是從反面駁斥三傳之說爲非，並未從正面指出穀伯綏、鄧侯吾離書名的原因，於是葉夢得修正二書的差誤，補足二書的疏略，其《春秋公羊傳讞》云：

> 蓋失地之君有以奔來而不能朝者，有不以奔來而能朝者，各以其實書爾。不以奔來而能朝者，猶不失其君，而圖復謂之「寄公」，黎侯寓于衛者是也，故名之。名之者，亦所以別二君也。〔註252〕

所謂「寄公」，見《禮記·喪大記》，是指暫時寄居他國而圖謀復國的失國之君。葉夢得認爲，穀伯綏、鄧侯吾離皆是「寄公」，爲別於其他來朝的國君，所以書名。其《春秋穀梁傳讞》云：「說已見《公羊》。」〔註253〕《春秋左傳讞》則未見其說，而以《春秋公羊傳讞》定三傳之讞。

然而自漢代經學成立以來，只有引《春秋》以決獄，未見以決獄之法治《春秋》。誠如《四庫全書總目》云：「名書以『讞』，於義既爲未允，且左氏、公羊、穀梁皆前代經師，功存典籍，而加以推鞫之目，於名尤屬未安，是則宋代諸儒蔑視先儒之錮習，不可爲訓者耳。」〔註254〕

（二）據周禮考三傳之事與義

葉夢得認爲，古之君子治《春秋》，「不難于攻人之失，而難于正己之非」；而當世治《春秋》者，「或未有得而遽言其失，莫知是而遽詆其非」。所謂失，是指「無當于義」；所謂非，是指「無驗于事」。針對此一古今通病，「必愼乎其所擇」，其方法是據周禮（周代禮制）而求聖人之道，以擇取有當之義與有驗之事〔註255〕。

葉夢得主張：「學《春秋》者，不可不先學禮。」〔註256〕所謂禮，即是指周禮（周代禮制）。又鑒於「《春秋》所記皆非禮」〔註257〕，如五等諸侯封

〔註252〕〔宋〕葉夢得：《春秋公羊傳讞》（臺北：臺灣商務印書館，1986年7月，《景印文淵閣四庫全書》，冊149），卷2，頁8。

〔註253〕〔宋〕葉夢得：《春秋穀梁傳讞》（臺北：臺灣商務印書館，1986年7月，《景印文淵閣四庫全書》，冊149），卷2，頁13。

〔註254〕《四庫全書總目》，卷27，頁10。

〔註255〕〔宋〕葉夢得：〈春秋攷序〉，《春秋攷》，卷首，頁1～2。

〔註256〕〔宋〕葉夢得：《春秋攷》，卷2，頁6。

〔註257〕〔宋〕葉夢得：《春秋攷》，卷11，頁6。

國之數、大小國之軍制、諸侯之邦交世相朝者皆異於《周官》,「知其出于僭亂者之所爲」〔註258〕,而三傳皆失其義,於是撰成《春秋攷》三十卷,以考辨三傳之得失是非。但後世流傳的《周禮》、《儀禮》、《禮記》三書並不等於周禮,因爲周公爲天下所制的周禮已有變亂,「今之《周禮》蓋《周官》,非周禮」〔註259〕;「《禮記》非孔子之書,蓋西漢諸儒雜記所聞,不專主周禮,兼取虞、夏、商制相參」〔註260〕;「惟《儀禮》尚見周公盛時之制」〔註261〕。雖然周禮已不完備,但除了《周禮》、《儀禮》、《禮記》三書之外,別無可求,學者必須「明堯、舜、三代之道與周公、孔子治天下之法」,並愼擇之〔註262〕。

　　例如《春秋》莊公二十四年秋:「公至自齊。」八月丁丑:「夫人姜氏入。」戊寅:「大夫宗婦覿,用幣。」魯莊公前往齊國迎娶哀姜後,先行返魯,夫人哀姜則另行啓程入境,翌日魯國以覿禮安排一場相見儀式,並以幣帛作爲見面的禮物。其中須考辨的問題有二:

　　第一個問題,「大夫宗婦」參加相見儀式,是指大夫之宗婦,或大夫與宗婦?《公羊傳》云:「宗婦者何?大夫之妻也。」是指大夫之宗婦。《穀梁傳》云:「禮,大夫不見夫人。不言『及』,不正其行婦道,故列數之也。」是指大夫與宗婦。《左傳》云:「哀姜至,公使宗婦覿。」則是指宗婦,而未提及大夫。葉夢得《春秋攷》考辨之:

> 吾以禮攷之,諸侯祭宗廟,夫人與亞獻,則大夫何爲不見夫人乎?既可見于廟中,亦可見于宮中,則夫人至而大夫不爲之禮,非人情矣。《穀梁》知之而不盡,故但言不正其大夫而行婦道,非此之謂也。
> 〔註263〕

據《儀禮》〈士虞禮〉、〈特牲饋食禮〉記載,諸侯之夫人須參加宗廟祭祀,並進行「亞獻」(第二次獻爵)之禮。諸侯之夫人與大夫既可見於廟中,亦可見於宮中,所以參加與夫人哀姜相見儀式者應不只宗婦,尚包括大夫在內。《穀梁傳》雖是指大夫與宗婦,但認爲相見儀式是行婦道,大夫不應參加,有誤。又「禮言宗婦者三:諸侯同宗之婦,其大夫則謂之宗卿,故其妻則謂之宗婦;

〔註258〕　〔宋〕葉夢得:〈春秋攷序〉,《春秋攷》,卷首,頁2。
〔註259〕　〔宋〕葉夢得:《春秋攷》,卷2,頁6。
〔註260〕　〔宋〕葉夢得:《春秋攷》,卷2,頁8。
〔註261〕　〔宋〕葉夢得:《春秋攷》,卷2,頁9。
〔註262〕　〔宋〕葉夢得:《春秋攷》,卷2,頁9。
〔註263〕　〔宋〕葉夢得:《春秋攷》,卷10,頁16。

而大夫之言宗婦也，既以嫡子之妻爲宗婦矣；而其眾子之妻，亦或謂之宗婦。」〔註264〕《公羊傳》指宗婦爲大夫之妻，僅爲其一，漏列大夫嫡子之妻與眾子之妻。

第二個問題，「覿用幣」是否合於禮法？《公羊傳》云：「覿者何？見也。……男子之贄，羔、鴈、雉、腒；婦人之贄，棗栗鍛脩。用幣，非禮也。用者，不宜用者也。」《穀梁傳》云：「覿，見也。……男子之贄，羔、鴈、雉、腒；婦人之贄，棗、栗、鍛、脩。用幣，非禮也。用者，不宜用者也。」《左傳》云：「哀姜至，公使宗婦覿，用幣，非禮也。御孫曰：『男贄，大者玉帛，小者禽鳥，以章物也。女贄，不過榛、栗、棗、脩，以告虔也。』今男女同贄，是無別也。男女之別，國之大節也，而由夫人亂之，無乃不可乎！」三傳皆未就以覿禮相見是否合於禮法提出意見，但皆認爲用幣帛不合於禮法。葉夢得《春秋攷》考辨之：

> 原《春秋》之意，其譏蓋在覿用幣，不在大夫、宗婦。蓋覿者，諸侯、大夫私見王及后之禮也；幣者，諸侯享王及后之禮也。……覿，諸侯、大夫可施于王及后，不可行于其君；幣，諸侯可施于王及后，不可通于其大夫。今哀姜至，大夫請見，大夫之贄，卿執羔，大夫執鴈，可也；見而又覿，則僭大夫見王與后之覿；不過束錦，而又用幣，則僭諸侯享王與后之禮，此大夫之罪也。宗婦以其榛、栗、棗、脩之贄見夫人，可也；見而又覿，其過與大夫同；發其贄而用幣，此宗婦之罪也。〔註265〕

據《儀禮·聘禮》記載，「覿」是諸侯、大夫私見王及后之禮，「幣」是諸侯享王及后之禮。三傳只知魯大夫、宗婦與夫人哀姜相見用幣帛不合禮法，卻不知以覿禮相見亦僭越禮法。所以葉夢得認爲，《春秋》記載此事的目的是在譏「覿用幣」不合於禮法，而不是在譏大夫與宗婦。三傳的缺失與錯誤，皆是由於「不知禮」所造成，「是故君子不可以不學禮也」〔註266〕。陳振孫《直齋書錄解題》稱，「其爲書，辨定攷究，無不精詳」〔註267〕，確是如此。

〔註264〕〔宋〕葉夢得：《春秋攷》，卷10，頁17～18。
〔註265〕〔宋〕葉夢得：《春秋攷》，卷10，頁16～17。
〔註266〕〔宋〕葉夢得：《春秋攷》，卷10，頁18。
〔註267〕〔宋〕陳振孫：《直齋書錄解題》，卷3，頁60。

（三）酌三傳之事與義更相發明

葉夢得對於三傳闡述《春秋》義理的可信度，抱持懷疑的態度，因為「自孔子沒而三家作，吾不知於孔子親聞之歟？傳聞之歟？」〔註268〕並分析三傳的特色云：

> 《左氏》傳事不傳義，是以詳於史，而事未必實，以不知經故也；《公羊》、《穀梁》傳義不傳事，是以詳於經，而義未必當，以不知史故也。〔註269〕

三傳對於《春秋》之事與義各有偏重，葉夢得是如何治《春秋》呢？云：

> 其于三家，先以可從之心求于義，參之以事，而不合焉，然後棄而從事；先以可信之心資于事，攷之以義，而不通焉，然後棄而從義，乃為善學三家。〔註270〕

雖謂三傳之義不合於事者則棄義而從事，事不通於義者則棄事而從義；然而其中有邏輯上的弔詭，因為義不合於事，豈不等於事不通於義？亦即葉夢得對於三傳事、義不相合、不相通者，終皆棄之，並無可從。又云：

> 不得於事則考於義，不得於義則考於事，事、義更相發明。〔註271〕

既然三傳或不得於事，或不得於義，則所謂「事、義更相發明」，實際是出於三傳事、義之外，另行發明己意。於是作《春秋傳》二十卷。

例如《春秋》哀公二年夏四月丙子：「衛侯元卒。」「晉趙鞅帥師納衛世子蒯聵于戚。」葉夢得《春秋傳》云：

> 納者何？與其納也。君薨矣，蒯聵何以稱世子？明正也。輒不得受命於王父，則蒯聵之世其國者正也。葉子曰：《左氏》載蒯聵使戲陽速殺南子之事，然歟？非也。子路嘗問於孔子曰：「衛君待子而為政，子將奚先？」子曰：「必也正名乎！名不正則言不順。」推而下之，至於民無所措手足。使蒯聵果欲殺南子，則弒母之賊也，安有弒母之賊許之以繼世，而謂之名正而言順乎？是故夫子不為衛君，子貢固知之矣。蓋蒯聵始以南子召宋朝，聞宋人之歌而醜之，其歸必有正南子者；而南子愧焉，故欲加之罪，誣以殺己爾；戲陽速，附之者也。《左氏》不能辨，遂以為實。《公羊》不知其事而妄意之，乃以

〔註268〕〔宋〕葉夢得：〈春秋傳序〉，《春秋傳》，卷首，頁2。
〔註269〕〔宋〕葉夢得：〈春秋傳序〉，《春秋傳》，卷首，頁2。
〔註270〕〔宋〕葉夢得：《春秋攷》，卷3，頁35。
〔註271〕〔宋〕葉夢得：〈春秋傳序〉，《春秋傳》，卷首，頁2。

輒爲受命於靈公，而爲「不以父命辭王父命」之説。夫靈公卒，南子
欲立公子郢爲太子，以爲君命，郢辭曰：「亡人之子輒在。」靈公未
嘗立輒也。此亦《左氏》之言從《公羊》之説，固不可以爲訓。以《左
氏》爲正，則輒非靈公之所立，亦安得爲受命於王父乎！〔註272〕

蒯聵爲衛靈公的妾生子，因涉嫌謀殺嫡母南子未遂而逃亡晉國；靈公去世後，
蒯聵之子輒繼位爲國君，不久蒯聵在晉國協助下返衛奪回君位。據《左傳》
記載，蒯聵指使戲陽速謀殺南子；但葉夢得認爲，《春秋》書「納」，表示蒯
聵返國繼位爲名正言順，如果蒯聵涉嫌弑母，則《春秋》不可能書「納」給
予肯定，所以對《左傳》之事存疑。又據《公羊傳》記載，衛靈公驅逐蒯聵
而立輒爲儲君，輒繼位是「不以父命辭王父命」；但葉夢得認爲，衛靈公並未
立輒爲儲君，本應由蒯聵繼位，所以對《公羊傳》之義存疑。此例葉夢得以
經文爲依歸，《左傳》之事與《公羊傳》之義皆不可從，終皆棄之，而另行發
明己意，以蒯聵繼位爲正。

此外，葉夢得抱持懷疑態度者，尚有三傳義例，云：

三家言經，其以爲凡例者固不能盡合，然未必所傳不出于聖人，爲
不盡得其所聞。〔註273〕

可知葉夢得並非不相信聖人以義例傳經，而是不相信三傳義例盡出於聖人之
意，於是以己意發明義例，如《春秋》莊公六年秋：「公至自伐衛。」《公羊
傳》云：「曷爲或言致會，或言致伐？得意致會，不得意致伐。衛侯朔入于衛，
何以致伐？不敢勝天子也。」凡魯公出兵順利降服他國而返者，經書「公至
自會」，《公羊傳》稱爲「致會」（進行會謀）；未順利降服他國而返者，經書
「公至自伐」，《公羊傳》稱爲「致伐」（進行討伐）。但魯莊公出兵順利降服衛
國，爲何是「致伐」呢？因爲周天子派人救衛，諸侯不敢勝天子，所以不敢稱
「致會」，而改稱「致伐」。葉夢得不信《公羊傳》義例，對「致會」、「致伐」
另有發明，如《春秋》成公十六年冬十二月：「公至自會。」其《春秋傳》云：

此伐鄭也，何以言「公至自會」？會而後伐，以會告也。……凡因
伐而會，伐在會前則致伐；會而謀伐，伐在會後則致會，以所告者
書也。〔註274〕

〔註272〕〔宋〕葉夢得：《春秋傳》，卷20，頁6。

〔註273〕〔宋〕葉夢得：《春秋攷》，卷2，頁1。

〔註274〕〔宋〕葉夢得：《春秋傳》，卷15，頁2。

葉夢得以先會後伐爲「致會」，先伐後會爲「致伐」；所以經書「公至自會」，表示魯成公先與諸侯進行會謀，再進行討伐鄭國。至於如此發明義例，以己意等於聖人之意，恐怕亦難令人信服。又三傳義例中爭議最大的問題是，《春秋》是否以時月日爲例呢？葉夢得認爲，「繫事以日月，史之常也」，但有時而闕，若「史一失之，則凡爲例者皆廢矣」，所以「日月不可以爲例」，這是「《公羊》、《穀梁》之過也」〔註275〕。

　　按《四庫全書總目》云：「夢得以孫復《春秋尊王發微》主於廢傳以從經，蘇轍《春秋集解》主於從《左氏》而廢《公羊》、《穀梁》，皆不免有獎，故是書參考三傳以求經。」〔註276〕意謂葉夢得《春秋傳》反對廢棄三傳。又謂其《春秋讞》「不信三傳之說」，「駁三傳之典故」〔註277〕。然則葉夢得的《春秋》學術思想豈不自相矛盾、無法成立！本文認爲，若其《春秋傳》係「參考三傳以求經」，則應謂三傳事、義皆有得於經，而非「不得於事」、「不得於義」，問題出在四庫館臣將前揭「事、義更相發明」一句誤解爲「參考三傳以求經」，實則葉夢得《春秋讞》、《春秋攷》、《春秋傳》皆是不信三傳之說，學術思想是一致的。

二、趙鵬飛模式

　　宋儒趙鵬飛（生卒年不詳）專治《詩經》與《春秋》，曾作《詩故》，湮沒不傳，已佚；又因《春秋》三傳及諸家之說紛然雜出，聚訟不已，且各護所師，不知經旨，於是不拘傳注，以經求經，作《春秋經筌》十六卷。按「筌」是捕魚的竹器，爲何趙鵬飛以「筌」爲書名呢？其〈春秋經筌序〉云：「蓋吾之所謂筌，心也；求魚之所謂筌，器也。道不可以器圇，而可以心求。求經當求聖人之心，此吾《經筌》之所以作也。」〔註278〕又云：「《春秋》，公天下之書，學者當以公天下之心求之。」〔註279〕所以《春秋經筌》是標榜以心爲筌，以公天下之心求聖人之心。茲就其解經模式考述如下：

〔註275〕〔宋〕葉夢得：《春秋傳》，卷1，頁4。

〔註276〕《四庫全書總目》，卷27，頁7。

〔註277〕《四庫全書總目》，卷28，頁8。

〔註278〕〔宋〕趙鵬飛：〈春秋經筌序〉，《春秋經筌》（臺北：臺灣大通書局，1969年
　　　　10月，《通志堂經解》，冊20），卷首，頁1。

〔註279〕〔宋〕趙鵬飛：〈春秋經筌序〉，《春秋經筌》，卷首，頁2。

（一）以無傳明《春秋》，不可以有傳求《春秋》

趙鵬飛認為，「聖人作經之初，豈意後世有三家者為之傳邪？若三傳不作，則經遂不可明邪？聖人寓王道以示萬世，豈故為是不可曉之義以罔後世哉！」〔註280〕《春秋》之旨只要「默與心會」〔註281〕，即可直求聖人所寓王道，不必依賴三傳，所以「學者當以無傳明《春秋》，不可以有傳求《春秋》」〔註282〕。至於杜預、何休、范甯注三傳，以范甯最優，杜預為次，何休最劣，因為「何休癖護其學，吾未嘗觀焉」；惟有范甯之學「近乎公」，對於三傳「均舉其失」，「不私其所學」，「其師之失亦從而箴之」，所以「學《春秋》每尚甯之志」〔註283〕。

必須特別一提的是《左傳》。趙鵬飛認為，「《左氏》之說出於野史，學經者所不取」〔註284〕；但其成書，是「以其所聞之說，取經文之近者偶而合之，故亦時有得其實者」〔註285〕。既然如此，學者對於《左傳》之說應該如何取捨呢？其《春秋經筌》云：

> 《左氏》不可不信，則失之果。或者又疑其不合者眾，而遷就者多，則謂《左氏》皆誣誕之詞，無足取，則失之疑。果與疑，二者均未安，要之以經為正，而《左氏》之合者亦時取之可也。〔註286〕

《左傳》不可完全不信，亦不可完全信從，必須以經辨正其說，合於經意者才能採用，如《春秋》莊公三十二年春：「城小穀。」《左傳》認為，魯莊公修築小穀是「為管仲也」。趙鵬飛《春秋經筌》云：

> 昭十一年楚申無宇曰：「齊威公城穀，而寘管仲焉，於今賴之。」而莊三十二年偶有城小穀之事，《左氏》遂曰：「為管仲也。」是《左氏》取申無宇之言而偶合之也。杜氏因《左氏》于邪，而齊無小穀，因以小穀為穀城，曰：「穀城，齊地。」穀城固齊地，而安可強改小穀為穀城邪！范甯曰：「小穀，魯地。」為得其正矣。〔註287〕

〔註280〕〔宋〕趙鵬飛：〈春秋經筌序〉，《春秋經筌》，卷首，頁2。
〔註281〕〔宋〕趙鵬飛：〈春秋經筌序〉，《春秋經筌》，卷首，頁2。
〔註282〕〔宋〕趙鵬飛：〈春秋經筌序〉，《春秋經筌》，卷首，頁2。
〔註283〕〔宋〕趙鵬飛：〈春秋經筌序〉，《春秋經筌》，卷首，頁2。
〔註284〕〔宋〕趙鵬飛：《春秋經筌》，卷2，頁8。
〔註285〕〔宋〕趙鵬飛：《春秋經筌》，卷4，頁30。
〔註286〕〔宋〕趙鵬飛：《春秋經筌》，卷4，頁31。
〔註287〕〔宋〕趙鵬飛：《春秋經筌》，卷4，頁31。

按小穀是魯邑，穀城是齊邑，齊桓公曾派遣管仲駐守穀城，《左傳》卻誤以小穀為管仲駐守的穀城；杜預誤從《左傳》之說，亦以小穀為穀城。趙鵬飛依據《春秋》莊公三十二年春「城小穀」之文，辨正《左傳》之說，推斷魯莊公不可能為管仲修築小穀，顯然《左傳》之說不足據，「則其合者亦不過附會而偶合矣，擇其有益於經者從之可也」〔註288〕。

（二）《春秋》書法，有據事實示褒貶者，亦有以義例示褒貶者

趙鵬飛《春秋經筌》云：「《春秋》之作，有因舊史之文者，有出於聖人新意者。因史文，所以全一經之體；出新意，所以示褒貶之法。」〔註289〕如《春秋》「元年春王正月」一句，「元年」、「春」、「月」屬史書體例，為因魯史舊文；「王」、「正」則是聖人新意，《春秋》書「王」於「月」之上，表示以王法正天下，若書「王」、書「正月」即表示褒，不書「王」、不書「正月」即表示貶。然而《春秋》褒貶書法固有出於聖人新意者，亦有因魯史舊文者，不宜誤會趙鵬飛之意。《春秋》書法，有據事實示褒貶者，亦有以義例示褒貶者，如下：

1. 據事實示褒貶

如《春秋》僖公四年秋八月：「公至自伐楚。」趙鵬飛《春秋經筌》云：

> 伐楚而至，其功大，策勳於廟為得其實，此因其實而書之，以見善者也。〔註290〕

又如《春秋》僖公六年冬：「公至自伐鄭。」趙鵬飛《春秋經筌》云：

> 聖人據舊策書之，不可得而改也，即實而褒貶自見者，此之謂也。〔註291〕

魯僖公伐楚、伐鄭為國家大事，返國之後必策勳於廟，聖人因魯史舊文據實而書之，即可知其事為善，褒貶自見。

2. 以名字氏族例示褒貶

如《春秋》閔公二年冬：「齊高子來盟。」趙鵬飛《春秋經筌》云：

> 故聖人貴而字之，其賢蓋已傑出於春秋之世矣，故上不書齊使，下

〔註288〕 〔宋〕趙鵬飛：《春秋經筌》，卷4，頁31。
〔註289〕 〔宋〕趙鵬飛：《春秋經筌》，卷1，頁2～3。
〔註290〕 〔宋〕趙鵬飛：《春秋經筌》，卷6，頁17。
〔註291〕 〔宋〕趙鵬飛：《春秋經筌》，卷6，頁25。

> 書來盟，以見盟非齊侯之命，而出於高子之忠且仁也，⋯⋯此聖人
> 所以異其文而褒之也。〔註292〕

齊大夫高子奉命帥師取魯，卻與魯立盟而返，雖違背齊君之命，卻堪稱是一位既忠且仁的賢者，《春秋》書字而不書其名以示褒之，為聖人新意。又如《春秋》隱公元年冬十二月：「公子益師卒。」趙鵬飛《春秋經筌》云：

> 公子益師，魯之卿也，其事雖不見於《春秋》，而史必書之，以崇恩
> 也。此魯史之舊，非聖人之新意。惟書氏、去族，則見其善惡也。
> 公子，氏也，書氏所以別不書氏者，以見褒貶焉。〔註293〕

公子益師是魯國上卿，因著有功勳，其卒必書於魯史，以示推崇，如此尚非聖人新意；聖人因魯史舊文據實而書之，書其氏、去其族以示褒之，如此則為聖人新意。

3. 以時月日例示褒貶

《春秋》是否以時月日例示褒貶呢？趙鵬飛認為，「《公》、《穀》月日之例，吾未嘗觀焉，蓋褒貶初不在月日也」〔註294〕，如《春秋》莊公二十三年春：「公至自齊。」《公羊傳》云：「桓之盟不日，其會不致，信之也。」齊桓公主持的會盟必守信用，不書日無褒貶之意。又如《春秋》莊公十年春二月：「公侵宋。」《穀梁傳》云：「侵時，此其月，何也？乃深其怨於齊，又退侵宋以眾其敵，惡之，故謹而月之。」魯莊公結怨於齊，又出兵侵宋，不書時而書月亦無褒貶之意。《公羊傳》與《穀梁傳》「或謹而日之，或謹而月之，或日卒，或不日卒，或日以危之，或不日以信之，褒貶不在是也，《公》、《穀》謬例也，君子所不學也」〔註295〕。但《春秋》書不書時月日並非全無褒貶之意，若有「非日月無以見義者，則亦不得不取焉」〔註296〕，如《春秋》襄公三十年夏五月甲午：「宋災，宋伯姬卒。」趙鵬飛《春秋經筌》云：

> 五月甲午宋災，宋伯姬卒，則非日無以見伯姬之死於災也。⋯⋯婦
> 人非難，無以見其節，此伯姬之節所以特書於《春秋》，而顧影無儔
> 也。〔註297〕

〔註292〕〔宋〕趙鵬飛：《春秋經筌》，卷5，頁8。
〔註293〕〔宋〕趙鵬飛：《春秋經筌》，卷1，頁7～8。
〔註294〕〔宋〕趙鵬飛：《春秋經筌》，卷1，頁40。
〔註295〕〔宋〕趙鵬飛：《春秋經筌》，卷1，頁41。
〔註296〕〔宋〕趙鵬飛：《春秋經筌》，卷12，頁36。
〔註297〕〔宋〕趙鵬飛：《春秋經筌》，卷12，頁36。

宋伯姬遇火災，堅持保母不在不下堂之禮，而葬身於堂上，《春秋》書其卒，只能表示其死於火災，而無法表彰其節操，於是不得不書日以褒之。

然而《春秋》書法微而顯，辨正未必容易，趙鵬飛認為，「學者當以類求之，而考其異，則褒貶自見」〔註298〕，如《春秋》桓公十五年秋九月：「鄭伯突入于櫟。」又襄公二十五年秋：「衛侯入于夷儀。」鄭伯突與衛侯衎皆出奔而復入，皆不入於國，且入時皆內外有二君，但一書名，一不書名，差異何在呢？趙鵬飛《春秋經筌》云：

> 鄭突之入，聖人名之，而衛侯之入，《春秋》不名，此則逆順之辯爾。
> 初突篡而得，不義而奔，及忽之歸，鄭故忽之有也，而突復入于櫟
> 以逼之，是復篡也，故不名無以見其逆。孫甯不臣，逐衛侯而立剽，
> 剽之立國，豈其國哉！衛侯既奔，而入于夷儀，期復其位而已，非
> 篡也，故不名以見其順。〔註299〕

鄭伯突篡位，出奔而復入是復篡；衛侯衎被篡，出奔而復入是復位。二者差異在一逆一順，前者名不正言不順，書其名以示貶；後者名正言順，不書其名以示褒。趙鵬飛類求二例，辨其逆順，考其差異，褒貶自見。

（三）考其原以昭其情

趙鵬飛認為，「《春秋》之文簡而明，考其原，則情狀昭然矣」〔註300〕。如《春秋》隱公四年夏：「宋公、陳侯、蔡人、衛人伐鄭。」又隱公五年秋：「邾人、鄭人伐宋。」趙鵬飛《春秋經筌》云：

> 為惡之罪輕，黨惡之罪重。……《春秋》之法，誅惡人常輕，而絕
> 黨惡常重。〔註301〕
> 《左氏》謂宋人取邾田，邾人請鄭伐之。取田不書，不赴也。則邾、
> 鄭皆有辭矣。然衛脅宋伐鄭，而宋主之；邾請鄭伐宋，則邾自為主，
> 於以見聖人誅黨惡之重也。宋從州吁伐鄭以怙惡，而鄭從邾人伐宋
> 以報怨，情有逆順，聖人原情而已。〔註302〕

衛脅宋伐鄭，經文以宋為主；邾請鄭伐宋，經文卻以邾為主，原因何在呢？因為衛脅宋伐鄭，衛是為惡，為惡罪輕，宋是黨惡，黨惡罪重，所以經文以

〔註298〕 〔宋〕趙鵬飛：《春秋經筌》，卷2，頁51。
〔註299〕 〔宋〕趙鵬飛：《春秋經筌》，卷12，頁24～25。
〔註300〕 〔宋〕趙鵬飛：《春秋經筌》，卷10，頁60。
〔註301〕 〔宋〕趙鵬飛：《春秋經筌》，卷1，頁20。
〔註302〕 〔宋〕趙鵬飛：《春秋經筌》，卷1，頁28。

宋爲主，不以衛爲主；邾請鄭伐宋，邾是爲惡，但鄭是報怨，不是黨惡，所以經文以邾爲主，不以鄭爲主。可知經書孰爲主、孰爲從，孰罪重、孰罪輕，聖人必考其原、昭其情，以絕亂臣賊子。

（四）觀《詩》之旨而得《春秋》之意

趙鵬飛認爲，「於《詩》詳其事，於《春秋》用其法，二經皆出於聖人之手，其相爲表裏也」〔註303〕。如《春秋》閔公二年冬十二月：「鄭棄其師。」趙鵬飛《春秋經筌》云：

> 鄭文之爲國，可謂無政刑矣。以〈清人〉之師考之，則鄭棄其師非棄師也，逐高克也。高克有罪，實之司人，誅之司寇，放之境外，惟所欲之，雖殺大夫，放大夫，非諸侯所得專，而諸侯專之久矣。君子不以責鄭文也，特究夫得其罪不得其罪。……鄭，小國，伯爵，師不過四百乘。逐一人而散百乘，使鄭屢有高克，安得師而給諸？愚於是知，鄭文不君，無政刑矣。〔註304〕

鄭文公厭惡大夫高克，有意疏遠高克，於是派遣高克率領軍隊長期駐守境外，實際等於放逐高克，遺棄其軍隊，結果軍隊潰散，高克奔逃陳國。諸儒解經，多置重點於追究高克的罪責，而未責備鄭文公放逐高克。趙鵬飛未採諸儒之說，而是依據《詩》解《春秋》，按《毛詩·清人》序：

> 〈清人〉，刺文公也。高克好利而不顧其君，文公惡而欲遠之，不能，使高克將兵而禦狄于竟，陳其師旅，翱翔河上，久而不召，眾散而歸，高克奔陳。公子素惡高克，進之〔註305〕不以禮，文公退之不以道，危國亡師之本，故作是詩也。〔註306〕

《詩》序明白指出，詩人作〈清人〉的目的是譏刺鄭文公。放逐大夫爲天子職權，鄭文公僭越職權放逐高克，甚至遺棄其軍隊，「退之不以道，危國亡師之本」，較高克「好利而不顧其君」更爲嚴重，可知鄭國政刑已失，「觀《詩》

〔註303〕〔宋〕趙鵬飛：《春秋經筌》，卷5，頁10。

〔註304〕〔宋〕趙鵬飛：《春秋經筌》，卷5，頁9～10。

〔註305〕「進之」，或以爲當作「之進」。按鍾文烝云：「『高克之進』，舊作『『高克進之』，朱子《詩序辨說》曰：『當作「之進」。』趙汸《屬辭》從之，今據乙正也。」乙正之後，「高克」與「之進」之間不斷句。〔清〕鍾文烝：《春秋穀梁傳注疏》，卷8，頁243。

〔註306〕〔唐〕孔穎達：《毛詩正義》（臺北：大化書局，1982年10月，《十三經注疏》本），卷4之2，頁70。

之旨而得《春秋》之意」〔註307〕，《春秋》書「鄭棄其師」的重點亦在譏刺鄭
文公，不在高克。

按《四庫全書總目》評曰：

> 夫三傳去古未遠，學有所受，其間經師衍說，漸失本意者固亦有
> 之，然必一舉而刊除，則《春秋》所書之人無以核其事，所書之
> 事無以核其人。即以開卷一兩事論之，「元年春王正月」，不書即
> 位，其失在夫婦、嫡庶之間，苟無傳文，雖有窮理格物之儒，殫
> 畢生之力，據經文而沈思之，不能知聲子、仲子事也；「鄭伯克段
> 于鄢」，不言段為何人，其失在母子、兄弟之際，苟無傳文，雖有
> 窮理格物之儒，殫畢生之力，據經文而沈思之，亦不能知為武姜
> 子、莊公弟也。〔註308〕

以上是駁斥趙鵬飛「以無傳明《春秋》，不可以有傳求《春秋》」之說，認為
如此將造成「《春秋》所書之人無以核其事，所書之事無以核其人」。但《春
秋》是由事、文、義三方面結合而成，趙鵬飛只是不採三傳之義，未曾反對
以三傳核《春秋》之事，如其《春秋經筌》云：

> 《左氏》以為君氏卒，聲子也。且魯夫人皆書薨，未有書卒者。……
> 若以為聲子隱母也，隱即位於今二年，非未君也，何以不書薨？
> 〔註309〕
>
> 仲子，惠公之妾，允公之母，隱公以仲子為惠公之正室，而赴於諸
> 侯。〔註310〕
>
> 凡諸侯之弟，稱弟，親之也；或稱公子，宗之也。段不言弟，不稱
> 公子，比於路人也。〔註311〕

以上所摘，是趙鵬飛以三傳核《春秋》聲子、仲子、段之事，並據其事以求
其義，四庫館臣似乎有讀書不精之嫌。又《四庫全書總目》以趙鵬飛「頗欲
原情，其平允之處亦不可廢」〔註312〕，本文贊同。

〔註307〕　〔宋〕趙鵬飛：《春秋經筌》，卷1，頁5。
〔註308〕　《四庫全書總目》，卷27，頁32～33。
〔註309〕　〔宋〕趙鵬飛：《春秋經筌》，卷1，頁15。
〔註310〕　〔宋〕趙鵬飛：《春秋經筌》，卷1，頁6。
〔註311〕　〔宋〕趙鵬飛：《春秋經筌》，卷1，頁5。
〔註312〕　《四庫全書總目》，卷27，頁33。

三、郝敬模式

明儒郝敬（1558～1639年）的學術思想包括理學與經學兩部分，由於當時理學流於日益空疏之弊，於是以遍解諸經（《周易》、《尚書》、《毛詩》、《周禮》、《儀禮》、《禮記》、《春秋》、四書）的方式，提倡重視實踐的精神。

郝敬認為，《春秋》文字隱晦而不可讀，原因有二：

第一，魯史亡佚。孔子憂心五霸亂政，有許多話欲言而難言，於是「借魯史標題見義」，所以「《春秋》，魯史之提綱也」〔註313〕，若要瞭解詳情，仍須對照魯史，可惜魯史已佚。左丘明雖曾見魯史，但只「薈蕞其事，而不領署其義」〔註314〕；後來「《公》、《穀》襲《左》而加例，胡氏襲三傳而加鑿」〔註315〕，於是《春秋》不可讀矣。

第二，《春秋》歷經「三壞」。所謂「三壞」，是指「底本壞」、「格局壞」、「宗旨壞」。郝敬云：

> 子曰：「巧言、令色、足恭、匿怨而友其人，左丘明恥之，丘亦恥之。」
> 「吾人之於人，誰毀誰譽？斯民也，三代所以直道而行。」此《春秋》底本；自後儒以褒貶論，而底本壞。子曰：「天下有道，禮樂征伐自天子出。天下無道，禮樂征伐自諸侯出。天下有道，政不在大夫。天下有道，庶人不議。」此《春秋》格局；自後儒以字例合，而格局壞。子曰：「予欲無言，天何言哉！四時行焉，百物生焉。」
> 「二三子以我為隱，吾無隱乎爾。吾無行而不與二三子者，是丘也。」此《春秋》宗旨；自後儒視為深文隱語，覺仲尼胸中直是一片荊棘田地，而宗旨壞。〔註316〕

首先，孔子主張「直道而行」，對人無所毀譽，以「巧言，令色，足恭，匿怨而友其人」為恥，《春秋》即以此為底本；後儒治《春秋》卻以褒貶論人，所以底本壞。其次，孔子指出天下有道或無道的分界，在於禮樂征伐是否自天子出，《春秋》即以此為格局；後儒治《春秋》卻以前後字例相合與否作為評斷，所以格局壞。再其次，孔子心胸坦蕩，行事無所隱諱，《春秋》即以此為宗旨；後儒治《春秋》卻視為深文隱語，所以宗旨壞。經此三壞，於是《春秋》不可讀矣。

〔註313〕 〔明〕郝敬：〈讀春秋〉，《春秋直解》（上海：上海古籍出版社，2002年3月，《續修四庫全書》，冊136），卷首，頁1。
〔註314〕 〔明〕郝敬：〈讀春秋〉，《春秋直解》，卷首，頁1。
〔註315〕 〔明〕郝敬：〈讀春秋〉，《春秋直解》，卷首，頁1。
〔註316〕 〔明〕郝敬：〈讀春秋〉，《春秋直解》，卷首，頁1～2。

郝敬又認爲，「今之學《春秋》者，皆以經説三傳，非以三傳説經也。知有三傳，不知有經，苟無三傳，是并無經矣。因三傳以重《春秋》，非知《春秋》者也；舍三傳而知《春秋》不可一日無者，乃爲眞知《春秋》。」〔註317〕於是作《春秋直解》十五卷，以矯正當代儒者重傳輕經之弊。其中卷一至十三直解經文，按魯十二公編次；卷十四、十五〈春秋非左〉主張今本《左傳》非左丘明所作，破解後儒依據《左傳》揣摩起例、牽強附合，並略舉《左傳》釋經謬誤三百三十五條；又卷首〈讀春秋〉爲其讀《春秋》的心得，兼具序的作用。其解經模式考述如下：

（一）直其事而是非自見

依據前述，魯史亡佚之後，後儒無法藉由對照魯史，以瞭解《春秋》大義所在，於是紛紛以褒貶義例或深文隱語模式解經，造成「三壞」。然而《春秋》大義豈不從此湮沒不彰？郝敬提出《春秋》「直其事而是非自見」的見解，云：

> 《春秋》之義在不言，直其事而是非自見。時或辭有抑揚，而聖言溫厚精約，微顯各中天則，雖意旨不露，而無深刻隱語，但平心細玩，蒼素了然。若謂字褒字貶以行賞罰，此後儒妄説，仲尼斷斷無是也。〔註318〕

「直」、「隱」、「顯」是三個不同的概念。所謂「不言」不等於「隱」，因爲孔子不可能以深刻隱語或褒貶義例將《春秋》大義層層包裹起來，有如謎題一般令人猜不透；亦不等於「顯」，因爲《春秋》是魯史的提綱，孔子將大義寓於其中，並未直接揭露。「不言」即是「直」，「直」是一個特殊概念，既介於「隱」與「顯」之間，亦同時涵蓋「隱」與「顯」的概念。《春秋》不言，只是直其事，學者若能「平心細玩」，其中的是非自然顯現出來。《春秋直解》以「直解」爲名，用意應即在此。相較於朱熹提出《春秋》「直書其事美惡自見」〔註319〕的見解，二者大致相同。

郝敬《春秋直解》的解經文字中，對於《春秋》直其事者，或書「直其事」三字，或書「直也」二字。如《春秋》僖公二十一年秋：「宋公、楚子、陳侯、蔡侯、鄭伯、許男、曹伯會于盂，執宋公以伐宋。」《春秋直解》云：

〔註317〕〔明〕郝敬：〈讀春秋〉，《春秋直解》，卷首，頁2。
〔註318〕〔明〕郝敬：〈讀春秋〉，《春秋直解》，卷首，頁6。
〔註319〕朱熹云：「聖人作《春秋》，不過直書其事，美惡人自見。」〔宋〕黎靖德：《朱子語類》，卷133，頁11。

> 宋襄公不量力，而欲為桓之事，……牛耳未執，身先為虜。《詩》云：
> 「老馬為駒，不顧其後。」宋公之謂矣。故直其事，以為霸者之戒。
> 〔註320〕

宋襄公欲繼齊桓公之後成為霸主，大會諸侯於盂，不料反被楚子拘執以伐宋，《春秋》書其事，意在訓誡宋襄公不自量力，是非自見，所以《春秋直解》書「直其事」三字以解經。又如《春秋》文公七年秋八月：「公會諸侯、晉大夫，盟于扈。」《春秋直解》云：

> 晉靈公新立，趙盾為政。……仲尼曰：「天下有道，政不在大夫。」
> 書會晉大夫，直也。〔註321〕

魯文公大會諸侯於扈，晉靈公卻派大夫趙盾與會，《春秋》書會晉大夫，意在凸顯晉國的政權不在國君，而在大夫，是非自見，所以《春秋直解》書「直也」二字以解經。

郝敬基於「直」的特殊概念，又推演出《春秋》「直道而行」的意涵，云：

> 《春秋》有是非而未嘗是非，所以為直道而行，千古如大路也。是
> 故無往不適之謂路，適一鄉一邑之謂徑，一入一塞之謂山蹊。天理
> 人情之極則，自無所取而不當，無所折而不中。《春秋》據理正辭，
> 以待天下後世人之取裁，蓋萬裁而萬合，《左》得之而為《左》合也，
> 《公》、《穀》得之而為《公》、《穀》合也，未嘗褒貶而謂之褒貶焉
> 亦合也，未嘗名字而謂之名字焉亦合也，未嘗命討而謂之命討焉亦
> 合也。〔註322〕

所謂「《春秋》有是非而未嘗是非」，即是《春秋》寓含了大是大非，卻不評斷是非。為什麼呢？因為《春秋》主張「直道而行」。以「直」的概念而言，所謂「直道而行」，即是每一條道路皆可行。《春秋》是一條大路，也連結了小徑，連結了山蹊，彼此互通，即使選擇小徑或山蹊，同樣可行，所以「無所取而不當，無所折而不中」。三傳或諸儒解經的途徑雖然不同，但不必孔子揭露，最後都能瞭解其中的是非，道理即在於此。

（二）取經所不書質諸所書

郝敬除了提出《春秋》「直其事而是非自見」的見解之外，又云：

〔註320〕〔明〕郝敬：《春秋直解》，卷6，頁1。
〔註321〕〔明〕郝敬：《春秋直解》，卷7，頁9。
〔註322〕〔明〕郝敬：〈讀春秋〉，《春秋直解》，卷首，頁19～20。

讀《春秋》，取傳中事經所不書者，以質諸所書者，意亦可見。今人
徒見其所書，不見其所不書，則幷其所書者亦蔽于偏見耳。〔註323〕

郝敬提出第二個解經的見解，就是取傳有而經所不書的事，核對經所書的事，藉此可得知經所不書的意義。據其歸納，《春秋》宜書而不書的事可分爲四類：

1.「有非名而不書者」〔註324〕

如《左傳》哀公三年夏：「劉氏、范氏世爲婚姻，萇弘事劉文公，故周與范氏，趙鞅以爲討。」六月癸卯：「周人殺萇弘。」周室劉氏與晉國范氏世代聯姻，周執政大夫萇弘因曾侍奉劉文公，所以周室與范氏交情良好，不料引起晉大夫趙鞅不悅而指責周室，周室只好殺死萇弘以謝罪。此事《春秋》爲何不書呢？因爲王室向諸侯謝罪，上下名分錯亂，所以不書。

2.「有沒其功而不書者」〔註325〕

如《左傳》襄公二十四年冬：「齊人城郟。」齊國爲周室修築郟城，有功於周室，《春秋》爲何不書呢？因爲齊莊公在前一年秋伐晉，事後害怕遭受報復，果然晉侯召集諸侯商討伐齊之事，齊莊公是爲了求媚於周天子才修築郟城，實無功勞可言，所以不書。

3.「有黜其榮而不書者」〔註326〕

如《左傳》僖公九年夏：「王使宰孔賜齊侯胙，……齊侯將下拜。孔曰：『……天子使孔曰：「以伯舅耋老，加勞賜一級，無下拜。」』對曰：『天威不違顏咫尺，小白余敢貪天子之命，無下拜，恐隕越于下，以遺天子羞，敢不下拜。』下拜，登受。」周天子賜齊桓公胙是一項榮典，《春秋》爲何不書呢？因爲周天子加賜齊桓公「無下拜」，踰越禮法，應黜其榮，所以不書。

4.「有僭而不書者」〔註327〕

如《春秋》襄公二十八年冬十二月乙未：「楚子昭卒。」《左傳》襄公二十八年冬十二月：「楚康王卒。」二十九年夏四月：「葬楚康王，公及陳侯、鄭伯、許男送葬。」楚康王卒，魯襄公曾送葬，但《春秋》書其卒而不書其葬，原因何在？因爲諸侯葬必稱其號，楚子僭號稱王，所以不書其葬。

〔註323〕 〔明〕郝敬：〈讀春秋〉，《春秋直解》，卷首，頁23。
〔註324〕 〔明〕郝敬：〈讀春秋〉，《春秋直解》，卷首，頁23。
〔註325〕 〔明〕郝敬：〈讀春秋〉，《春秋直解》，卷首，頁23。
〔註326〕 〔明〕郝敬：〈讀春秋〉，《春秋直解》，卷首，頁23。
〔註327〕 〔明〕郝敬：〈讀春秋〉，《春秋直解》，卷首，頁23。

（三）聖人比義不比例

郝敬反對三傳以義例模式作爲褒貶進退之法，云：

> 《春秋》詳畧多因舊史，或舊史佚之，或舊史載而聖人諱之，非例
> 也。所書大抵皆亂畧，或彼善于此，參差隨宜，亦非例也。如春稱
> 王，王稱天，書與不書之類，皆所謂義也。義者隨宜，例者偏主，
> 聖人比義不比例。〔註328〕

三傳的義例是出自魯史，有的屬於史例，有的是史書文字參差所造成，非出自聖人創制。聖人是依據魯史修作《春秋》，有的因魯史原文闕略而隨之闕略，有的因魯史原文須隱諱而刪削，或須強調而增飾，一切以義爲依歸，「比義不比例」，皆是隨宜設義，並非先設經例，無須排比求義。所以郝敬主張：「欲讀《春秋》，勿主諸傳，先入一字，但平心觀理，聖人之情自見。」〔註329〕

至於郝敬「聖人比義不比例」的理論基礎有二：

1. 聖凡同心

凡人有個人的喜惡，聖人亦有個人的喜惡，但「聖凡同心，善者必可喜，惡者必可惡，讀其事而人有喜心，即仲尼亦喜之可知，讀其事而人有惡心，即仲尼亦惡之可知，何必問例也」〔註330〕1。所以只要本於凡人的喜惡之心，即可反推聖人的喜惡之心，求得孔子刪削的用意。

2. 孔子竊取魯史垂戒之義

郝敬云：

> 凡國史以垂戒爲義。故孟子曰：「晉之《乘》、楚之《檮杌》、魯之
> 《春秋》，一也。」一者，義也。孔子曰：「其義丘竊取之。」竊取
> 垂戒之義也。史垂戒，而仲尼竊取之，何也？史多脩飾，是非不明，
> 聖人核其實，明是非之蹟，憂時之情，故曰「竊取」，非誑語也。
> 〔註331〕

郝敬將「一」解釋爲「義」，國史以垂戒爲義，而孔子是竊取魯史垂戒之義而修作《春秋》。如《春秋》書「春王正月」，是因爲諸侯不知有周，所以明一統之義；書「天王」，是因爲東周不振，所以明至尊；書弒、攻伐、盟會、殺

〔註328〕〔明〕郝敬：〈讀春秋〉，《春秋直解》，卷首，頁21。
〔註329〕〔明〕郝敬：〈讀春秋〉，《春秋直解》，卷首，頁2。
〔註330〕〔明〕郝敬：〈讀春秋〉，《春秋直解》，卷首，頁6。
1
〔註331〕〔明〕郝敬：〈讀春秋〉，《春秋直解》，卷首，頁5。

大臣，是因為春秋無盛德之事，所以明亂迹。以上皆是魯史垂戒之義，而孔子竊取之，所以只要比求史書之義，則《春秋》大義自然可得。

第五節 小 結

本章探討各家以說辨解經的模式，概分為四類：

第一類是會通類，以會通三傳說辨經義，略舉杜諤、李廉二人為代表。

宋儒杜諤作《春秋會義》二十六卷以會通三傳，並博采三十餘家之說，使後人博觀古今同異之說，三傳之說互異，則斷以己意；諸家之說意有未盡者，則申以己意。

元儒李廉作《春秋諸傳會通》二十四卷取諸家之說薈萃成編，以《左傳》、《公羊傳》、《穀梁傳》、胡安國《春秋傳》、陳傅良《春秋後傳》、張洽《春秋集註》六家為主，「先《左氏》，事之案也；次《公》、《穀》，傳經之始也；次杜氏、何氏、范氏，三傳專門也；次疏義，釋所疑也；總之以胡氏，貴乎斷也；陳、張並列，擇所長也。」對於三傳義理相異者，則以胡安國《春秋傳》疏通其是非。對於經文有一事之疑，一字之異，則用先儒議論發明之，並通經提掇大意，使其前後貫通。

第二類是據史類，依據《左傳》史事以治經，略舉蘇轍、陳傅良、呂祖謙三人為代表。

宋儒蘇轍作《春秋集解》十二卷，以《左傳》史實為本，主張《春秋》是經而非史，其事較為疏略，不如史事完整，所以解經仍須參酌《左傳》的史實，以彌補《春秋》的不足；而《公羊傳》與《穀梁傳》是以臆度解經，又不信史實，所以失孔子之意。又孔子據魯史作《春秋》，魯史是依據諸侯告命而書，不告命則不書；《公羊傳》與《穀梁傳》不明此理，誤以為諸侯之事皆已記載於《春秋》，不知參酌史實以解經，所以容易發生失誤。但蘇轍解經只問史實，而不問是否合於道，對於《公羊傳》、《穀梁傳》之說時多譏刺，未盡公允。

宋儒陳傅良作《左氏章指》三十卷（已佚）、《春秋後傳》十二卷，主張《左傳》是為經而作，其解經方法是「著其不書以見《春秋》之所書」；所謂「著其不書」，是指《左傳》記錄《春秋》不書的史事，二者相互配合，則《春秋》所要表達的意旨即可明白。並依據史事發明《左傳》章指，皆為前所未

聞的新說；又以《公羊傳》、《穀梁傳》備考，藉其事與例，發明《左傳》之義，亦爲新義。

宋儒呂祖謙作《左氏博議》二十五卷、《左氏傳說》二十卷、《左氏傳續說》十二卷，依據《左傳》史事解經，主張：一、看《左傳》規模，教人治《左傳》的步驟有五（看一代之所以升降，看一國之所以盛衰，看一君之所以治亂，看一人之所以變遷，看一書之所以得失），先從其時代背景的大處著眼（步驟一至四），再進入其文章得失的討論（步驟五）；二、看《左傳》綱領，教人將《左傳》三十卷分爲三節，以文、武之道爲綱領，視《左傳》爲文、武之道與春秋五霸的興衰史；三、隨事立義，以評其得失，其議論層次分明，事件的得失立見，對於《左傳》義理的闡釋亦別有見地。

第三類是申例類，申述三傳義例以治經，依治《公羊傳》、《穀梁傳》、《左傳》順序，略舉劉逢祿、范甯、許桂林、劉師培先生四人爲代表。

清儒劉逢祿作《春秋公羊經何氏釋例》十卷（三十篇），係藉何休之說推求《春秋》義例，並條列經文、傳文及何休注文作例，其組合形式：有經文、傳文及何休注文俱全者；有只引經文，傳無文，未引何休注文者；有引經文及傳文，未引何休注文者；有引經文及何休注文，傳無文者；有只引傳文，未引經文及何休注文者；有引傳文及何休注文，未引經文者；有只引何休注文，未引經文及傳文者。凡七種，其中有三種形式所作例未引何休注文（何休注文未釋例），劉逢祿均歸納爲何休釋例。《春秋公羊經何氏釋例》又爲何休「三科九旨」設例，其中〈張三世例〉、〈通三統例〉、〈內外例〉、〈王魯例〉、〈建始例〉五篇皆是以「三科九旨」爲基礎；由於何休「三科九旨」雖或有例，卻未必是爲義例模式而設，因此除內外例尚可稱例之外，其餘或不成例，或無例可說，設例並不完善。

晉儒范甯作《春秋穀梁傳例》以申《穀梁傳》義例，惜已亡佚，但仍殘存五十餘條於其《春秋穀梁傳集解》及楊士勛疏中，如范甯所引「傳例曰」及楊士勛所引「范氏略例云」、「范氏別例云」、「范例云」等皆是。主張：一、《穀梁傳》對於已發明義例在先者，皆從例，不重複發傳，若未從例者，則是省文，亦不重複發傳；《穀梁傳》對於非禮者書月，其餘不書月者，則當條皆有義；三、《穀梁傳》對於經文、傳例、《禮記》及鄭玄釋義未詳者，皆闕疑，並注明「甯所未詳」、「甯所未聞」、「某所未詳」、「甯不達此義」，以審愼保留的態度來處理，不妄作例。

　　清儒許桂林作《春秋穀梁傳時月日書法釋例》四卷，專門發明《穀梁傳》時月日例，以〈提綱〉舉其大綱凡三十一條，以〈述傳〉析其子目凡二十九例，其模式爲：一、區分《穀梁傳》時月日例爲通例、專門例與傳外餘例以明體例。所謂通例，爲有綱無目者，即〈提綱〉第一條：「《春秋》書時月日，有正例；不用正例者，或謹之，或危之，或美之，或惡之，或備之，或略之，或著之，或非之，或信之，或閔之。」所謂專門例，即〈述傳〉子目二十九例。所謂傳外餘例，爲「傳無明文而僅見於范注者」，凡三十三例。二、藉由《春秋》闕文以辨正時月日例，因爲《穀梁傳》成書時，《春秋》諸條經文是完整的，《春秋》闕文是發生在《穀梁傳》成書之後，所以不宜依據闕文妄發經義。三、引駁《公羊傳》、范甯注以釋時月日例，按《穀梁傳》與《公羊傳》爲同門，各自爲傳，詳略得以相互參證；但「《穀梁》之義多正，《公羊》之論多偏，蓋以《穀梁》爲正傳，《公羊》爲外傳」，所以二傳釋例互異時，原則上是贊同《穀梁傳》之說爲主。

　　劉師培先生對於杜預等後儒批評劉、賈、許、潁諸儒「雜入《公》、《穀》之說，爲自淆家法」，頗不以爲然，認爲《左傳》自有其義，且「杜氏既尊『五十凡』爲周公所制，而其釋例又不依傳文以爲說，自創科條，支離繳繞，乃是杜氏之例，非《左氏》之例」，並進一步指出杜預義例之失計二十端，於是作《春秋左氏傳古例詮微》、《春秋左氏傳傳例解略》、《春秋左氏傳傳注例略》、《春秋左氏傳例略》、《春秋左氏傳時月日古例考》、《讀左劄記》、《春秋左氏傳答問》諸書，以傳承《左傳》漢儒舊說。其發明《左傳》義例模式爲：一、引《左傳》勘經，將《春秋》與《左傳》比類以觀，二者對於同一事實的記錄規則，可以魯成公、襄公爲界線，成公之前傳書者經不書，襄公之後傳書者經亦書，微旨即在其中；二、詮《左傳》古例，融合劉、賈、許、潁義例之說，並加以己意，略分爲六例（時月日例、名例、禮例、地例、事例、詞例）以治經；三、以服虔之說考經傳異詞，因漢儒以「傳書事實，主明經例」，服虔治《左傳》，集眾家之說，闡發故訓典制，足以考辨經例；四、以劉歆、賈逵之說考時月日例，因《左傳》除了發明大夫卒與日食以時月日爲例之外，「餘則隱含弗發，以俟隅反」，所作《春秋左氏傳時月日古例考》一卷，凡二十五例，即是以劉歆、賈逵之說爲依歸。

　　第四類是直解類，以經文爲依歸，不信三傳之說，率以己意爲斷，略舉葉夢得、趙鵬飛、郝敬三人爲代表。

　　宋儒葉夢得直解《春秋》，作《春秋讞》二十二卷，以決獄之法議三傳之
罪，整合陸淳（啖助、趙匡）《春秋集傳辨疑》與劉敞《春秋權衡》攻駁三傳
之說，並修正二書的差誤，補足二書的疏略，以糾正三家之過；又作《春秋
攷》三十卷，據周禮考三傳之事與義，但後世流傳的《周禮》、《儀禮》、《禮
記》三書並不等於周禮，因為周公為天下所制的周禮已有變亂，學者必須明
堯、舜、三代之道與周公、孔子治天下之法，並慎擇之；又作《春秋傳》二
十卷，酌三傳之事與義更相發明，自稱三傳之義不合於事者則棄義而從事，
事不通於義者則棄事而從義，實際是全部棄之，而於三傳事、義之外另行發
明己意。

　　宋儒趙鵬飛作《春秋經筌》十六卷，不採三傳之義，標榜以心為筌，以
公天下之心求聖人之心，主張：一、以無傳明《春秋》，不可以有傳求《春秋》，
因為聖人作經之初，無法預知後世有三家作傳，學者只要「默與心會」，即可
直求聖人所寓王道，不必依賴三傳；二、《春秋》書法，有據事實示褒貶者，
亦有以義例示褒貶者，「學者當以類求之，而考其異，則褒貶自見」；三、考
其原以昭其情，以辨人物主從與罪惡輕重；四、觀《詩》之旨而得《春秋》
之意，因為聖人於《詩》詳其事，於《春秋》用其法，二者相為表裏

　　明儒郝敬認為，明代《春秋》學者重傳而輕經，皆以經說三傳，非以三
傳說經，甚至知有三傳，而不知有經，於是作《春秋直解》十五卷，以矯正
時弊，主張：一、《春秋》之義在不言，「不言」不等於「隱」，亦不等於「顯」，
而是「直」，直其事而是非自見，與朱熹「直書其事美惡自見」的見解大致相
同；二、讀《春秋》，取經所不書質諸所書，有非名而不書者，有沒其功而不
書者，有黜其榮而不書者，有黜其榮而不書者，其意即可自見；三、聖人比
義不比例，反對三傳以義例模式作為褒貶進退之法，因為聖凡同心，只要本
於凡人的喜惡之心，即可反推聖人的喜惡之心，求得孔子刪削魯史與垂戒後
世的用意。

　　綜據上述，會通類廣納三傳及諸儒見解，據史類依據《左傳》史事以治
經，申例類各據一傳申述義例，直解類則盡棄三傳回歸本經。儒者對於三傳
的支持態度不同，即形成不同的類別，彼此的認知差異甚大，頗為紛雜。

第九章 《春秋》義法之緯史模式

　　明末政治動盪，士風頹廢，在有識之士的發起之下，部分儒者紛紛以讀書救國的抱負成立文社。崇禎二年（1629 年），江南地區十餘個文社聯合組成「復社」，後來逐漸發展為全國性社團，以興復古學為號召，主張經經緯史、經史合一，對清初樸學經世致用思想影響甚巨。「復社」成員錢謙益（1582～1664 年）云：

> 經猶權也，史則衡之，有輕重也。經猶度也，史則尺之，有長短也。……
> 經不通史，史不通經，誤用其偏詖猥瑣之學術，足以殺天下，是以
> 古人慎之。經經緯史，州次部居，如農有畔，如布有幅，此治世之
> 菽粟，亦救世之藥石也。〔註1〕

以上是說明經史合一具有治世與救世的實用價值；而所謂經經緯史，則是以經學為主、史學為輔的研究方法。歷史是人類活動的軌跡，構成的因素包括人所存在的時間與空間，以及人所從事的活動，舉凡曆數、地理、人物、世族、軍事、政治、禮樂等，皆包括在內，而《春秋》是一部兼具經書與史書性質的典籍，因此，將構成歷史的因素分門別類，以史學輔助經學，亦是研究《春秋》的方法之一。誠如《四庫全書總目》云：「雖似與經義無關，然讀經讀傳者往往因官名、地名、人名之舛異，於當日之事迹不能融會貫通，因於聖人之褒貶不能推求詳盡，……固讀《春秋》者所當知也。」〔註2〕

〔註 1〕　〔清〕錢謙益：〈汲古閣毛氏新刻十七史序〉，《牧齋有學集》（上海：上海古
　　　　籍出版社，2002 年 3 月，《續修四庫全書》，冊 1391），卷 14，頁 2～3。
〔註 2〕　見《四庫全書總目》經部《春秋》類「《春秋識小錄》九卷」條下。《四庫全
　　　　書總目》（臺北：臺灣商務印書館，1986 年 7 月，《景印文淵閣四庫全書》），
　　　　卷 29，頁 30～31。

　　本文將「經經緯史」簡稱爲「緯史」〔註3〕，其模式謹分爲圖表譜曆、人物傳記、諸國統紀三類，茲依序討論之。

第一節　圖表譜曆類

　　經經緯史理論雖出現於明末清初，但源出甚早，如西漢嚴彭祖（生卒年不詳）《春秋左氏圖》十卷、《古今春秋盟會地圖》一卷〔註4〕，已佚，其目的應即以史學輔助經學，屬圖表譜曆類。其後晉代有杜預《春秋世譜》七卷、《春秋釋例》十五卷，京相璠《春秋土地名》一卷；南朝宋有謝莊《春秋圖》卷數不詳〔註5〕，南朝梁有簡文帝蕭綱《春秋左氏圖》十卷。以上均已佚。

　　唐代有顧啓期《大夫譜》十一卷〔註6〕，張傑《春秋圖》五卷，黃敬密《春秋圖》一卷，第五泰《左傳事類》二十卷，亦均已佚。另後蜀有馮繼先《春秋名號歸一圖》二卷、《名字同異錄》五卷，前存後佚。

　　北宋有葉清臣《春秋纂類》十卷〔註7〕，崔表《春秋世本圖》一卷，楊蘊《春秋公子譜》、《春秋年表》各一卷，孫子平、練明道《春秋人譜》一卷，

〔註3〕按姜忠奎先生（1897～1945年）《緯史論微》十二卷，旨在考證識緯之名義、淵流、流變、關節等，「緯史」二字與本文定義不同。

〔註4〕嚴彭祖《春秋左氏圖》十卷、《古今春秋盟會地圖》一卷見朱彝尊《經義考》引南朝梁阮孝緒《七錄》著錄。但嚴彭祖係公羊先師，以《公羊傳》顯門教授，《春秋左氏圖》十卷是否爲其所作，殊值存疑；又《古今春秋盟會地圖》與杜預《春秋釋例・古今書春秋盟會圖》名稱雷同，今《春秋釋例》輯佚本則未見該圖，是否嚴彭祖所作已不可考，姑從朱彝尊《經義考》所著錄。〔清〕朱彝尊：《經義考》（臺北：臺灣中華書局，1965年11月，《四部備要》本），卷171，頁5。

〔註5〕《南史・謝弘微列傳》云：謝莊「分《左氏》經傳，隨國立篇。製木方丈，圖山川土地，各有分理。離之則州郡殊別，合之則寓內爲一。」〔唐〕李延壽：《南史》（臺北：臺灣中華書局，1965年11月，《四部備要》本），卷20，頁3。

〔註6〕晁公武《郡齋讀書志》著錄《春秋世系》一卷，云：「右不著撰人姓名。譜《左氏》諸國君臣世系，獨秦無世臣。」朱彝尊《經義考》以爲《春秋世系》一卷屬杜預《春秋釋例》，疑其著錄當爲顧啓期所撰《大夫譜》十一卷。〔宋〕晁公武：《昭德先生郡齋讀書志》（臺北：臺灣商務印書館，1968年3月），卷1下，頁67。〔清〕朱彝尊：《經義考》，卷175，頁6。

〔註7〕朱彝尊《經義考》引《中興書目》云：「天禧中，葉清臣取《左氏傳》，隨事類編，爲二十六門，凡十卷，名《春秋纂類》。」〔清〕朱彝尊：《經義考》，卷179，頁1～2。

楊湜《春秋地譜》十二卷，沈括《春秋機括》三卷〔註8〕，稅安禮《春秋列國圖說》一卷，曾元忠《春秋曆法》卷數不詳，鄭壽《春秋世次圖》四卷。以上均佚。

南宋有鄭樵《春秋地名譜》十卷，羅棐恭《春秋盟會圖》卷數不詳，韓璜《春秋人表》一卷，環中《左氏二十國年表》一卷、《春秋列國臣子表》十卷，鄧名世《春秋四譜》六卷〔註9〕，余嚞《春秋地例增釋紀年續編》卷數不詳，呂祖謙《左傳類編》六卷〔註10〕、《左氏國語類編》二卷〔註11〕，張洽《春秋歷代郡縣地里沿革表》二十七卷，程公說《春秋分紀》九十卷，趙孟何《春秋法度編》卷數不詳〔註12〕，黎良能《左氏譜學》一卷，劉英《春秋列國圖》、《春秋十二國年曆》各一卷，徐梅龜《春秋指掌圖》卷數不詳。以上呂祖謙《左傳類編》、程公說《春秋分紀》尚存。

金代有杜瑛《春秋地里原委》十卷。元代有吳迀《左傳分記》卷數不詳，汪克寬《左傳分紀》卷數不詳。均已佚。

明代有張事心《春秋左氏人物譜》一卷，龔持憲《春秋列國世家》二十七卷，王震《左傳參同》卷數不詳，陳宗之《春秋備考》八卷，劉城《春秋左傳地名錄》二卷、《左傳人名錄》一卷，孫和鼎《春秋名系彙譜》四卷。以上張事心《春秋左氏人物譜》、劉城《春秋左傳地名錄》尚存；但張事心《春秋左氏人物譜》臺灣未見〔註13〕。

〔註8〕 朱彝尊《經義考》引王應麟曰：「沈括撰《春秋機括》三卷，上卷以魯公甲子紀周及十二國年譜，中卷載周及十二國譜系世次，下卷記列國公子諸臣名氏。」〔清〕朱彝尊：《經義考》，卷183，頁4。

〔註9〕 朱彝尊《經義考》引《玉海》云：「鄧名世上《春秋四譜》六卷，以經、傳、《國語》參合援據為國譜、年譜、地譜、人譜。」〔清〕朱彝尊：《經義考》，卷186，頁4。

〔註10〕 今傳《四部叢刊》本《東萊呂太史春秋左傳類編》不分卷，前有綱領，其目錄如下：周、齊、晉（齊晉）、楚（晉楚）、吳越、夷狄、附庸、諸侯制度、風俗、禮、氏族、官制、財用、刑、兵制、地理、春秋前事、春秋始末、論議，凡十九門。其中議論係《左傳》人物發表議論的索引，非呂祖謙發表的議論。

〔註11〕 陳振孫《直齋書錄解題》云：「《左氏國語類編》二卷，呂祖謙撰，與《左傳類編》略同，但不載綱領，止有十六門，又分傳與《國語》為二。」〔宋〕陳振孫：《直齋書錄解題》（臺北：臺灣商務印書館，1968年3月），卷3，頁63。

〔註12〕 朱彝尊《經義考》引戴表元序：趙孟何《春秋法度編》「評攷二百四十二年行事合於《詩》、《書》、六典。」〔清〕朱彝尊：《經義考》，卷191，頁6。

〔註13〕 朱彝尊《經義考》著錄張事心《春秋左氏人物譜》一卷，大陸湖南省圖書館收藏清初抄本十三卷，書名略異，卷數不同。

　　清代有湯秀琦《春秋志》十五卷，顧宗瑋《春秋左傳事類年表》一卷，華學泉《春秋類考》十二卷，陳厚耀《春秋世族譜》一卷、《春秋長歷》十卷，顧棟高《春秋大事表》五十卷，程廷祚《春秋識小錄》九卷，孫從添、過臨汾《春秋經傳類求》十二卷，莊可有《春秋刑法義》一卷，王文源《春秋世族輯略》二卷、《春秋列國輯略》一卷，吳守一《春秋日食質疑》一卷，李調元《春秋左傳會要》四卷，常茂徠《春秋女譜》一卷，王韜《春秋朔至表》一卷，包慎言《春秋公羊傳歷譜》十一卷，周耀藻《春秋世系表》不分卷，成蓉鏡《春秋日南至譜》、《春秋世族譜拾遺》各一卷。另民國有廖平先生《春秋圖表》二卷。以上諸作皆存。

　　經經緯史類現存著作數量頗多，謹擇具代表性者，就其中杜預、程公說、陳厚耀、顧棟高四人模式依序考述如下：

一、杜預模式

　　晉代杜預（222～285 年）《春秋釋例》十五卷，原目已不可考，依據現行輯佚本，卷一至卷四為諸例，屬義例解經模式（詳見本文第三章第一節）；至於卷五至卷七為〈土地名〉，卷八至卷九為〈世族譜〉，卷十至卷十五為〈經傳長歷〉，則係彙集《左傳》史事的「非例」部分。

　　元儒吳萊（1297～1340 年）〈春秋釋例後序〉云：

　　　　〈世族譜〉本之劉向《世本》，〈地志〉本之《泰始郡國圖》，〈長歷〉

　　　　本之劉洪《乾象歷》。〔註 14〕

《世本》之名源出《周禮・春官宗伯》：「小史掌邦國之志，奠繫世，辨昭穆。」〔註 15〕其中「繫」是指天子的帝系，「世」是指諸侯的世系〔註 16〕，經過漢代劉向校訂之後，定為《世本》十五篇〔註 17〕，宋衷、宋均、孫氏、王氏等人曾作注，但亡佚於南宋，後儒有輯佚本。其次，吳萊所稱「〈地志〉」即杜預〈土地名〉，所本《泰始郡國圖》是指晉武帝泰始年（265～274 年）之初官司

〔註 14〕〔晉〕杜預：《春秋釋例》（臺北：臺灣中華書局，1970 年 3 月），卷末，頁 1。

〔註 15〕〔唐〕賈公彥：《周禮注疏》（臺北：大化書局，1982 年 10 月，《十三經注疏》本），卷 26，頁 180。

〔註 16〕鄭玄注引鄭眾云：「繫世，謂帝繫、世本之屬是也。」賈公彥疏：「天子謂之帝繫，諸侯謂之世本。」〔唐〕賈公彥：《周禮注疏》，卷 26，頁 180。

〔註 17〕《漢書・藝文志》云：「《世本》十五篇。」班固注：「古史官記黃帝以來訖春秋時諸侯大夫。」〔清〕王先謙：《漢書補注》（上海：上海古籍出版社，2002 年 3 月，《續修四庫全書》，冊 269），卷 30，頁 17。

空所繪製郡國圖；但該圖繪製完成時，長江以南（江表）尚有八郡在吳國孫氏政權控制之下，待吳國滅亡後，江表八郡改制爲十四郡，「皆貢圖籍，新國始通」，於是杜預將江表部分「皆改從今爲正，不復依用司空圖」〔註18〕。再其次，東漢劉洪（約 129～210 年）《乾象曆》的主要貢獻，在針對月亮運行速度時快時慢與運行軌道近點不斷向前移動的問題，首先計算出具體數字作爲修正值，爲後世曆象家所承襲，亦爲杜預〈經傳長歷〉所本。

以上吳萊之說，係表明杜預〈土地名〉、〈世族譜〉、〈經傳長歷〉三篇皆有所本，杜預藉以闡釋《春秋》，爲緯史模式所宗。

（一）以〈土地名〉之圖書志古與志形

杜預《春秋釋例・土地名》釋例曰：

> 六合之內，山川、國邑、道涂、關津，《春秋》多見其事，盟會侵伐各有所趣，周旋迂直可得而推，日月遠近可得而校。然詳而究之，非書無以志古，非圖無以志形。坐于堂宇之內，瞻天下之廣居，究古今之委曲，可以行，可以言，可以鑑，可以觀，多識山川分野之別，賢愚成敗得失之跡，雖千載之外，若指諸掌，圖書之謂也。〔註19〕

這一段文字是在強調圖、書二者相輔相成的解經功用。任何事件的構成，不外乎時間與空間二大因素，「非書無以志古」、「非圖無以志形」，「志古」是掌握時間因素，「志形」是掌握空間因素，只要善於運用圖與書，《春秋》記事便如手指之於手掌，可以輕易瞭解。

據杜預〈土地名〉統計，《左傳》「地名大凡一千二百一十二，其五百五十九闕」〔註20〕，並分爲圖與書二部分說明：

一是圖的部分。杜預「據今天下郡國縣邑之名，山川道涂之實，爰及四表，自人迹所逮，舟車所通，皆圖而備之；然後以春秋諸國邑盟會地名各所在附列之，名曰〈古今書春秋盟會圖〉」〔註21〕。該圖因「所載博備，則圖體廣大，非儒學世家恐不能有之，故復別爲小圖，指舉春秋國邑盟會，以參所在郡縣」〔註22〕。但據杜預《春秋釋例》輯佚本，該圖已不復見。

〔註18〕 〔晉〕杜預：《春秋釋例》，卷5，頁2。
〔註19〕 〔晉〕杜預：《春秋釋例》，卷5，頁1。
〔註20〕 〔晉〕杜預：《春秋釋例》，卷5，頁2。
〔註21〕 〔晉〕杜預：《春秋釋例》，卷5，頁1。
〔註22〕 〔晉〕杜預：《春秋釋例》，卷5，頁2。

二是書的部分。杜預將〈古今書春秋盟會圖〉「別集疏一卷附之」〔註23〕，據《四庫全書總目》考證，輯佚本有唐人補輯與後人增益之語〔註24〕。其體例，有地名單一者，如《左傳》隱公九年冬：「公會齊侯于防。」〈土地名〉云：「防，琅邪華縣東南防地。」〔註25〕有一地二名者，如《左傳》襄公四年冬十月：「邾人、莒人伐鄫、臧紇救鄫、侵邾，敗于狐駘。」《左傳》哀公二十七年春：「越子使后庸來聘，且言邾田，封于駘上。」〈土地名〉云：「狐駘、駘上，二名，魯國番縣東南有目台亭。」〔註26〕有一地二名者，如《左傳》僖公二十三年冬：「出於五鹿。」〈土地名〉云：「衛縣西北有地名五鹿，陽平元城縣東亦有五鹿。」〔註27〕有謬誤疑闕者，如《左傳》閔公元年秋八月：「公及齊侯盟于落姑。」〈土地名〉云：「落姑，闕。」〔註28〕有地名爲經所改而《左傳》標示舊名者，如《春秋》昭公九年春：「許遷于夷。」《左傳》云：「楚公子棄疾遷許于夷，實城父。」夷舊名爲城父。有地名爲《左傳》所改而經爲舊名者，如《春秋》定公十年夏：「公會齊侯于夾谷。」《左傳》云：「公會齊侯于祝其，實夾谷。」祝其舊名爲夾谷。有新舊二名並存者，如《春秋》隱公八年春：「宋公、衛侯遇于垂。」《左傳》云：「齊侯將平宋、衛，有會期，宋公以幣請於衛，請先相見，衛侯許之，故遇于犬丘。」垂、犬丘爲新舊二名並存。

（二）以〈世族譜〉集《左傳》所載古人名字

宋儒程公說（1171～1207年）《春秋分紀》云：

> 杜預集〈世族譜〉，亦謂：「學者上采《太史公書》、《世本》，傍引傳記、諸子，多有異同，莫得其眞，故世止集《傳》所載古人名字，不復他取。」〔註29〕

〔註23〕〔晉〕杜預：《春秋釋例》，卷5，頁1。

〔註24〕《四庫全書總目》云：「又有附〈盟會圖疏〉，臚載郡縣皆是元魏、隋、唐建置地名，非晉初所有；而『陽城』一條，且記唐武后事，當是預本書已佚，而唐人補輯。又〈土地名〉所釋，亦有後人增益之語，今仍錄原文，而各加辨證於下方。」《四庫全書總目》，卷26，頁13。

〔註25〕〔晉〕杜預：《春秋釋例》，卷5，頁2。

〔註26〕〔晉〕杜預：《春秋釋例》，卷5，頁9。

〔註27〕〔晉〕杜預：《春秋釋例》，卷5，頁15。

〔註28〕〔晉〕杜預：《春秋釋例》，卷6，頁2。

〔註29〕所引爲杜預《春秋釋例》佚文。〔宋〕程公說：《春秋分紀》（精鈔本），卷18，頁1。

記載古代世族的典籍繁多，但內容多有異同，真偽難辨，杜預〈世族譜〉為省去麻煩，只採用《左傳》記載的古人名字，其他一概不取。其〈世族譜〉首列魯國，云：「魯國，姬姓，文王子周公旦之後也。周公股肱周室，成王封其子伯禽於曲阜為魯侯，今魯國是也。自哀以下九世二百一十七年，而楚滅魯矣。」〔註30〕內容彙集魯國歷代國君、夫人、公子、公女、諸氏、雜人；魯國以下，依序為周、邾、鄭、宋、衛、虢、莒、齊、陳、杞、蔡、郕、晉、薛、許、秦、曹、楚、虞、小邾、北燕、萊、吳、越、滕、南燕、夷、白狄、赤狄，體例大致相同。

（三）以〈經傳長歷〉推經傳月日日食

杜預《春秋釋例·經傳長歷》釋例曰：

> 《書》稱：「暮三百六旬有六日，以閏月定四時成歲，允釐百工，庶績咸熙。」是以天子必置日官，諸侯必置日御，世修其業，以攻其術。舉全數而言，故曰「六日」，其實五日四分日之一。日一日行一度，而月日行十三度十九分度之七有奇，日官當會集此之遲速，以考成晦朔錯綜，以設閏月。閏月無中氣，而北斗斜指兩辰之間，所以異于他月也。積此以相通，四時八節無違，乃得成歲，其微密至矣。……然陰陽之運，隨動而差，差而不已，遂與歷錯。故仲尼、邱明每于朔閏發文，蓋矯正得失，因以宣明歷數也。〔註31〕

早在漢代以前，歷象家就已經發現太陽與月亮運行一周天的遲速不同，太陽運行一日為一度，運行一周天約為三百六十五日四分日之一；月亮運行一日為十三度十九分度之七有奇，運行一周天約為二十九日過半（即二十九日又四百七十分）。而太陽與月亮交會之後，下一次月亮追上太陽必須經過一周天又二十九分（即二十九日又四百九十九分）。由於太陽與月亮的運行周期無法密合，歷法上必須設置閏月以調節餘數，否則年歲既久，歷法必定出現差錯，所以古代天子置日官，諸侯置日御，最重要的工作就是掌握太陽與月亮的運行周期，精確計算餘數，據以修正歷法。

又太陽與月亮每年交會十二次，每次交會即是朔日，朔日未必發生日食，但日食必發生於朔日。杜預云：「雖數術絕滅，還尋經傳，微旨大量，可知時之違謬，則經傳有驗，學者固當曲修經傳月日日食，以攷晦朔，以推時驗。」

〔註30〕 〔晉〕杜預：《春秋釋例》，卷8，頁1。
〔註31〕 〔晉〕杜預：《春秋釋例》，卷10，頁1。

〔註 32〕所以藉由《春秋》與《左傳》日食的記載，便可推算或校正春秋時期的曆日。於是杜預攷校古今十曆（《黃帝曆》、《顓頊曆》、《夏曆》、《眞夏曆》、《殷曆》、《周曆》、《眞周曆》、《魯曆》、《三統曆》、《乾象曆》、《泰始曆》、《乾度曆》）〔註 33〕以驗《春秋》，具列其得失之數，並「據經傳微旨證據及失閏旨，攷日辰朔晦，以相發明，爲〈經傳長曆〉」〔註 34〕。

有關推算曆日方面，《春秋》與《左傳》日食的書法爲「某年某時某月某日朔」，但有不全者，或不書朔，或不書日，或不書朔與日。杜預推算如下：

1. 不書朔

如《春秋》隱公三年春二月己巳：「日有食之。」杜預注：「今《釋例》以〈長曆〉推經傳，明此食是二月朔也。不書朔，史失之。」〔註 35〕二月己巳發生日食，杜預〈經傳長曆〉推算是二月一日〔註 36〕，但《春秋》不書朔，杜預認爲是「史失之」。

2. 不書日

如《春秋》桓公十七年冬十月朔：「日有食之。」《左傳》云：「不書日，官失之也。」十月發生日食，杜預〈經傳長曆〉推算是十月庚午〔註 37〕，但《春秋》不書日，《左傳》認爲是「官失之」。

3. 不書朔與日

如《春秋》僖公十五年夏五月：「日有食之。」《左傳》云：「不書朔與日，官失之也。」五月發生日食，杜預〈經傳長曆〉推算是五月壬子〔註 38〕，但《春秋》不書朔與日，《左傳》認爲是「官失之」。

至於校正曆日方面，《春秋》與《左傳》一般事件的書法爲「某年某時某月某日」，但亦有不全或待商榷者，原因有四：一是日月有誤，二是有日無月，三是從赴，四是失閏，五是未數閏。杜預校正如下：

〔註 32〕〔晉〕杜預：《春秋釋例》，卷 10，頁 2。

〔註 33〕按所列古今十曆，漢末宋衷曾以《夏曆》與《周曆》攷校《春秋》，但其術數皆與《漢書‧藝文志》所記不同，於是杜預更其名爲《眞夏曆》與《眞周曆》，實爲十二曆。〔晉〕杜預：《春秋釋例》，卷 10，頁 3。

〔註 34〕〔晉〕杜預：《春秋釋例》，卷 10，頁 2～3。

〔註 35〕〔唐〕孔穎達：《春秋左傳正義》（臺北：大化書局，1982 年 10 月，《十三經注疏》本），卷 3，頁 20。

〔註 36〕〔晉〕杜預：《春秋釋例》，卷 10，頁 3。

〔註 37〕〔晉〕杜預：《春秋釋例》，卷 10，頁 11。

〔註 38〕〔晉〕杜預：《春秋釋例》，卷 12，頁 4。

1. 日月有誤

有日誤或月誤者，如《春秋》隱公二年秋八月庚辰：「公及戎盟于唐。」杜預〈經傳長歷〉云：「八月無庚辰，七月九日有庚辰，日月必有誤。」〔註39〕可知應校正爲七月庚辰，或八月而非庚辰。有誤在月者，如《左傳》隱公三年冬庚戌：「鄭伯之車僨于濟。」杜預〈經傳長歷〉云：「十二月無庚戌，十一月十七日也。」〔註40〕可知應校正爲十一月庚戌。有誤在日者，如《左傳》隱公十年夏六月戊申：「公會齊侯、鄭伯于老桃。」杜預〈經傳長歷〉云：「六月無戊申，五月二十三日也。上有五月，則誤在日。」〔註41〕可知應校正爲六月而非戊申。又如《春秋》昭公二十二年冬十二月癸酉朔：「日有食之。」杜預〈經傳長歷〉云：「《傳》十二月下有閏月，二十三年正月壬寅朔，二十二年十二月不得有癸酉。癸酉，閏月朔也。又《傳》十二月有庚戌，計癸酉在庚戌前三十七日，則十二月亦不得有癸酉朔也。以此推之，十二月癸卯朔，經書癸酉，誤也。」〔註42〕可知應校正爲十二月癸卯朔。

2. 有日無月

如《春秋》隱公四年春戊申：「衛州吁弒其君完。」杜預〈經傳長歷〉云：「三月十七日也。有日而無月也。」〔註43〕可知應校正爲三月戊申。

3. 從赴

如《春秋》桓公十二年秋八月壬辰：「陳侯躍卒。」杜預〈經傳長歷〉云：「七月二十三日。八月，從赴也。」〔註44〕可知應校正爲七月壬辰。

4. 失閏

如《春秋》莊公二十五年夏六月辛未朔：「日有食之，鼓用牲于社。」《左傳》云：「鼓用牲于社，非常也。唯正月之朔，慝未作，日有食之，於是乎用幣于社，伐鼓于朝。」杜預〈經傳長歷〉云：「辛未實當七月朔也。時司歷置閏，漸失其處，謬以爲六月朔，故傳正之也。」〔註45〕辛未本當七月朔日，

〔註39〕〔晉〕杜預：《春秋釋例》，卷10，頁3。
〔註40〕〔晉〕杜預：《春秋釋例》，卷10，頁4。
〔註41〕〔晉〕杜預：《春秋釋例》，卷10，頁6。
〔註42〕〔晉〕杜預：《春秋釋例》，卷14，頁25。
〔註43〕〔晉〕杜預：《春秋釋例》，卷10，頁4。
〔註44〕〔晉〕杜預：《春秋釋例》，卷10，頁10。
〔註45〕〔晉〕杜預：《春秋釋例》，卷11，頁5。

由於魯莊公二十四年司曆誤置閏七月，以致曆日發生差錯，辛未成為六月朔日，可知應校正為七月辛未。

　　5. 未數閏

　　如《左傳》昭公三十一年冬十二月辛亥：「史墨……對曰：『六年，及此月也，吳其入郢乎！……入郢必以庚辰。』」《春秋》定公四年冬十一月庚辰：「吳入郢。」杜預〈經傳長歷〉云：「今在十一月者，並數閏。」〔註46〕「吳入郢」發生於魯定公四年冬，《春秋》記載為十一月庚辰，而《左傳》記載為十二月庚辰，誤差的原因在於當年置閏十月，《左傳》未將閏十月計算在內，可知應校正為十一月庚辰。

　　清儒孫星衍（1753〜1818年）云：「其〈土地名〉則合於班固〈地理志〉所採周地圖書古文及桑欽〈禹貢山水澤地〉〔註47〕之說，劉昭注《郡國志》多取其言。」〔註48〕「其〈世族譜〉足補《世本》、《風俗通》、《姓苑》諸書亡佚之文。」〔註49〕又其〈經傳長歷〉「獨攷《乾象歷》十歷，以定春秋當時之歷，而二百四十二年甲子朔閏不爽毫髮矣。」〔註50〕可知杜預杜預〈土地名〉、〈世族譜〉、〈經傳長歷〉不僅用於解經，亦有功於釐定春秋時代的地名、譜系、曆法，具有卓越的貢獻。

二、程公說模式

　　宋儒程公說（1171〜1207年）作《春秋分紀》九十卷，其序云：

　　　蓋《春秋》則以見天下之當一乎周，而《分紀》則以見列國之所以

　　　異，因其異而一之，此《分紀》所為作也，尚《春秋》意也。〔註51〕

所謂「分紀」，係分事而治理（記錄整理）。《春秋》主張列國禮樂、征伐、官制應當一統於周，《春秋分紀》雖然分事而治理，但只是客觀呈現出當時列國禮樂、征伐、官制互異的情形，其目的仍是以《春秋》的主張為依歸。又推尊胡安國之說：「學《春秋》者必知綱領，然後眾目有條而不紊。自孟

〔註46〕〔晉〕杜預：《春秋釋例》，卷15，頁2。
〔註47〕按漢代桑欽《水經・禹貢山水澤地》云：「右〈禹貢〉山水澤地，凡六十。」見北魏酈道元《水經注》卷四十。
〔註48〕見孫星衍〈重刊春秋釋例序〉。〔晉〕杜預：《春秋釋例》，卷首，頁1。
〔註49〕見孫星衍〈重刊春秋釋例序〉。〔晉〕杜預：《春秋釋例》，卷首，頁1。
〔註50〕見孫星衍〈重刊春秋釋例序〉。〔晉〕杜預：《春秋釋例》，卷首，頁1。
〔註51〕〔宋〕程公說：〈春秋分紀序〉，《春秋分紀》，卷首，頁4。

軻氏而下，發明綱領者凡七家，今載七家精要之詞于卷首，智者即詞以觀義，則思過半矣。」〔註52〕於是有〈述綱領〉一篇，專述七家（孟軻氏、莊周、董仲舒、王通、邵雍、張載、程頤）的見解以爲綱領。茲就其解經模式考述如下：

（一）仿效《史記》體例，重新編輯《左傳》記事

西漢司馬遷（約前145～前90年）《史記》始創以本紀、世家、列傳、表、書爲史書編輯體例。程公說推演《春秋》旨義，並仿效《史記》體例，重新編輯《左傳》記事，分而記之：

1. 表

冠以周，其次列國，其次后夫人以下，其次執政之卿，如〈周天王內魯外諸侯年表〉、〈王后年表〉、〈內夫人年表〉、〈內妾母年表〉、〈王姬年表〉、〈內女年表〉、〈魯卿年表〉、〈晉卿年表〉、〈宋卿年表〉、〈鄭卿年表〉，凡十表。

2. 世譜

將王族、公族、諸臣表列之，每國爲一篇，但魯國增列婦人名與孔子弟子名，如〈王子王族諸氏世譜〉、〈內魯公子公族諸氏世譜〉、〈晉公子公族諸氏世譜〉、〈齊公子公族諸氏世譜〉、〈宋公子公族諸氏世譜〉、〈衛公子公族諸氏世譜〉、〈蔡公子公族諸氏世譜〉、〈陳公子公族諸氏世譜〉、〈鄭公子公族諸氏世譜〉、〈曹公子公族諸氏世譜〉、〈秦公子公族諸氏世譜〉、〈楚公子公族諸氏世譜〉、〈吳公子公族諸氏世譜〉，並附〈世譜敘篇考異〉，凡十三世譜。

3. 名譜

將名著於《春秋》者分類表列之，如〈列國君臣名譜〉、〈外夫人妾名譜〉、〈古人物名譜〉，凡三名譜。

4. 書

分爲七門，如〈歷書〉、〈天文書〉、〈五行書〉、〈疆理書〉、〈禮樂書〉、〈征伐書〉、〈職官書〉，凡七書。

5. 世本

將周、列國、次國、小國各以經傳所載分隸之，如〈周天王〉、〈內魯〉、〈晉世本〉、〈齊世本〉、〈宋世本〉、〈衛世本〉、〈蔡世本〉、〈陳世本〉、〈鄭世

〔註52〕 見胡安國《春秋傳·述綱領》。〔宋〕胡安國：《春秋胡氏傳》（臺北：臺灣商務印書館，1966年，《四部叢刊續編》），卷首，頁1。

本〉、〈曹世本〉、〈燕世本〉、〈秦世本〉、〈楚世本〉、〈吳世本〉、〈次國〉、〈小國〉，凡十六世本。

6. 附錄

將四夷各以經傳所載分隸之，如〈四夷附錄〉，凡一附錄。

按《史記‧三代世表》云：「自殷以前諸侯不可得而譜，周以來乃頗可著。……於是以《五帝繫諜》、《尚書》集世紀黃帝以來訖共和爲〈世表〉。」〔註53〕可知「譜」、「表（世表）」雖異名，但皆爲記載人物世系的體裁。程公說《春秋分紀》「世譜」、「名譜」即與「表」同。又《史記》有本紀與世家，分別記載帝王與諸侯的事迹，程公說《春秋分紀》則合爲「世本」。

（二）補強杜預〈世族譜〉

程公說依據杜預〈世族譜〉「銓次爲詳譜」〔註54〕，其《春秋分紀》世譜及名譜即爲補強杜預〈世族譜〉。程公說〈王子王族諸氏世譜〉云：「如尹氏、武氏，書氏以譏世卿，蓋《春秋》深致意者，考余此譜，當自得矣。」〔註55〕〈內魯公子公族諸氏世譜〉亦云：「凡舉氏者，皆專命之氏，其極至於有其民，出其君，而莫之禁。職此其故，余於是作魯公族譜，而別氏者又爲公族譜，以盡譜之變，合則族，別則氏，考其世觀之，成敗得失可睹矣。」〔註56〕按自古大夫世祿不世爵，但春秋時代大夫專政，形成世卿制度，《春秋》譏之，程公說以世譜辨正其義。至於小國因世譜不詳，則作名譜，「先列其君，附以國人之名字，衰而次之，厥有條理」〔註57〕。

（三）以《左傳》事迹為按

程公說分析《春秋》三傳的優點，認爲「若夫三家之學，《左氏》敘事見本末，《公羊》、《穀梁》詞辯而義精。學經以傳爲按，則當閱《左氏》；玩詞以義爲主，則當習《公》、《穀》。」〔註58〕但三傳亦各有缺失，如《左傳》「來賵仲子以爲豫凶事，則誣矣」〔註59〕；《公羊傳》「母以子貴，媵妾許稱夫人，

〔註53〕〔漢〕司馬遷、〔宋〕裴駰集解：《史記》（臺北：藝文印書館，2005 年 2 月），卷 13，頁 1。
〔註54〕〔宋〕程公說：《春秋分紀》，卷 18，頁 1。
〔註55〕〔宋〕程公說：《春秋分紀》，卷 10，頁 2。
〔註56〕〔宋〕程公說：《春秋分紀》，卷 10，頁 9。
〔註57〕〔宋〕程公說：《春秋分紀》，卷 17，頁 1。
〔註58〕〔宋〕程公說：〈春秋分紀例要〉，《春秋分紀》，卷首，頁 8。
〔註59〕〔宋〕程公說：〈春秋分紀例要〉，《春秋分紀》，卷首，頁 8。

則亂矣」〔註60〕；《穀梁傳》「曲生條例，以大夫日卒爲正，則鑿矣」〔註61〕。其中《穀梁傳》以大夫日卒爲正固屬義例，《公羊傳》母以子貴媵妾許稱夫人亦是義例，二傳重視義例解經的程度並無軒輊。程公說雖接受二傳「詞辨而義精」的優點；但相對的，對於二傳以義例解經並不認同。

《春秋分紀》記事以《左傳》事迹爲按，有傳無經者亦採，如〈周天王〉引「虢公忌父始作卿士於周」〔註62〕，出自《左傳》隱公八年夏，即無經文。但《左傳》所載若有不合事實之處，則取《公羊傳》、《穀梁傳》或諸儒之說予以辨證，如《春秋》隱公三年夏四月辛卯：「君氏卒。」《左傳》云：「君氏卒，聲子也。」《春秋分紀》云：

> 公說曰：「尹氏卒。《公羊》曰：『天子之大夫也，譏世卿。』《穀梁》
> 亦曰：『天子之大夫也。』獨《左氏》以爲聲子，而於文爲『君氏』，
> 以『尹』爲『君』，蓋字之訛也，故於此辯《左氏》『君氏』之非，
> 而系尹氏卒于周云。」〔註63〕

按《左傳》引經文作「君氏」，認指魯隱公的生母聲子；但《公羊傳》、《穀梁傳》引經文皆作「尹氏」，認指周天子的大夫。程公說採用《公羊傳》、《穀梁傳》，辨正《左傳》所引「君」字爲訛。

又如《春秋》隱公十一年冬十一月壬辰：「公薨。」《左傳》云：「羽父使賊弒公于寪氏，立桓公，而討寪氏，有死者。不書葬，不成喪也。」《春秋分紀》云：

> 劉敞曰：「桓潛謀弒君，欲人不知之，故歸罪寪氏，豈更令其喪禮不
> 成，以自發露邪！此乃事之不然，又明《左氏》初不受經于仲尼，
> 不知薨不書葬之意。」〔註64〕

所引出自劉敞《春秋權衡》。《左傳》認爲魯隱公薨不書葬，是因爲桓公未舉行葬禮，但如此豈不等於自己敗露弒君的事實，所以理由無法成立。程公說引劉敞之說，正是以義理的角度辯證《左傳》敘事的錯誤。

關於程公說《春秋分紀》的貢獻，誠如《四庫全書總目》云：「宋自孫復以後，人人以臆見說《春秋》，惡舊說之害己也，則舉三傳義例而廢之；又惡

〔註60〕 〔宋〕程公說：〈春秋分紀例要〉，《春秋分紀》，卷首，頁9。
〔註61〕 〔宋〕程公說：〈春秋分紀例要〉，《春秋分紀》，卷首，頁9。
〔註62〕 〔宋〕程公說：《春秋分紀》，卷45，頁5。
〔註63〕 〔宋〕程公說：《春秋分紀》，卷47，頁6～7。
〔註64〕 〔宋〕程公說：《春秋分紀》，卷47，頁11。

《左氏》所載證據分明，不能縱橫顛倒、惟所欲言也，則併舉《左傳》事迹而廢之。譬諸治獄，務燬案牘之文，滅佐證之口，而是非曲直乃可惟所斷而莫之爭也。公說當異說坌興之日，獨能考核舊文，使本末源流犁然具見，以杜虛辨之口舌，於《春秋》可謂有功矣。」〔註65〕

三、陳厚耀模式

清儒陳厚耀（1648～1722 年）爲康熙年間知名天文曆算學家，所著天文曆算方面的著作甚多，但大都失傳；又兼習《春秋》之學，撰有《春秋戰國異辭》五十四卷、《通表》二卷、《摭遺》一卷及《春秋世族譜》一卷，並以天文曆算之學治《春秋》，撰爲《春秋長曆》十卷。茲就其中《春秋世族譜》與《春秋長曆》二書考述其解經模式如下：

（一）補足杜預〈世族譜〉

杜預《春秋釋例》自明代以後亡佚，殘存於《永樂大典》中，經清代乾隆年間四庫館臣自《永樂大典》裒輯纂修而繼續流傳。陳厚耀「當時既未覩《釋例》原本」，朝廷亦尚未纂修《四庫全書》，爲補足杜預〈世族譜〉的闕略，於是依據孔穎達《春秋正義》所引佚文，旁參他書，作《春秋世族譜》一卷，「其體皆仿旁行斜上之例」〔註66〕，概分爲三部分：

1. 王室及諸國世次圖〔註67〕

依序爲周、魯、晉、衛、鄭、齊、宋、楚、秦、陳、蔡、曹、莒、杞、滕、薛、許、邾、吳、越。如王室首列平王至元王世系，次列諸卿大夫周氏、召氏、尹氏、樊氏、原氏、毛氏、成氏、單氏、儋氏、甘氏、劉氏、祭氏世系；又如魯國首列惠公至悼公世系，次列諸卿大夫臧孫氏、展氏、郈氏、施氏、孟孫氏、叔孫氏、季孫氏、東門氏、子叔氏世系；以下諸國同。

2. 王室及諸國雜姓氏名號〔註68〕

其序同前，皆爲「偶見經傳而無世次可稽」〔註69〕者。如周雜姓氏名號

〔註65〕《四庫全書總目》，卷 27，頁 23～24。
〔註66〕《四庫全書總目》，卷 29，頁 25。
〔註67〕〔清〕陳厚耀：《春秋世族譜》（臺北：新文豐出版公司，1989 年 7 月，《叢書集成續編》，冊 246），頁 1～64。
〔註68〕〔清〕陳厚耀：《春秋世族譜》，頁 65～78。
〔註69〕《四庫全書總目》，卷 29，頁 25。

凡六十八，其中宰咺偶見《春秋》與《左傳》隱公元年；又如魯雜姓氏名號凡一百三十六，其中卜齮偶見《左傳》閔公二年；以下諸國同。

3. 小國諸侯名號及小國諸臣名氏〔註70〕

此部分數量不多，亦是「偶見經傳而無世次可稽」者。如小國諸侯名號凡四十四，其中郕伯偶見《春秋》與《左傳》文公十二年；又如小國諸臣名氏凡三十四，其中仲章爲潞賢臣，偶見《左傳》宣公十五年。

按陳厚耀《春秋世族譜》搜採頗爲該洽，與顧棟高《春秋大事表》解經模式同屬一類（詳如後文），皆具有高度的參考價值。《四庫全書總目》將二書作一比較，云：「顧棟高作《春秋大事表》有〈世系表〉二卷，其義例與此相近，而考證互有異同。如周卿大夫之周公忌父、召莊公諸人，此書徵引不及顧本之備；又脫漏王叔氏世系不載，亦爲遜於顧本。然顧氏於有世系者敘次較詳，其無可考者概闕而不錄；此書則於經傳所載之人祇稱官爵及字者，悉臚採無遺，實爲顧本所未及。讀《春秋》者以此二書互相考證，則《春秋》氏族之學幾乎備矣。」〔註71〕《四庫全書總目》對於二書的比較頗爲細膩，言之有據；又謂以二書相互考證，則《春秋》氏族之學幾乎完備，亦應屬持平。但《春秋》氏族之學非顧棟高特別重視的部分，與陳厚耀用心不同；關於二書的脫漏闕略，非本文題旨範圍，姑置而不論。

（二）補正杜預〈經傳長歷〉

陳厚耀《春秋長歷》係爲補正杜預〈經傳長歷〉而作，原本不分卷帙，經四庫館臣約略篇頁，釐爲十卷，概分爲四部分：

1.「集證」〔註72〕

按杜預〈經傳長歷〉攷校《黃帝歷》、《顓頊歷》、《夏歷》、《眞夏歷》、《殷歷》、《周歷》、《眞周歷》、《魯歷》、《三統歷》、《乾象歷》、《泰始歷》、《乾度歷》以驗《春秋》，具列其得失之數。陳厚耀則備引《漢書·律曆志》、《後漢書·律曆志》、《晉書·律曆志》、《隋書·律曆志》、《新唐書·曆志》、《宋史·律曆志》、《元史·曆志》、唐孔穎達（574～648 年）《春秋左傳注疏》、元趙汸（1319～1369 年）《春秋屬辭》、明朱載堉（1536～1611 年）《歷法新書》、清

〔註70〕　〔清〕陳厚耀：《春秋世族譜》，頁 79。
〔註71〕　《四庫全書總目》，卷 29，頁 26。
〔註72〕　〔清〕陳厚耀：《春秋長歷》（臺北：臺灣商務印書館，1986 年 7 月，《景印文淵閣四庫全書》，冊 178），卷 1，頁 1。

徐發（生卒年不詳）《天元曆理全書》諸說，以證明古今諸曆推算之法各有不同。

2.「古曆法」〔註73〕

古法十九年爲一章，四章爲一蔀，二十蔀爲一紀，三紀爲一元（四千五百六十年）；一元即年、月、日的干支曆經一個循環而回復其初，稱爲曆元。陳厚耀云：「按三代改曆，非重修曆法也，其日法九百四十分，及章、蔀、紀、元之法，初未嘗易。」〔註74〕於是以一章之首推合周曆正月朔日冬至（魯惠公三十八年庚戌、僖公五年丙寅、成公十二年壬午、定公七年戊戌），將算法與《春秋》紀年合爲一表，橫列四章，縱列魯十二公，按法推朔，以考《春秋》。

3.「歷編」〔註75〕

杜預〈經傳長曆〉以《春秋》隱公元年正月朔爲辛巳〔註76〕。陳厚耀云：「按隱元年正月朔，推古曆當得庚戌，而杜氏以爲辛巳，蓋推後經傳日月而得之，辛巳實上年十二月。自元年至七年，月朔皆先一月，則知隱元之前已失一閏矣，至隱七年閏後，始合于曆焉。」〔註77〕按杜預依據《春秋》與《左傳》隱公元年至七年之間記載的日月〔註78〕，推得隱公元年正月朔爲辛巳，二月朔爲庚戌；但陳厚耀以古曆推得隱公元年正月朔爲庚戌，而前一年十二月朔才是辛巳。爲何會發生差異呢？因爲杜預認爲隱公元年之前失一閏，隱公七年十二月之後才置閏合曆，於是將隱公元年至七年之間每月朔日皆前移一個月。陳厚耀爲攷辨杜預之說，於是將春秋二百四十二年以古曆一一推其朔閏及月份大小，引經傳干支爲證佐，而成「歷編」。

4.「〈長曆〉退兩月譜」〔註79〕

陳厚耀云：「考曆以日食爲主，後之推曆者皆能上溯而得之，……若從杜

〔註73〕〔清〕陳厚耀：《春秋長曆》，卷2，頁1。

〔註74〕〔清〕陳厚耀：《春秋長曆》，卷2，頁4。

〔註75〕〔清〕陳厚耀：《春秋長曆》，卷3，頁1。

〔註76〕〔晉〕杜預：《春秋釋例》，卷10，頁3。

〔註77〕〔清〕陳厚耀：《春秋長曆》，卷3，頁2。

〔註78〕如隱公元年五月辛丑、十月庚申，二年十二月乙卯，三年二月己巳，五年十二月辛巳，六年五月辛酉、庚申，七年七月庚申、十二月壬申、辛巳。〔清〕陳厚耀：《春秋長曆》，卷9，頁2。

〔註79〕〔清〕陳厚耀：《春秋長曆》，卷9，頁1。

歷，則日食之不合者皆推不去矣。」〔註80〕按杜預爲遷就隱公元年至七年之間傳記載的日月，而將其間每月朔日皆前移一個月，如此卻與《春秋》隱公三年二月己巳、桓公三年七月壬辰、僖公五年九月戊申記載的日食不合。這個問題該如何解決呢？陳厚耀發現，「隱元之前非失一閏，乃多一閏耳，莫如退一月以就之，則日食之不合者無不合，而其中干支之或合或不合者，亦與杜歷等殊爲得之。」〔註81〕按古曆隱公元年正月朔爲庚戌，二月朔爲庚辰，杜預誤將古曆前移一個月既不可行，於是陳厚耀將古曆後移一個月，亦即較杜預〈經傳長歷〉退兩個月，以隱公元年正月朔爲庚辰，而成「〈長歷〉退兩月譜」；該譜只推至僖公五年止，僖公六年以下因與杜預〈經傳長歷〉一致，所以不續推。

《四庫全書總目》云：「杜預書惟以干支遞推，而以閏月小建爲之遷就。厚耀明於歷法，故所推較預爲密，非惟補其闕佚，並能正其譌舛，於考證之學極爲有裨，治《春秋》者，固不可少此編矣。」〔註82〕由於陳厚耀爲天文曆算學家出身，再以天文曆算方面的專長治《春秋》，所以能超越杜預的成就，對於校正春秋曆法貢獻卓著。

四、顧棟高模式

清儒顧棟高（1679～1759 年）精心經術，尤嗜《左傳》，著有《春秋大事表》五十卷、《輿圖》一卷、《附錄》一卷。其中《春秋大事表》綜合《春秋》二百四十二年事而皆爲表：如〈時令表〉、〈朔閏表〉、〈長歷拾遺表〉、〈列國疆域表〉、〈列國爵姓及存滅表〉、〈列國地形犬牙相錯表〉、〈列國都邑表〉、〈列國山川表〉、〈列國險要表〉、〈列國官制表〉、〈列國姓氏表〉、〈卿大夫世系表〉、〈刑賞表〉、〈田賦表〉、〈吉禮表〉、〈凶禮表〉、〈賓禮表〉、〈軍禮表〉、〈嘉禮表〉、〈王迹拾遺表〉、〈魯政下逮表〉、〈晉中軍表〉、〈楚令尹表〉、〈宋執政表〉、〈鄭執政表〉、〈齊楚爭盟表〉、〈宋楚爭盟表〉、〈晉楚爭盟表〉、〈吳晉爭盟表〉、〈齊晉爭盟表〉、〈秦晉交兵表〉、〈晉楚交兵表〉、〈吳楚交兵表〉、〈吳越交兵表〉、〈齊魯交兵表〉、〈魯邾莒交兵表〉、〈宋鄭交兵表〉、〈城築表〉、〈四裔表〉、〈天文表〉、〈五行表〉、〈三傳異同表〉、〈闕文表〉、〈齊紀鄭許宋

〔註80〕 〔清〕陳厚耀：《春秋長歷》，卷9，頁3。
〔註81〕 〔清〕陳厚耀：《春秋長歷》，卷9，頁3。
〔註82〕 《四庫全書總目》，卷29，頁27。

曹吞滅表〉、〈亂賊表〉、〈兵謀表〉、〈左傳引據詩書易三經表〉、〈左傳杜註正
譌表〉、〈人物表〉、〈列女表〉，凡五十表；其中〈列國險要表〉後附以〈列
國地形口號〉，五禮表後附以〈五禮源流口號〉。另《輿圖》用朱字、墨字分
別古今地名，《附錄》則皆諸表序幷表中所未及者。又爲辨論以訂舊說之訛，
凡一百三十一篇。

茲考述其解經模式如下：

（一）以表敘事

以〈列國險要表〉爲例，春秋列國各有險要，以秦、晉、吳、楚、鄭、
衛諸國最多，其中鄭、衛爲南北所爭，而吳、楚、秦、晉由於壤地相錯，幾
乎每日交兵。顧棟高爲「使學者知《春秋》爲後代戰爭權輿」〔註83〕，除上
述諸國之外，加上周、魯、齊、宋，合計十國，表列其險要五十八處，證以
《左傳》中的史事，「庶幾無失經經緯史之意」〔註84〕。如虎牢爲鄭國險要，
依據《春秋》襄公二年記載，晉國曾協助鄭國修築虎牢，目的在防止鄭國投
降於楚國，〈列國險要表〉云：

> 莊二十一年：「王與鄭伯武公之略，自虎牢以東。」杜註：「今河南
> 成皋縣。」今在河南鄭州汜水縣西二里，亦名成皋。戰國時，韓獻
> 于秦十九年而遂亡。今自榮陽而東皆坦夷，西入縣境地漸高，城中
> 突起一山，如萬斛困出，西郭則亂嶺糾紛，一道紆曲，其間斷而復
> 續，使一夫荷戈而立，百人自廢。〔註85〕

以上先引《左傳》史事，因鄭武公曾經教導周平王讀書，周平王將虎牢以東
之地賞賜鄭武公，後來鄭國失其地，所以周惠王再度賞賜。顧棟高以《春秋》
襄公二年記載虎牢地理險要的經文爲經，以《左傳》的史事爲緯，附以虎牢
的地理沿革，結合表列成爲敘事的型態。

（二）破除義例

顧棟高《春秋大事表》卷首附有〈讀春秋偶筆〉與〈春秋綱領〉，大篇幅
引述及討論義例解經不當的問題，如：

〔註83〕 〔清〕顧棟高：〈春秋大事表凡例〉，《春秋大事表》（臺北：藝文印書館，1965
年，《皇清經解續編》），卷首，頁2。
〔註84〕 〔清〕顧棟高：〈春秋大事表凡例〉，《春秋大事表》（《皇清經解續編》），卷首，
頁2。
〔註85〕 〔清〕顧棟高：《春秋大事表》（《皇清經解續編》，卷84），頁1。

看《春秋》須先破除一「例」字。胡文定謂：「凡書救，未有不善。」
此亦不可以一例拘也。〔註86〕

胡安國主張「凡書救者，未有不善之也」〔註87〕，即是義例，顧棟高認為必
須破除，原因何在呢？如《春秋》僖公二十八年春：「楚人救衛。」楚國得到
曹國，並與衛國聯姻，接著入侵中原攻打宋國，宋國向晉國告急，晉國為了
轉移楚國的兵力，於是攻打曹、衛二國，果然楚國轉移兵力救衛，中原諸侯
免除了一場災禍。又如《春秋》襄公十年冬：「楚公子貞帥師救鄭。」楚國聯
合鄭國入侵中原攻打宋國，中原諸侯聯合伐鄭，鄭國求和，楚公子貞於是帥
師救鄭。以上二例，衛國、鄭國皆與楚國友好，背叛中原諸侯，《春秋》書楚
國救衛、救鄭，「非是許楚，乃是罪鄭、衛」〔註88〕，所以胡安國的義例不可
從。

除了上述理由之外，顧棟高又舉例說明：

> 通《春秋》之蒐狩皆書公，至定、哀之蒐狩不書公，君無一民一旅，
> 其得失皆與君無預矣。此皆《春秋》大變故，而聖人書法第據當日
> 之時勢，初非設定一義例，謂有褒貶於其閒也。〔註89〕

蒐狩是國君主持的軍事或田獵活動，《春秋》書公是正常的；但到了魯定公、
哀公在位期間，大夫專權，蒐狩已非由國君主持，《春秋》不書公正是反映當
日的時勢，與義例無關。所以顧棟高認為，聖人並非先設定義例，再修作《春
秋》以寓褒貶。並云：

> 諸儒以書公子不書公子、書氏不書氏為褒貶。然考《春秋》初年，
> 內有不稱公子、不稱氏之大夫，非以奪之者，貶之也；《春秋》中葉
> 以後，外無不稱公子、不稱氏之大夫，非以予之者，褒之也。褒貶
> 在事，不在氏族名字。〔註90〕

既然《春秋》褒貶在事，不在氏族名字，所以諸儒以義例治經不可從。

〔註86〕 〔清〕顧棟高：〈讀春秋偶筆〉，《春秋大事表》（《皇清經解續編》），卷首，
頁1。

〔註87〕 〔宋〕胡安國：《春秋胡氏傳》，卷10，頁3。

〔註88〕 〔清〕顧棟高：〈讀春秋偶筆〉，《春秋大事表》（《皇清經解續編》），卷首，
頁15。

〔註89〕 〔清〕顧棟高：〈讀春秋偶筆〉，《春秋大事表》（《皇清經解續編》），卷首，
頁15。

〔註90〕 〔清〕顧棟高：〈春秋綱領〉，《春秋大事表》（《皇清經解續編》），卷首，頁7。

（三）補強杜預〈土地名〉與〈經傳長歷〉

顧棟高最推崇的前儒是杜預，認爲「杜氏之大有功於《春秋》者，以有〈長歷〉一書列春秋年月，〈土地名〉一書詳春秋輿地」〔註91〕。因此，顧棟高治《春秋》亦特重地理與時日，云：

> 《春秋》強兼弱削，戰爭不休，地理爲要；學《春秋》而不知地理，
> 是盲人周識南北也。雨雹霜雪，失時爲災，蒐田城築，非時害稼，
> 時日尤重；學《春秋》而不知時日，是朝菌不知晦朔也。〔註92〕

其《春秋大事表》前列數表，即與地理或時日有關。又其《輿圖》則以清代輿圖爲準，填寫春秋列國都邑，有總圖、河南圖、山東圖、山西圖、直隸圖、陝西圖、江南圖、湖廣圖、浙江圖、河未徙圖、河初徙圖、淮水圖、江水漢水圖，作爲「讀《左》之一助」〔註93〕，當亦是仿效杜預〈古今書春秋盟會圖〉。

〈時令表〉一本朱熹之說，主《春秋》用周正〔註94〕，凡王朝發號施令、列國聘享會盟、史官編年紀月，皆是用周正；且夏以寅爲正，殷以丑爲正，周以子爲正，「子、丑、寅三陽之月皆可以言正，皆可以爲春」〔註95〕，所以「周既不改時月矣」〔註96〕，以糾正胡安國《春秋傳》「夏時冠周月」與蔡沈《書經集傳》「改時不改月」之說，如《春秋》桓公十四年春正月：「無冰。」由於《春秋》用周正，相當於夏正十一月，無冰屬異象，所以書之；若《春秋》用夏正，則無冰是自然現象，書之便毫無意義。但亦有例外，凡田狩祭享用夏正而不用周正，如《春秋》桓公四年春正月：「公狩于郎。書時禮也」〈時令表〉引證：「《左傳》：『書時，禮也。』杜註：『冬獵曰狩。周之春，夏之冬也。田狩皆夏時也。』《公羊傳》：『冬曰狩。常事不書，此何以書？譏遠

〔註91〕 〔清〕顧棟高：〈春秋大事表凡例〉，《春秋大事表》（《皇清經解續編》），卷首，頁1。

〔註92〕 〔清〕顧棟高：〈春秋大事表總敘〉，《春秋大事表》（《皇清經解續編》），卷首，頁1。

〔註93〕 〔清〕顧棟高：《春秋大事表輿圖》（臺北：藝文印書館，1965年，《皇清經解續編》，卷133），頁1。

〔註94〕 〔清〕顧棟高：〈春秋大事表凡例〉，《春秋大事表》（《皇清經解續編》），卷首，頁1。

〔註95〕 〔清〕顧棟高：〈春秋時令表敘〉，《春秋大事表》（《皇清經解續編》，卷67），首頁1。

〔註96〕 〔清〕顧棟高：〈春秋時令表敘〉，《春秋大事表》（《皇清經解續編》，卷67），首頁1。

也。』張氏以寧曰：『周春正月，夏十一月也。冬日狩，不以不時書，以譏遠書也。』」〔註97〕由於狩獵是夏正冬天的活動，所以魯桓公狩獵的時序是正常的，《春秋》書之，並非因其時序違禮，而是譏其遠。

〈朔閏表〉與〈長歷拾遺表〉是鑒於杜預《春秋釋例》卷十至卷十五〈經傳長歷〉殘缺不全，特予補足。其中〈朔閏表〉「因經傳之日數以求晦朔，因晦朔之前後以定閏餘，與杜氏〈長歷〉不差累黍，其違異者則爲論駁正之」〔註98〕。但杜預〈經傳長歷〉誤將隱公元年至七年之間每月朔日皆前移一個月，業經陳厚耀《春秋長歷》辨駁其失在案，顧棟高爲何仍以杜預之說以定朔閏呢？《四庫全書總目》認爲：「蓋厚耀之書，棟高亦未之見，故稍有異同云。」〔註99〕至於〈長歷拾遺表〉是就杜預〈經傳長歷〉殘餘百餘條，「其標明日月者，推明是月爲某朔」〔註100〕，除指正其失有四之外，餘無誤者則註明一「同」字，與〈朔閏表〉相表裡。補足之後，「而《春秋》二百四十二年之時日屈指可數」〔註101〕。

〈列國疆域表〉與〈列國地形犬牙相錯表〉亦是鑒於杜預《春秋釋例》卷五至卷七〈土地名〉殘缺不全，特予補足。〈列國疆域表〉「自王畿以下，凡晉、楚諸大國，先區明其本境，以漸及其拓地之疆域，終春秋之世而止；而小國亦還其始封，末云後入某國爲某邑，庶前後之疆索瞭如，而廢興之故亦從可概睹」〔註102〕。〈列國地形犬牙相錯表〉「詳考輿圖，各據今之州府，而列春秋當日之地形犬牙錯互處，以《左氏》經傳附註其下。……凡行師道里之迂直遠近，盟會徵調之疏數繁簡，靡不曉然，確知其故」〔註103〕。補足之後，「而《春秋》一百四十國之地理聚米可圖」〔註104〕。

〔註97〕〔清〕顧棟高：《春秋大事表》（《皇清經解續編》，卷67），頁1。
〔註98〕〔清〕顧棟高：〈春秋朔閏表敍〉，《春秋大事表》（《皇清經解續編》，卷68），首頁1。
〔註99〕《四庫全書總目》，卷29，頁30。
〔註100〕〔清〕顧棟高：〈春秋長歷拾遺表敍〉，《春秋大事表》（《皇清經解續編》，卷72），首頁2。
〔註101〕〔清〕顧棟高：〈春秋大事表總敍〉，《春秋大事表》（《皇清經解續編》），卷首，頁2。
〔註102〕〔清〕顧棟高：〈春秋列國疆域表敍〉，《春秋大事表》（《皇清經解續編》，卷73），首頁2。
〔註103〕〔清〕顧棟高：〈春秋列國地形犬牙相錯表敍〉，《春秋大事表》（《皇清經解續編》，卷75），首頁1～2。
〔註104〕〔清〕顧棟高：〈春秋大事表總敍〉，《春秋大事表》（《皇清經解續編》），卷首，頁2。

按顧棟高《春秋大事表》自稱「刱意爲表」〔註105〕，體例卻多與程公說《春秋分紀》相同，究竟有無蹈襲之嫌呢？《四庫全書總目》認爲，程公說《春秋分紀》「刊板久佚，鈔本流傳亦罕，棟高蓋未見其書，故體例之間，往往互相出入」〔註106〕；又「明以來其書罕傳，故朱彝尊《經義考》注曰：『未見。』……棟高非剿竊著書之人，知其亦未見也。」〔註107〕但本文認爲，《四庫全書總目》亟欲澄清顧棟高「非剿竊著書之人」，並無意義，理由亦欠周延，程公說《春秋分紀》與顧棟高《春秋大事表》的編輯體例係司馬遷《史記》所創立，經二人仿效而已，顧棟高是否見過程公說《春秋分紀》實無關緊要。

《四庫全書總目》又指出顧棟高《春秋大事表》優缺點各二：缺點一，對於「首尾一事，可以循次而書者，原可無庸立表，棟高事事表之，亦未免繁碎」〔註108〕；缺點二，「參以七言歌括，於著書之體亦乖」〔註109〕；至於優點一，「條理詳明，考證典核，較公說書實爲過之」〔註110〕；優點二，「其辨論諸篇，皆引據博洽，議論精確，多發前人所未發，亦非公說所可及」〔註111〕。其實將《春秋大事表》的優缺點作一比較，其缺點只是編輯上的小問題，並不足以掩蓋其議論發明上的貢獻。

第二節　人物傳記類

人物傳記類是以《春秋》人物傳記爲主要內容，有宋儒王當《春秋臣傳》三十卷，明儒邵寶（姚咨）《春秋諸名臣傳》十三卷，均尚存。茲依序考述之。

一、王當模式

宋儒王當（約1050～1122年）「幼好學，博覽古今，所取惟王佐大略」〔註112〕，在治經學方面，專精於《易》與《春秋》，皆爲之傳，並曾仿效司

〔註105〕〔清〕顧棟高：〈春秋大事表總敍〉，《春秋大事表》（《皇清經解續編》），卷首，頁1。
〔註106〕《四庫全書總目》，卷29，頁29。
〔註107〕《四庫全書總目》，卷27，頁23。
〔註108〕《四庫全書總目》，卷29，頁29。
〔註109〕《四庫全書總目》，卷29，頁29。
〔註110〕《四庫全書總目》，卷29，頁29。
〔註111〕《四庫全書總目》，卷29，頁29。
〔註112〕見《宋史‧儒林列傳》。〔元〕脫脫：《宋史》（臺北：臺灣中華書局，1965年11月，《四部備要》本），卷432，頁11。

馬遷《史記》紀傳體，取《左傳》人物事迹，凡一百九十一人，作《春秋臣傳》三十卷，其解經模式如下：

（一）以魯十二公為序

《春秋臣傳》不分國，以魯十二公為序，為諸臣作傳，並大致以篇幅作為分卷的依據。以魯僖公為例，分為四卷：卷六包括周富辰、虞宮之奇、宋子魚、晉荀息、周內史叔興、鄭叔詹、晉慶鄭七人，卷七包括晉子犯、晉趙成子、晉臼季、晉韓簡、晉先軫、晉魏犨、晉呂甥、晉介之推八人，卷八包括晉郤缺、衛甯武子、秦子桑、秦孟明、楚成得臣、魯公子遂六人，卷九包括魯展禽、周王孫滿、晉荀林父、晉陽處父、魯公孫敖五人。如其中卷九周王孫滿傳：

> 王孫滿，周大夫也。三十三年，秦師襲鄭，過周北門，左右免冑而下，超乘者三百乘。滿尚幼，觀之，言於王曰：「秦師輕而無禮，輕則寡謀，無禮則脫，入險而脫，又不能謀，能無敗乎！」卒敗於殽。宣公三年，楚莊王伐陸渾之戎，遂至于雒，觀兵于周疆，定王使滿勞楚子，楚子問鼎之大小輕重焉，對曰：「在德不在鼎。夏之方有德也，遠方圖物，貢金九牧，鑄鼎象物，百物為之備，使民知神姦，故民入川澤山林，不逢不若，魑魅魍魎，莫能逢之，用能協于上下，以承天休。桀有昏德，鼎遷于商，載祀六百。商紂暴虐，鼎遷于周，德之休明，雖小，重也；其姦回昏亂，雖大，輕也。天祚明德，有所底止，成王定鼎于郟鄏，卜世三十，卜年七百，天所命也。周德雖衰，天命未改，鼎之輕重，未可問也。」周公閱者，周冢宰也，與滿同時。三十年，天王使宰周公來聘，饗有昌歜、白、黑形鹽，辭曰：「國君文足昭也，武可畏也，則有備物之享，以象其德；薦五味，羞嘉穀，鹽虎形，以獻其功。吾何以堪之！」文公十四年，閱與王孫蘇爭政，訟于晉，王叛王孫蘇，而使尹氏與聃啟訟周公于晉，晉趙宣子平王室而復之。〔註113〕

以上事迹分別錄自《左傳》僖公三十三年、宣公三年、僖公三十年、文公十四年。全編以《左傳》為主，間或引用《國語》、《史記》等書所載，以補闕略。但王孫滿傳後段尚包含周公閱事迹在內，王當僅以周公閱「與滿同時」

〔註113〕〔宋〕王當：《春秋臣傳》（臺北：臺灣大通書局，1969年10月，《通志堂經解》，冊20），卷9，頁2～3。

爲由，將二人事迹相連繫，是相當牽強的組合；而《春秋臣傳》雖標榜爲一百九十一人作傳，實際上不止此數。

（二）「贊曰」

王當《春秋臣傳》仿《史記》「太史公曰」的史傳論贊形式，於各卷末附以「贊曰」云云，亦即「贊曰」係以各該卷內諸傳爲範圍。如卷九「贊曰」：

> 柳下惠之聖，非孟子不能知；而仲尼所以深責臧文仲者，以文仲之知足以知其賢也，若眾人則固不足責矣。王孫滿機虛發於奸齒，從容片言杜問鼎之謀，賢矣哉！冢宰職謹四海，而周公閱爭權囂訟，下取決於諸侯之卿，周室其卑矣。處父以下干上，亦足以殺其軀也。
> 〔註114〕

以上評論的對象爲柳下惠（展禽）、王孫滿、周公閱、陽處父四人，其中增加周公閱一人，但遺漏荀林父、公孫敖二人，編輯不夠嚴謹。《四庫全書總目》亦云：

> 今核其書，如謂魯哀公如討陳恆，即諸侯可得之類，持論不免蹖駁，殊非聖人之本意。史稱當「博覽古人，惟取王佐大略」，蓋其學頗講作用，故其說云然。〔註115〕

按齊大夫陳恆弑其君簡公，魯哀公未接受孔子的建議出兵討伐，事見《左傳》哀公十四年夏六月甲午〔註116〕。王當《春秋臣傳》「贊曰」：「魯誠仗義而征之，齊必倒戈而聽命，定齊則諸侯可得。」〔註117〕《四庫全書總目》雖不贊同其說，但認爲因王當是王佐之才，具有雄才大略，所以才以經學致用的立場提出此說。至於陳振孫《直齋書錄解題》稱其「諸贊論議純正，文辭簡古，於經、傳亦多所發明」〔註118〕，則屬見仁見智，姑備爲一說。

〔註114〕 〔宋〕王當：《春秋臣傳》，卷9，頁6。

〔註115〕 《四庫全書總目》，卷57，頁26。

〔註116〕 《左傳》哀公十四年夏六月甲午：「齊陳恆弑其君壬于舒州。孔丘三日齊，而請伐齊三。公曰：『魯爲齊弱久矣，子之伐之，將若之何？』對曰：『陳恆弑其君，民之不與者半。以魯之眾，加齊之半，可克也。』公曰：『子告季孫。』孔子辭，退而告人，曰：『吾以從大夫之後也，故不敢不言。』」

〔註117〕 〔宋〕王當：《春秋臣傳》，卷30，頁6。

〔註118〕 〔宋〕陳振孫：《直齋書錄解題》，卷3，頁59。

二、邵寶（姚咨）模式

明儒邵寶（1460～1527年）取《左傳》人物「嘉言善行，與夫隱顯聞望，生榮死哀，可以昭旂，常炳緗素者」，凡一百四十八人，作《春秋諸名臣傳》十三卷，但未及梓印即去世，其門人將遺稿交由姚咨（1495～？年）纂補續成之，其解經模式如下：

（一）準歲象閏

《春秋諸名臣傳》分國爲諸臣作傳，卷數十三的構想是準歲象閏，「以準一年十二月之數，餘其一以象閏」〔註119〕；但所繫國數爲十四，卷一爲周，卷二至三爲魯，卷四爲齊，卷五至六爲晉，卷七爲楚，卷八爲鄭，卷九爲衛，卷十爲秦，卷十一爲宋，卷十二爲吳，卷十三爲陳、蔡、曹、虞，大致是以篇幅作爲分卷的依據，始周繼魯，再以大小爲順序，似乎未有特別嚴謹的安排。

《春秋諸名臣傳》綜合諸臣事迹，各自爲傳。以周大夫王孫滿爲例：

> 王孫滿，周大夫，頃王之孫也，以爵系爲氏。襄王二十四年，秦師將襲鄭，過周北門，左右免胄而下，超乘者三百乘。滿尚幼，觀之，言於王曰：「秦師必有譴。」王曰：「何故？」對曰：「師輕而驕，輕則寡謀，驕則無禮，無禮則脫，寡謀自陷，入險而脫，能無敗乎！秦師無譴，是道廢也。」是行也，鄭商弦高覺之，矯以鄭伯之命犒師。秦師還，晉人敗諸殽，獲其三帥丙、術、視。定王元年，楚莊王伐陸渾之戎，遂至於雒，觀兵於周疆，王使王孫滿勞楚子，楚子問鼎之大小輕重焉，對曰：「在德不在鼎。昔夏之方有德也，遠方圖物，貢金九牧，鑄鼎象物，百物而爲之備，使民知神姦，故民入川澤山林，不逢不若，螭魅罔兩，莫能逢之，用能協于上下，以承天休。桀有昏德，鼎遷于商，載祀六百。商紂暴虐，鼎遷於周，德之休明，雖小，重也；其姦回昏亂，雖大，輕也。天祚明德，有所底止，成王定鼎于郟鄏，卜世三十，卜年七百，天所命也。周德雖衰，天命未改，鼎之輕重，未可問也。」〔註120〕

〔註119〕見姚咨〈春秋諸名臣傳補自序〉。〔明〕邵寶、姚咨：《春秋諸名臣傳》（臺南：莊嚴文化事業，1996年8月，《四庫全書存目叢書》，史部冊98），卷首，頁2。

〔註120〕〔明〕邵寶、姚咨：《春秋諸名臣傳》，卷1，頁2～3。

以上事迹分別錄自《左傳》僖公三十三年、宣公三年。全編以《左傳》爲主，間或參考《公羊傳》、《穀梁傳》、《禮記·檀弓》、《呂氏春秋》、《韓詩外傳》、《說苑》等書所載。

至於紀年部分，據姚咨〈纂補春秋諸名臣傳凡例〉云：「本國之臣書甲子月日，則用本國之年，不似宋王當俱載魯年也。」〔註121〕因此，如《左傳》記載王孫滿傳例發生於魯僖公三十三年、宣公三年，《春秋諸名臣傳》一律換算本國之年，爲周襄王二十四年、定王元年。然而《四庫全書總目》云：「其義例乃譏當書用魯史編年之非，然既標以『春秋』，則自應用《春秋》之年月，若各從列國，轉致錯互難明，以是議當未允也。」〔註122〕按王當係依《春秋》以魯十二公紀年，姚咨則係比照《國語》用本國之年，而姚咨特別提到王當，應該是因爲當時傳世的《春秋》諸臣傳只有王當《春秋臣傳》，用意在說明二者紀年方式不同而已，看不出有譏之或非之的意思。若謂「既標以『春秋』，則自應用《春秋》之年月」，應屬誤會，按《春秋諸名臣傳》係爲《左傳》諸臣作傳，諸臣未必見於《春秋》，所標「春秋」二字應是指春秋時代，而非《春秋》書名，自可不用《春秋》年月；又謂換算紀年將「轉致錯互難明」，亦嫌誇大其詞，因爲《國語》皆用本國之年，未聞換算紀年「轉致錯互難明」。但《四庫全書》正是因此而未收《春秋諸名臣傳》，僅存其目，理由恐欠周延。

（二）「潛菴子曰」

《春秋諸名臣傳》各傳末分別繫以贊辭「潛菴子曰」云云。如王孫滿傳「潛菴子曰」：

> 夫人之智，聰於幼而窒於壯者多矣。王孫滿少觀秦人率師，知有輿尸之凶；既對楚子問鼎，復寢睥睨之妄。若滿者，其智加於人一等矣。〔註123〕

王孫滿自幼聰穎，及長依然智慧過人，潛菴子讚辭特褒王孫滿的智慧加於人一等。但潛菴子究竟是邵寶或姚咨呢？按《春秋諸名臣傳》每卷次行皆署「句吳後學潛菴姚咨纂補」字樣，可見潛菴子即是姚咨。因此，〈凡例〉云：「取人以文莊公成案爲師，苟有損益，非所以承志也，雖或遺珠，亦不敢攙入。」

〔註121〕〔明〕邵寶、姚咨：《春秋諸名臣傳》，卷首，頁1。
〔註122〕《四庫全書總目》，卷62，頁6。
〔註123〕〔明〕邵寶、姚咨：《春秋諸名臣傳》，卷1，頁3。

又云:「傳外諸贅語雖一得之,愚亦承先儒所論定,不敢妄加評騭,以來同志者譏也。」可見邵寶(諡文莊)作《春秋諸名臣傳》即為一百四十八人,姚咨未有損益;且「潛菴子曰」雖是姚咨所作,但評論亦僅限於邵寶採編的資料為範圍,其續補的工作仍是忠於邵寶原著的。

第三節　諸國統紀類

諸國統紀類是以《春秋》諸國統紀為主要內容,如宋儒唐閱《左史傳》五十一卷〔註124〕,徐得之《春秋左氏國紀》二十卷〔註125〕,李琪《春秋王霸列國世紀編》三卷;元儒齊履謙《春秋諸國統紀》六卷;明儒薛虞畿《春秋別典》十五卷,張溥《春秋三書》三十二卷〔註126〕;清代秦沅《春秋綱》三卷。其中尚存者,有李琪《春秋王霸列國世紀編》、齊履謙《春秋諸國統紀》、薛虞畿《春秋別典》、張溥《春秋三書》,茲擇取較優者,就李琪、齊履謙二人之著作依序考述之。

一、李琪模式

宋儒李琪(924～1008年)認為《春秋》以一萬八千字記載二百四十二年、一百二十四國之行事,條理分明,毫無是非紛糾之弊。但自從「學者捨經求傳,事始繁而晦矣」;又讀經未究前後,「不知據經以覈傳,固有按傳而疑經,是不能比其事而觀之也」〔註127〕。於是作《春秋王霸列國世紀編》三卷,其解經模式如下:

(一)以世為紀

李琪自序:

> 琪少竊妄意,敘東周十有四王之統,合齊、晉十有三伯之目,舉

〔註124〕 朱彝尊《經義考》引《紹興府志》云:「唐閱……以《左氏春秋》倣遷、固史例,以周為紀,列國為傳,又為表、志、贊,合五十一卷,號《左史傳》行於世。」〔清〕朱彝尊:《經義考》,卷188,頁2～3。

〔註125〕 朱彝尊《經義考》引陳傅良序:「唐閱《左氏史》與《國紀》略同,而無所論斷,今《國紀》有所論斷矣。」〔清〕朱彝尊:《經義考》,卷188,頁6～7。

〔註126〕 張溥《春秋三書》三十二卷計〈列國論〉二十四卷、〈四傳斷〉七卷、〈書法解〉一卷。

〔註127〕 見李琪〈春秋王霸列國世紀編自序〉。〔宋〕李琪:《春秋王霸列國世紀編》(臺北:臺灣大通書局,1969年10月,《通志堂經解》,冊22),卷首,頁2。

　　諸侯數十大國之系，皆世爲之紀，不失全經之文，略備各代之實。
〔註128〕

所謂「世爲之紀」，即以諸王、諸霸、諸國國君各爲一世，每世各紀其事，並以魯十二公紀年爲序，如東周紀十四王之事，齊、晉紀十三伯之事，諸侯紀數十大國國君之事。其《春秋王霸列國世紀編》三卷，各卷編輯如下：

　　第一卷爲王世紀、霸世紀及列國本同姓世紀。王世紀自東周平王至敬王，凡十四世。列國本同姓世紀係指魯國，周、魯本同姓，自魯隱公至哀公，凡十二世。至於霸世紀除齊桓公、宋襄公、晉文公之外，未見秦穆公、楚莊王，卻增列晉襄公、靈公、成公、景公、厲公、悼公、平公、昭公、頃公、定公，原因何在呢？晉襄公之世，秦穆公雖稱霸於西戎，但「《春秋》列秦於夷狄」，不可能「授之伯」〔註129〕，所以霸業由晉襄公繼承；晉襄公、靈公、成公、景公、厲公之世，楚莊王「乘晉之衰，進乎方伯矣，《春秋》書伯在晉不在楚」〔註130〕，所以霸業仍由晉君繼承；晉悼公之世，「起四公之衰，而復二伯之盛」，即位之後「不十年而駕楚」〔註131〕；晉平公、昭公之世，雖霸業式微，但「《春秋》所書，皆錄變之文也」〔註132〕，並未將霸權授之於楚；晉頃公、定公之世，「不復方伯之職」，但定公曾與魯哀公、吳王夫差會於黃池，「晉人猶以伯視晉，則知晉雖不能伯，而《春秋》猶未絕晉也」〔註133〕；可見李琪嚴守《春秋》夷夏之防，黜秦、楚爲夷狄之邦，秦穆公、楚莊王不得稱霸，而使晉君延續春秋霸業。

　　第二卷爲列國同姓世紀及列國先代之後世紀。列國同姓世紀係指周同姓諸國，包括蔡、曹、衛、晉、鄭、滕、邢、郕及微國。列國先代之後世紀係指虞、夏、殷之後諸國，依序爲陳、杞、宋。

　　第三卷爲列國庶爵世紀及夷狄世紀。列國庶爵世紀係指周異姓諸國，包括齊、許、莒、薛、邾、小邾、郯、紀及微國。夷國世紀包括楚、吳、秦、越、戎、狄、微國及附夷微國。

〔註128〕見李琪〈春秋王霸列國世紀編自序〉。〔宋〕李琪：《春秋王霸列國世紀編》，卷首，頁2。
〔註129〕〔宋〕李琪：《春秋王霸列國世紀編》，卷1，頁9。
〔註130〕〔宋〕李琪：《春秋王霸列國世紀編》，卷1，頁10。
〔註131〕〔宋〕李琪：《春秋王霸列國世紀編》，卷1，頁14。
〔註132〕〔宋〕李琪：《春秋王霸列國世紀編》，卷1，頁16。
〔註133〕〔宋〕李琪：《春秋王霸列國世紀編》，卷1，頁18。

　　茲以晉文公世紀爲例，紀事如下：《春秋》僖公二十八年「侵曹」、「伐衛」、「入曹執曹伯畀宋」、「及楚戰城濮楚敗績」、「會盟踐土」、「陳如會」、「朝王所」、「衛元咺出奔晉」、「會溫」、「天王狩河陽」、「朝王所」、「執衛侯歸京師」、「元咺自晉復歸衛」、「圍許」、「曹伯復歸曹會圍許」，僖公二十九年「會王人盟翟泉」，僖公三十年「衛侯歸衛」、「圍鄭」、「遂如晉」，僖公三十一年「遂如晉」，僖公三十二年「重耳卒」，凡二十一條，各條皆自經文摘錄，若欲詳晉文公霸業始末，尚須將經傳相對照。

（二）「序某世紀曰」或「序某紀曰」

　　李琪《春秋王霸列國世紀編》於「每紀之後，序其事變之由，得失之異，參諸傳之紀載，以明經之所書」〔註134〕。其發表評論的形式有二：

1.「序某世紀曰」

　　用於王世紀及列國世紀之後，如：

> 序鄭世紀曰：觀春秋之世變於鄭，蓋可觀矣。鄭之爲國，邇於周畿，而介乎齊、晉、楚之閒。方其初也，一舉動而係王朝之輕重；及其後也，一向背而關夷夏之盛衰。鄭固春秋要領之國，然鄭在隱、桓之春秋，王室之罪人；在莊、僖以後之春秋，伯者之罪人也；在襄、昭以後之春秋，當時諸侯之罪人也。……殄天倫，墮王法之大者，皆昉於鄭焉，以先王之禮攷之，鄭豈非王室之罪人歟？……昔成王命大公曰：「五侯九伯，女實征之。」平王命文侯曰：「與鄭夾輔周室，毋廢王命。」以先王之訓攷之，鄭又豈非伯者之罪人歟？……當時田氏專齊，三家擅魯，六卿分晉，七穆有鄭，蓋相視而莫相正也。然諸侯無專殺，而殺有罪者與之；無外討，而討有罪者善之。繩以《春秋》之法，則鄭又豈非諸侯之罪人歟？……。〔註135〕

以上評論鄭莊公至聲公的紀事，凡十四世，於是稱「世紀」。鄭國是春秋世變的指標，王室衰落由於鄭國叛逆，霸權陵替由於鄭國廢命，大夫專擅由於鄭國坐視，於是鄭國成爲王室的罪人、霸者的罪人、諸侯的罪人。

〔註134〕見李琪〈春秋王霸列國世紀編自序〉。〔宋〕李琪：《春秋王霸列國世紀編》，卷首，頁2。
〔註135〕〔宋〕李琪：《春秋王霸列國世紀編》，卷2，頁21～23。

2.「序某紀曰」

用於諸霸紀之後,如:

> 序宋伯襄紀曰:謂《春秋》不與宋襄之伯可乎?則襄公之始嘗以伯書。謂《春秋》爲與宋襄之伯乎?則襄公之終不以伯錄。始以伯書者,曹南之文曰「宋公、曹人、邾人」,其與北杏、城濮主諸侯之辭無異。終不以伯錄者,「宋公玆父卒」,略不書葬,其與秦、楚之君無別矣。……或曰:「襄公假仁義而亡者也。」曰:「苟能假仁義,則不遽亡也。」然襄公亦豈知所謂仁義哉?伐喪以立威,仁悖之甚者也;致夷以謀夏,義墮之大者也。推是物以往,雖欲假仁與義,不能矣。〔註136〕

以上評論宋襄公的紀事,凡一世,於是僅稱「紀」。按《春秋》僖公十九年夏六月:「宋公、曹人、邾人盟于曹南。」曹南之盟首書宋襄公,猶如北杏之會首書齊桓公〔註137〕、城濮之戰首書晉文公〔註138〕,可見《春秋》始以宋襄公爲霸。但宋襄公去世後,《春秋》僅書其卒〔註139〕,未書其葬,與秦、楚之君相同,可見《春秋》終不以宋襄公爲霸。

其「序某世紀曰」或「序某紀曰」,皆條理井然,論證有據。但《四庫全書總目》指出,《春秋王霸列國世紀編》「所論多有爲而發」,並舉例云:

> 如譏晉文借秦抗楚,晉悼結吳困楚,則爲徽宗之通金滅遼而言;譏紀侯隣於讐敵而不能自強,則爲高宗之和議而言,其意猶存乎鑒戒。至於稱魯已滅之後,至秦、漢猶爲禮義之國,則自解南渡之弱;霸國之中,退楚莊、秦穆,而進宋襄,則自解北轅之恥;置秦、楚、吳、越於諸小國後,則又隱示抑金尊宋之意。蓋借《春秋》以寓時事,略與胡安國《傳》同,而安國猶堅主復讐之義,琪則徒飾以空言矣。〔註140〕

按《春秋王霸列國世紀編》對於北宋徽宗之通金滅遼,南宋高宗之和議,未見隻字;而所謂「自解南渡之弱」、「自解北轅之恥」、「隱示抑金尊宋之意」,

---

〔註136〕 〔宋〕李琪:《春秋王霸列國世紀編》,卷1,頁7。
〔註137〕 《春秋》莊公十三年春:「齊侯、宋人、陳人、蔡人、邾人會于北杏。」
〔註138〕 《春秋》僖公二十八年夏四月己巳:「晉侯、齊師、宋師、秦師及楚人戰于城濮。」
〔註139〕 《春秋》僖公二十三年夏五月庚寅:「宋公玆父卒。」
〔註140〕 《四庫全書總目》,卷27,頁28。

雖宋儒持論動輒牽合時事，卻未知李琪著作之意是否如此。四庫館臣則以此說「流傳已久，姑錄以備一家」，目的在與南宋部分士大夫偏安的心態作比較，「以見南宋積削之後，士大夫猶依經託傳，務持浮議以自文，國勢日頹，其來漸矣，存之亦足示炯戒也」〔註141〕。又其說雖牽合時事，藉《春秋》起興，但空言無益，未見經世之義，與寓言模式起興類（詳見本文第四章第二節）不盡相合，因其內容係以《春秋》諸國統紀為主，爰劃歸於此。

二、齊履謙模式

元儒齊履謙（1263～1329 年）鑒於後世學者受到三傳的影響，大都致力於研究《春秋》逐字褒貶的功能，卻忽略了「諸國分合與夫《春秋》之所以為《春秋》」，於是作《春秋諸國統紀》六卷，「以備諸家之闕」〔註142〕，其解經模式如下：

（一）分彙諸國統紀

齊履謙認為，《春秋》本是諸國史記的通稱，「聖人以同會異，以一統萬」，「始魯終吳，合二十國史記」〔註143〕而成經書，於是分彙二十國的統紀，凡二十篇，首為〈魯國春秋統紀〉，其次為〈周王春秋統紀〉，以下依序為宋、齊、晉、衛、蔡、陳、鄭、曹、秦、薛、杞、滕、莒、邾、許、宿、楚、吳，此二十國「皆當時國史具在，聖人本所據以作《春秋》者也」〔註144〕。各篇內容主要說明該國排序先後的依據，大致有二：一是依據聖人制作《春秋》的本旨，如聖人「託魯史以寓王法，⋯⋯因其事著其筆削，蓋所以訓也，後之作者尚有考於斯」〔註145〕，所以魯國列為第一；春秋時期王道不行，孔子傷「周室陵遲，雖有繼世之王，亦不能以復興矣，此制作之本旨也」〔註146〕，

〔註141〕《四庫全書總目》，卷27，頁28。
〔註142〕見齊履謙〈春秋諸國統紀目錄〉。〔元〕齊履謙：《春秋諸國統紀》（臺北：臺灣大通書局，1969 年 10 月，《通志堂經解》，冊24），卷首，頁 1。
〔註143〕見齊履謙〈春秋諸國統紀目錄〉。〔元〕齊履謙：《春秋諸國統紀》，卷首，頁 1。
〔註144〕見齊履謙〈春秋諸國統紀目錄〉。〔元〕齊履謙：《春秋諸國統紀》，卷首，頁 14。
〔註145〕見齊履謙〈春秋諸國統紀目錄〉。〔元〕齊履謙：《春秋諸國統紀》，卷首，頁 2。
〔註146〕見齊履謙〈春秋諸國統紀目錄〉。〔元〕齊履謙：《春秋諸國統紀》，卷首，頁 3。

所以周王列為第二。二是依據其餘諸國的歷史地位、國際地位與封爵地位高低，如宋為王者之後，封為公爵，春秋諸國「惟宋獨終始公爵」〔註 147〕，未曾降爵，所以宋國列為第三；五霸首創於齊，其次為晉，「孟子論《春秋》，不舉他國，而獨以二公為稱」〔註 148〕，所以齊國列為第四，晉國列為第五；至於「荊、吳僭竊名號，不與中國通者各十餘世」〔註 149〕，所以楚國與吳國殿後。

此外，另有〈諸小國春秋〉與〈諸亡國春秋〉二篇，「皆無國史，因以上諸國事所及者也」〔註 150〕，只是《春秋》記載以上二十國史事時提到而已，所以附錄於二十篇之後。

但《四庫全書》對諸國統紀的異議有二：

一是有關聖人編輯諸國史記成分的問題。《四庫全書總目》云：

> 題曰〈某國春秋統紀〉，蓋據《墨子》有百國《春秋》，徐彥《公羊疏》有「孔子求周史記，得百二十國寶書」之文，故不主因魯史從赴告之義也。案《春秋》如不據魯史，不應以十二公紀年；如不從赴告，不應僖公以後晉事最詳，僖公以前晉乃不載一事。此蓋掇拾雜說，不考正經。〔註 151〕

齊履謙主張《春秋》是聖人整合二十國史記而成，二十國史記的重要性是相同的，所以可分彙為二十國的統紀；《四庫全書總目》則依據杜預之說，主張《春秋》是聖人以魯史為主，並從諸國赴告而成，反駁齊履謙為「掇拾雜說」、「不考正經」。二者孰是孰非不在本文題旨範圍內，姑置而不論。

二是有關周、魯國排列先後的問題。《四庫全書總目》云：

> 且魯史不紀周年，內魯可也。履謙分國編次，而魯第一、周第二，不曰「王人雖微，加於諸侯之上」乎？況天王也？〔註 152〕

〔註 147〕見齊履謙〈春秋諸國統紀目錄〉。〔元〕齊履謙：《春秋諸國統紀》，卷首，頁 3。

〔註 148〕見齊履謙〈春秋諸國統紀目錄〉。〔元〕齊履謙：《春秋諸國統紀》，卷首，頁 4。

〔註 149〕見齊履謙〈春秋諸國統紀目錄〉。〔元〕齊履謙：《春秋諸國統紀》，卷首，頁 13。

〔註 150〕見齊履謙〈春秋諸國統紀目錄〉。〔元〕齊履謙：《春秋諸國統紀》，卷首，頁 14。

〔註 151〕《四庫全書總目》，卷 28，頁 4。

〔註 152〕《四庫全書總目》，卷 28，頁 4～5。

齊履謙將魯國列爲第一，周王列爲第二。惟按《春秋》僖公八年春正月：「公會王人、齊侯、宋公、衛侯、許男、曹伯、陳世子款、鄭世子華，盟于洮。」除魯僖公因主盟而書於首位之外，王人的身分地位雖然低微，排序仍在諸侯之上，原因何在？《公羊傳》認爲「先王命也」，《穀梁傳》亦認爲「貴王命也」。《四庫全書總目》據以反駁齊履謙，《春秋》將王人排列在諸侯之上，則諸國統紀豈可將周王排列在魯國之後？但齊履謙將周王排列在魯國之後，是依據聖人制作《春秋》的本旨，因爲周王不能復興王道，於是寓王法於魯，已如前述，自有其理，應予尊重。

（二）「己所特見，各傳于經，縷數旁通，務合書法」

齊履謙《春秋諸國統紀》條列經文，將「己所特見，各傳于經，縷數旁通，務合書法」[註153]，三傳皆在旁通範圍內，如《春秋》僖公二年夏：「虞師、晉師滅夏陽。」〈晉國春秋統紀〉云：

> 《春秋》罪戎首，故雖小國主兵，必序於大國之上，虞師、晉師滅
> 夏陽，邾人、鄭人伐宋之類，皆是也。不惟兵也，凡主會、主盟，
> 皆序於上，如齊桓既爲侯伯矣，而宋猶有先書者。[註154]

虞是小國，爲何序於晉之上？《公羊傳》認爲「使虞首惡也」，《穀梁傳》認爲「爲主乎滅夏陽」，《左傳》認爲「賄故也」，三傳皆以虞主兵爲惡，只論其惡，不論其大小；齊履謙據以主張「《春秋》罪戎首」，並進一步發現，除主兵者之外，主會、主盟者亦爲惡，所以主兵、主會、主盟者雖是小國，皆序於大國之上，此爲《春秋》書法。

「書」固是《春秋》書法，「不書」亦是《春秋》書法者，如《春秋》桓公二年秋：「公及戎盟于唐。」冬：「公至自唐。」〈魯國春秋統紀〉云：

> 案公行反至，必書於策者，此史氏之常。然《春秋》凡公行一百七
> 十二，而書至者八十，不書至者九十二。公行不出境者不書至；雖
> 出境，事不在魯史者不書至。公行不出境不書至者，亦史氏之常也；
> 事不在魯史不書至者，本所闕也。[註155]

齊履謙統計發現，《春秋》公行書至或不書的情形有三：一是出境而事在魯史，書至；二是出境而事不在魯史，不書至；三是未出境，不書至。第一種情形

[註153] 見吳澄〈春秋諸國統紀序〉。〔元〕齊履謙：《春秋諸國統紀》，卷首，頁1。
[註154] 〔元〕齊履謙：《春秋諸國統紀》，卷4，頁1。
[註155] 〔元〕齊履謙：《春秋諸國統紀》，卷1，頁11。

書至是「史氏之常」，第三種情形不書至亦是「史氏之常」；只有第二種情形比較特殊，是史官本來就不書至，所以「本所闕也」，其實亦是「史氏之常」，而非傳鈔疏漏造成的闕文。

但齊履謙亦有引諸傳說而曲附己意者，如《春秋》文公二年春二月丁丑：「作僖公主。」《左傳》云：「作僖公主，書不時也。」按諸侯應於去世後五個月下葬，並於祔祭時（約去世後百日）製作神主。魯僖公去世後，經過七個月才下葬，再經過十個月才製作神主，都不合禮，所以《左傳》僖公三十三年冬云：「葬僖公緩、作主，非禮也。凡君薨，卒哭而祔，祔而作主。」但〈魯國春秋統紀〉云：

> 作僖公主，志僭也。諸侯之主一尺，天子之主尺有二寸。故《左氏傳》曰：「作主，非禮也。」誼自可見。《春秋》凡宮廟制作，非僭不志。〔註156〕

所引《左傳》「作主非禮也」一句，旨在「書不時」，齊履謙卻說是「志僭」，與《左傳》原意不符。又所引「諸侯之主一尺，天子之主尺有二寸」二句，出自《穀梁傳》范甯注：「為僖公廟作主也。主，蓋神之所馮依，……天子長尺二寸，諸侯長一尺。」〔註157〕范甯只是附帶說明天子與諸侯神主的規格，並非指魯僖公神主僭用天子的規格，齊履謙頗有曲解之嫌。

此外，《四庫全書總目》亦指摘若干缺失如下：

1. 誤以蔡侯不僭稱公

按《春秋》桓公十七年夏六月丁丑：「蔡侯封人卒。」秋八月癸巳：「葬蔡桓侯。」〈蔡國春秋統紀〉云：

> 故《春秋》凡諸侯卒，皆書其本爵；而至葬，則無不稱公。書其本爵者，《春秋》法也，正也；無不稱公者，臣子辭也，僭也。……蔡自始封訖于亡，皆稱侯。《左氏傳》蔡亦多稱侯，……。今經於封人亦書曰侯，豈蔡在《春秋》獨為率由舊章者，故其實錄如此。〔註158〕

〔註156〕〔元〕齊履謙：《春秋諸國統紀》，卷2，頁3。

〔註157〕〔唐〕楊士勛：《春秋穀梁傳注疏》（臺北：大化書局，1982年10月，《十三經注疏》本），卷10，頁40。

〔註158〕〔元〕齊履謙：《春秋諸國統紀》，卷5，頁4。

但事實上,《春秋》隱公八年秋八月:「葬蔡宣公。」宣公十七年夏:「葬蔡文公。」所以不是蔡侯率由舊章,不僭稱公,而是齊履謙「漏此二條,……反引《左傳》爲證,殊爲疎舛」〔註159〕。

2. 誤以魯莊公為齊襄公之子

按《春秋》桓公六年秋九月丁卯:「子同生。」〈魯國春秋統紀〉云:

> 世子生不書,而獨書子同者,《左氏傳》云:「以太子生之禮舉之。」《穀梁》云:「疑故志之。」以太子生之禮舉之者,事也;疑故志之者,意也。《春秋》書其事,所以使後世微見其意。或曰:「莊公信非桓公之子,聖人當明言之。」曰:「不然。夫桓、莊之事,聖人烏得而知之!……昭公娶吳孟子,此事之顯然者,聖人猶爲之隱,曾謂桓、莊之事,而聖人肯言之乎!」〔註160〕

齊襄公與魯桓公夫人姜氏爲兄妹,但二人經常私通亂倫。夫人姜氏生子同,時人懷疑非魯桓公之子,於是《穀梁傳》「疑故志之」,齊履謙據以推論聖人隱諱此事,所以不肯明言。但事實上,《春秋》桓公三年秋「夫人姜氏至自齊」,桓公六年秋九月丁卯「子同生」,前後相隔三年,「其事更無疑義」,齊履謙所引《穀梁傳》之說「已爲不核事實」〔註161〕。

有關齊履謙《春秋諸國統紀》的評價,元儒吳澄以宋儒呂祖謙、李琪作比較,認爲「其義視李,則明決多;其辭視呂,則簡淨勝」,且表示「予之所可,靡或不同,閒有不同,亦其求之太過爾,而非苟爲言也」〔註162〕,可見大致上是持贊同的態度。至於《四庫全書總目》雖指摘若干缺失,但「以其排比經文,頗易尋覽,所論亦時有可采,故錄存之」〔註163〕,大體上仍是值得肯定的。

第四節 小 結

本章探討各家以緯史解經的模式,概分爲三類:

第一類是圖表譜曆類,是指儒者以圖、表、譜、曆的形式輔助解經,略舉杜預、程公說、陳厚耀、顧棟高四人爲代表。

〔註159〕 《四庫全書總目》,卷28,頁5。
〔註160〕 〔元〕齊履謙:《春秋諸國統紀》,卷1,頁12。
〔註161〕 《四庫全書總目》,卷28,頁5。
〔註162〕 見吳澄〈春秋諸國統紀序〉。〔元〕齊履謙:《春秋諸國統紀》,卷首,頁1。
〔註163〕 《四庫全書總目》,卷28,頁5。

晉代杜預所作《春秋釋例》現行輯佚本凡十五卷，其中卷五至卷七〈土地名〉、卷八至卷九〈世族譜〉、卷十至卷十五〈經傳長歷〉係彙集《左傳》史事的「非例」部分，屬緯史模式。杜預以〈土地名〉之圖書志古與志形，「志古」是掌握時間因素，「志形」是掌握空間因素，圖、書二者具備相輔相成的解經功用；圖有〈古今書春秋盟會圖〉大、小各一，「以春秋諸國邑盟會地名各所在附列之」；書則將〈古今書春秋盟會圖〉「別集疏一卷附之」。又以〈世族譜〉集《左傳》所載古人名字，為省去麻煩，只採用《左傳》記載的古人名字，包括諸國歷代國君、夫人、公子、公女、諸氏、雜人。又以〈經傳長歷〉推經傳月日日食，藉由《春秋》與《左傳》日食的記載，便可推算或校正春秋時期的曆日，於是杜預攷校古今十曆以驗《春秋》，具列其得失之數，並「據經傳微旨證據及失閏旨，攷日辰朔晦，以相發明」。以上不僅用於解經，亦有功於釐定春秋時代的地名、譜系、曆法，具有卓越的貢獻。

宋儒程公說作《春秋分紀》九十卷，將列國禮樂、征伐、官制分事而記之，但只是客觀呈現出當時列國互異的情形，其目的仍是以《春秋》的主張為依歸，並仿效《史記》體例，重新編輯《左傳》記事，分為表、世譜、名譜、書、世本、附錄；並依據杜預〈世族譜〉「銓次為詳譜」，其《春秋分紀》世譜及名譜即為補強杜預〈世族譜〉；又以《左傳》事迹為按，有傳無經者亦採，但《左傳》所載若有不合事實之處，則取《公羊傳》、《穀梁傳》或諸儒之說予以辨證。程公說考核舊文，釐清本末源流，於《春秋》可謂有功。

清儒陳厚耀為補足杜預〈世族譜〉的闕略，於是依據孔穎達《春秋正義》所引佚文，旁參他書，作《春秋世族譜》一卷，包括三部分：王室及諸國世次圖、王室及諸國雜姓氏名號、小國諸侯名號及小國諸臣名氏，搜採頗為該洽，與顧棟高《春秋大事表》解經模式同屬一類，皆具有高度的參考價值。又為補正杜預〈經傳長歷〉，作《春秋長歷》十卷，以天文曆算之學治《春秋》，概分為四部分：一是「集證」，證明古今諸曆推算之法各有不同；二是「古歷法」，以古法一章十九年之首推合周曆正月朔日冬至，以考《春秋》紀年；三是「歷編」，將春秋二百四十二年以古曆一一推其朔閏及月份大小，引經傳干支為證佐，以攷辨杜預之說；四是「〈長歷〉退兩月譜」，糾正杜預誤將古曆前移一個月，而將古曆後移一個月，亦即較杜預〈經傳長歷〉退兩個月，與《春秋》記載的日食正合。陳厚耀對於校正春秋曆法貢獻卓著，超越杜預的成就。

清儒顧棟高作《春秋大事表》五十卷，綜合《春秋》二百四十二年事，凡五十表，以《春秋》爲經，《左傳》的史事爲緯，結合表列成爲敘事的型態。主張《春秋》褒貶在事，不在氏族名字，所以諸儒以義例治經不可從，必須破除。又推崇杜預〈土地名〉與〈經傳長歷〉大有功於《春秋》，因此，顧棟高治《春秋》亦特重地理與時日，其《春秋大事表》前列數表，即與地理或時日有關：〈時令表〉一本朱熹之說，主《春秋》用周正；〈朔閏表〉與〈長歷拾遺表〉是鑒於杜預〈經傳長歷〉殘缺不全，特予補足；〈列國疆域表〉與〈列國地形犬牙相錯表〉亦是鑒於杜預〈土地名〉殘缺不全，特予補足。《春秋大事表》條理詳明，考證典核，辨論諸篇，皆引據博洽，議論精確，多發前人所未發，是爲優點。

第二類是人物傳記類，是以《春秋》人物傳記爲主要內容，有王當、邵寶（姚咨）爲代表。

宋儒王當仿效司馬遷《史記》紀傳體，取《左傳》人物事迹，凡一百九十一人，作《春秋臣傳》三十卷，不分國，以魯十二公爲序，爲諸臣作傳；並仿《史記》「太史公曰」的史傳論贊形式，以各該卷內諸傳爲範圍，於卷末附以「贊曰」云云。陳振孫《直齋書錄解題》稱其「諸贊論議純正，文辭簡古，於經、傳亦多所發明」。

明儒邵寶取《左傳》人物凡一百四十八人，作《春秋諸名臣傳》十三卷，並由明儒姚咨纂補續成之，卷數十三的構想是準歲象閏，「以準一年十二月之數，餘其一以象閏」，綜合諸臣事迹，分國爲諸臣作傳；並於各傳末分別繫以贊辭「潛菴子曰」云云，潛菴子即是姚咨，其評論限於邵寶採編的資料爲範圍，續補的工作是忠於邵寶原著的。

第三類是諸國統紀類，是以《春秋》諸國統紀爲主要內容，略舉李琪、齊履謙二人爲代表。

宋儒李琪據經以覈傳，作《春秋王霸列國世紀編》三卷，以諸王、諸霸、諸國國君各爲一世，每世各紀其事，並以魯十二公紀年爲序，分爲三部分：一是王世紀、霸世紀及列國本同姓世紀，二是列國同姓世紀及列國先代之後世紀，三是列國庶爵世紀及夷狄世紀；所引各條皆自經文摘錄，若欲詳始末，尚須將經傳相對照。並於每紀之後發表評論，序其事變之由，得失之異，參諸傳之紀載，以明經之所書，其形式有二：一是「序某世紀曰」，用於王世紀及列國世紀之後；二是「序某紀曰」，用於諸霸紀之後，皆條理井然，論證有據。

　　元儒齊履謙鑒於後世學者大都致力於研究《春秋》逐字褒貶的功能，忽略「諸國分合與夫《春秋》之所以為《春秋》」，於是分彙二十國的統紀，作《春秋諸國統紀》六卷，條列經文，將「己所特見，各傳于經，縷數旁通，務合書法」，三傳皆在旁通範圍內。但其中亦有引諸傳說而曲附己意者，是為缺點；而其排比經文，頗易尋覽，所論亦時有可采，大體上仍是值得肯定的。

　　綜據上述，圖表譜曆類、人物傳記類、諸國統紀類皆是重在以史學輔助經學，將構成歷史的因素分門別類，以利於儒者治經，雖未必是學術主流，卻具有實用價值。

第十章　結　論

綜據各章討論情形，茲就各種義法模式的主要特色與分類說明製表如下，以利對照與比較：

模　式	主要特色	類　別	分類說明
義例模式	此模式主張聖人先設置義例，再據以修作《春秋》。	原創類	此類始於《公羊傳》與《穀梁傳》。《左傳》儒者仿二傳，亦設置義例。
		取舍三傳類	此類不滿於三傳義例，而取舍三傳義例另為發明。
寓言模式	此模式假藉《春秋》的人物故事，以寄寓儒者自己的論點；甚至將孔子化作《春秋》寓言中的人物，為儒者自己的理想發言。	隱語類	此類主張《春秋》王魯說，認為孔子假藉《春秋》寄寓對新王改制的政治理想。
		起興類	此類奉行《春秋》經世說，藉經起興，寄寓對時勢環境的經世理念。
屬比模式	此模式聯屬上下相關的文辭（屬辭），排比前後相關的事件（比事），反對以例解經。	紀事本末類	此類以敘述事件的本末與發展為主。
		經傳比事類	此類以《左傳》之事為主，將《春秋》每年諸事與《左傳》逐一比附。
		禮儀制度類	此類歸納《春秋》的禮儀制度。
比例模式	此模式藉由屬辭比事而得經例，反對聖人先設置義例再修作《春秋》的主張。	公羊新義類	此類以屬辭比事由《公羊傳》推求經例，有別於《公羊傳》的義例模式，故稱新義。
		五禮會要類	此類仿史書「會要」的體裁，以吉、凶、賓、軍、嘉五禮為例。

		即經類事類	此類屬辭的部分，捨傳而即經；比事的部分，將《春秋》事迹結合三傳所傳的事，排比歸納成例。
		筆削示義類	此類不拘於三傳義例，闡釋《春秋》隻字片言的筆削大義。
		以史爲法類	此類以史例爲經例。
		采輯傳說類	此類以不拘於三傳義例爲前提，而采輯三傳及諸儒之說。
義理模式	此模式以宋儒程頤、朱熹之學爲宗，主張《春秋》爲明道正誼之書，只要義理明，則皆可遍通。	考信類	此類以程頤所提出「以傳考經之事迹，以經別傳之眞僞」爲原則，對於三傳不可全信，而信其可信。
		如史類	此類以經之事迹若有不可考處，則從朱熹的見解，《春秋》當「只如看史樣看」。
		折衷類	此類博採三傳及諸儒之說，並以程、朱之說爲斷。
說辨模式	此模式係依據儒者對於三傳的支持態度不同而形成，或加以申述，或予以駁斥，或斷以己意，或參以他說，彼此的認知差異甚大，頗爲紛雜。	會通類	此類廣納三傳及諸儒見解。
		據史類	此類依據《左傳》史事以治經。
		申例類	此類各據一傳申述義例。
		直解類	此類盡棄三傳回歸本經。
緯史模式	此模式係以經學爲主、史學爲輔的研究方法，將構成歷史的因素（如曆數、地理、人物、世族、軍事、政治、禮樂等）分門別類，以輔助經學。	圖表譜曆類	此類以圖、表、譜、曆的形式輔助解經。
		人物傳記類	此類以《春秋》人物傳記爲主要內容。
		諸國統紀類	此類以《春秋》諸國統紀爲主要內容。

　　以上七種模式（二十三類）主要特色互不相同，各自獨立，卻是本文依據諸儒治經各自表述的結果，再以後世的立場進行歸納，並非在兩千多年前即有聖人預作統一規劃，再由諸儒依據既定的模式分工闡釋。因此，本文在實際進行歸納與定位時，輒遇細節相互牽繫的情形，無法絕對精準，而各種模式與類別只是呈現本文的歸納方法，學者自可以不同的方法作不同的歸納，以收精進之效。

　　其次，謹就撰寫本文的心得，綜合提出幾點拙見供參：

一、《春秋》義法七種模式（義例、寓言、屬比、比例、義理、說辨、緯史）出自四個來源（聖人口耳相傳、史官據事直書、君子微言大義、孔子述而不作），亦即多元化的義法來源產生多元化的義法模式，但二者並無直接的對應關係，必須藉由《春秋》爲中介。易言之，四個來源融合而成《春秋》義法，再由《春秋》義法發展而成七種模式，而《春秋》居於關鍵的地位，使二者得以相互依存。

※正確圖示如下：

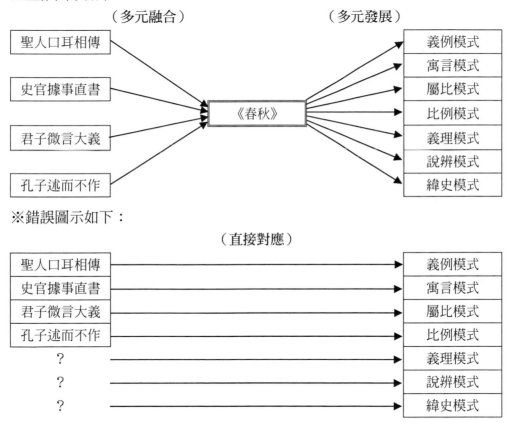

※錯誤圖示如下：

二、《春秋》義法是眾多聖人、史官、君子與孔子的智慧結晶，雖然歷代諸儒多主張《春秋》爲孔子所修作，但本文認爲孔子是集合眾多聖人、史官、君子智慧之大成，我們可以將「孔子」視爲眾多聖人、史官、君子的共同代名詞，不必專指孔子本人。《春秋》的價值亦不在於孔子曾否修作，而在於其本身具有撥亂反正的功能，使亂臣賊子懼，足爲萬世之法。治《春秋》可順應時代發展，因時制宜，擷取所需，盡情表述，不必處處以探求孔子的意見爲依歸，競逐唯一的標準答案。

　　三、經學沒有「解經專屬權」的觀念，人人都有解經的權利。《春秋》義法七種模式皆是諸儒自扮孔子而來，誰眞正深得孔子本意不得而知，卻證明了兩千多年來的《春秋》學術領域確實非常蓬勃發展。而各種模式皆是出自諸儒的血汗與用心，無須區別其優劣高下，各取所好便是。諸儒或以廢棄三傳爲忤，其實廢棄三傳即是另立新傳，對於學術發展具有良性競爭的作用，應抱持正面肯定的態度來看待。

　　四、諸儒解說經義各自不同，根源在於運用的模式不同；而各種模式不同的原因，則來自對於孟子所提示事、文、義三要素的偏重不同。義例模式偏重於文，以一字爲褒貶，字字皆有義；寓言模式偏重於義，義在事與文之外，以發明微辭隱義爲上；屬比模式偏重於事，藉由文辭的聯屬，綜觀事件的發展始末與因果關係；比例模式偏重於事，不拘於例，因行事之迹以爲例；義理模式偏重於義，信其可信，以合於義理者爲是；說辨模式包括會通、據史、申例、直解四類，事、文、義各有所偏重，須視個別而定；緯史模式偏重於事，將構成歷史的因素分門別類，以史學輔助經學。簡表如下：（畫○者爲其所偏重）

要素＼模式	義　例	寓　言	屬　比	比　例	義　理	說　辨	緯　史
事			○	○		○	○
文	○					○	
義		○			○	○	

　　各種模式以偏重於事者最多，偏重於義者居中，偏重於文者最少。

　　五、諸儒治經未必只運用一種模式。有二種並用者，如漢儒董仲舒《春秋繁露》以寓言模式與比例模式並用，晉儒杜預《春秋釋例》以義例模式與緯史模式並用，本文已於該二種模式中分別考述之。有一主一輔者，如宋儒胡安國《春秋傳》以寓言模式結合義理模式，宋儒張大亨《春秋五禮例宗》以比例模式結合說辨模式，宋儒程頤以義理模式結合比例模式，宋儒張洽《春秋集傳》以義理模式結合義例模式，本文已於其主要模式中一併考述之。按諸儒解經本非爲建立標準模式而作，亦無固定的標準模式可言，從事研究時，仍須視其實際內容而定。

　　六、義法模式的歸納工作，不可僅憑著作名稱爲斷。名稱相同固有模式亦相同者，如元儒程端學《春秋本義》、明儒胡纘宗《春秋本義》、明儒沈堯中《春秋本義》皆爲義理模式。但明儒郝敬《春秋直解》爲說辨模式，清儒方苞《春秋直解》爲比例模式，二者名稱完全相同，而模式不同；宋儒張洽《春秋集傳》爲義理模式，元儒趙汸《春秋集傳》爲比例模式，元儒鄧淳翁《春秋集傳》爲屬比模式，三者名稱完全相同，而模式亦不同。又宋儒劉敞《春秋傳說例》、宋儒崔子方《春秋本例》爲義例模式，宋儒張大亨《春秋五禮例宗》、明儒王樵《春秋凡例》爲比例模式，皆以「例」字爲名，卻無法由一「例」字斷定何者爲義例模式，何者爲比例模式。另宋儒孫覺《春秋經解》爲寓言模式，元儒鄭玉《春秋闕疑》爲屬比模式，元儒吳澄《春秋纂言》爲比例模式，宋儒高閌《春秋集註》爲義理模式，宋儒蘇轍《春秋集解》爲說辨模式，宋儒沈括《春秋機括》爲緯史模式，僅憑名稱皆無法斷定其模式。按諸儒著作本未必以解經模式命名，唯一的方法，就是遍審其相關著作，查閱整體內容及其序、跋，瞭解著作本意，才不致於發生偏差。

　　七、義例模式長期遭受強烈的批判，而批判者多主張義例本屬魯史，不是《春秋》之法，尤其反對時月日例。本文認爲，既然魯史有例，修作《春秋》者何嘗不能效法魯史作例呢？而《公羊傳》與《穀梁傳》解經以時月日例最具代表性，其「遊戲規則」最基本的原則，就是「事以大小爲準」，善惡褒貶依此解讀；當學者加入「遊戲」時，若認爲其規則有疏漏、矛盾、欠周延，或與經文、傳意有扞格之處，當然可提出討論、補充、修正，或另自行歸納一套遊戲規則，否則退出遊戲即可，不必否定遊戲規則存在的事實。

　　八、寓言模式亦長期遭受強烈的批判，尤以隱語類所主張王魯說爲甚。按王魯說倡始於西漢董仲舒，東漢何休附和於後，以借事明義的方式聯手闡述《春秋》的政治理想；但諸儒皆將批判的矛頭指向何休，對於「始作俑者」卻不置一詞，彷彿與董仲舒無關，可見批判者完全不瞭解王魯說的形成背景。類似的情況亦發生在起興類，宋儒藉經起興，強調經世之義，不刻意以事類或理義去推求《春秋》本旨，因此孫復提倡尊王，孫覺亦提倡抑霸尊王，胡安國則發揮固國保民、杜絕朋黨、明辨華夷、不忘復讎之義；但諸儒皆將批判的矛頭指向孫復、胡安國，指責其主張不合《春秋》本旨，對於孫覺及其他宋儒亦不置一詞，批判的標準因人而異。若藉由建立義法模式，使相同模式的著作得以類聚，相互比較，對於不合情理的批判即可輕易察覺，迎刃破解。

　　最後，本文要特別指出，二十一世紀全球正式進入知識經濟時代，由於「知識決定競爭力」〔註1〕，因此我國與各先進國家產業、官僚、學術界莫不加強分工合作，致力推動知識經濟的基礎建設，改造政府體制與法律制度，創新教育、財稅、金融、產業、經貿、勞工政策，建立資訊、科技、企業、行政、人力資源管理，以提升國家發展的競爭力。但本文認為，世界上第一次知識經濟時代不是二十一世紀，而是公元前八世紀至前三世紀的春秋戰國時代。在西周封建制度之下，受教育是貴族階級的專利，知識是貴族的資產；但到了春秋戰國時代，由於封建制度解體，社會動盪不安，貴族被迫散落民間，以知識、技能謀生，從此開啓私人講學的風氣，直接促成了學術思想的發達與百家爭鳴的盛況。各國為圖富國強兵，在政治上，國君用人惟才，布衣可以為卿相，如蘇秦、張儀等；在經濟上，國君提倡工商發展，以增加國家的財用，經商致富者亦受到國君的禮遇，如子貢、呂不韋等；在人力資源上，國君禮賢下士，招攬人才，如田齊桓公設置稷下學宮，又如魏文侯、齊宣王、燕昭王為養士名主，齊孟嘗君、趙平原君、魏信陵君、楚春申君為養士四公子。前後對照，可見春秋戰國時代的國君們早已具有「知識決定競爭力」的觀念，並能躬行實踐，而其中所指的知識，即含括《易》、《書》、《詩》、《禮》、《樂》、《春秋》六藝。後來漢儒將儒家所治六藝尊奉為經學，即因其具有經世致用的價值，此後甚至影響中國的生存與發展長達兩千多年。

　　然而時至今日，經學在二十一世紀的知識經濟時代卻未見發揮影響力，原因何在呢？茲引述西方管理學大師彼得・杜拉克（Peter F. Drucker，1909～2005年）的幾段話作為借鏡：

> 我們不需要也不必變成「博才」，精通各門知識；或許，我們將來會變得更專才也說不定。但是，我們真的需要有「通盤瞭解」專門知識的能力。……對於每一專門知識，我們需要瞭解它跟什麼有關？它要幹什麼？它的焦點是什麼？它的核心理論是什麼？它有什麼新的瞭解？有那些很重要但還不知道的？它的問題是什麼？它的挑戰是什麼？〔註2〕

〔註1〕 高希均：〈知識經濟的核心理念〉，《知識經濟之路》（臺北：天下遠見，2000年12月），頁14。

〔註2〕 （美）彼得・杜拉克（Peter F. Drucker）、傅振焜譯：《後資本主義社會》（臺北：時報文化，1994年9月），頁221。

沒有這種通盤瞭解，專門知識本身會變得沒用，實際上也會失去「專門知識」之所以為「專門知識」的特色，變得自以為是，卻沒有什麼用。因為，每一專門知識的重大革命，往往是源自另一門專門知識的影響。〔註3〕

要使專門知識變成統合知識，就要求那些擁有專門知識的人，有責任去使他們的知識領域可以被「通盤瞭解」。〔註4〕

在目前的學術領域中，經學看似一種專門知識；但在過去兩千多年中，經學一直是一種統合知識，無論在政治、外交、經濟、教育或其他層面，都有深厚的理論基礎與豐富的實務經驗。經學從統合知識演變成被視為專門知識，其實是倒退的現象，甚至現在除了專門研究經學的學者之外，已經很少有人真正知道經學是什麼、有什麼用，這個問題或許即是缺乏「通盤瞭解」與「被通盤瞭解」所致。所謂「通盤瞭解」，治經學必須因時制宜，與時俱進，廣泛接觸當前各種最新的專門知識（如文學、哲學、藝術、歷史、地理、天文、科技、資訊、法律、行政、財經、軍事、體育等），不必變成「博才」，而是要瞭解各種專門知識的作用、價值、核心理論、問題與挑戰等，使經學成為統合各種專門知識的交流平台。所謂「被通盤瞭解」，經學不應該是中文學術領域所獨有，對於諸儒在《易》、《書》、《詩》、《禮》、《樂》、《春秋》諸經所發明的微言大義，必須全面進行整理、歸納，即使是不同甚至相牴的學說，亦應該拋棄成見，平等對待，公正呈現，將諸儒的心血智慧與當前各種最新的專門知識結合、互動，促使各種專門知識得以再創新，產生下一波的知識革命。

本文有鑑於此，爰嘗試拋磚引玉，以《春秋》為起始，規劃下列步驟，重新發揚經學：

一、使《春秋》「被通盤瞭解」。本文已整理歸納諸儒治《春秋》義法的七種模式，雖然七種模式各不相同，甚至有彼此牴牾者，卻有助於《春秋》「被通盤瞭解」。

二、「通盤瞭解」當前各種最新的專門知識。各種專門知識皆有其作用、價值、核心理論、問題與挑戰等，有待與《春秋》相結合，形成互動關係。

三、擴大經學參與。由《春秋》擴及《易》、《書》、《詩》、《禮》諸經，建立以經學統合各種專門知識的交流平台。

〔註3〕　（美）彼得・杜拉克（Peter F. Drucker）、傅振焜譯：《後資本主義社會》，頁221。
〔註4〕　（美）彼得・杜拉克（Peter F. Drucker）、傅振焜譯：《後資本主義社會》，頁221～222。

參考文獻

壹、古籍

一、經部

1. 《春秋繁露》，〔漢〕董仲舒、〔清〕盧文弨校，臺北：臺灣中華書局，1984年5月（《四部備要》本）。

2. 《公羊墨守》，〔漢〕何休，臺北：藝文印書館，年月份不詳（《叢書集成續編》）。

3. 《穀梁廢疾》，〔漢〕何休，臺北：藝文印書館，年月份不詳（《叢書集成續編》）。

4. 《左氏膏肓》，〔漢〕何休，臺北：藝文印書館，年月份不詳（《叢書集成續編》）。

5. 《春秋釋例》，〔晉〕杜預，臺北：臺灣中華書局，1970年3月。

6. 《春秋公羊傳注疏》，〔唐〕徐彥，臺北：大化書局，1982年10月（《十三經注疏》本）。

7. 《春秋左傳正義》，〔唐〕孔穎達，臺北：大化書局，1982年10月（《十三經注疏》本）。

8. 《春秋穀梁傳注疏》，〔唐〕楊士勛，臺北：大化書局，1982年10月（《十三經注疏》本）。

9. 《春秋集傳辨疑》，〔唐〕趙匡，臺北：新文豐出版公司，1985年1月（《叢書集成新編》冊108）。

10. 《春秋啖趙集傳纂例》，〔唐〕陸淳，臺北：新文豐出版公司，1985年1月（《叢書集成新編》冊108）。

11. 《春秋王霸列國世紀編》，〔宋〕李琪，臺北：臺灣大通書局，1969年10月（《通志堂經解》冊22）。

12. 《春秋尊王發微》，〔宋〕孫復，臺北：臺灣大通書局，1969 年 10 月（《通志堂經解》冊 19）。

13. 《春秋劉氏傳》，〔宋〕劉敞，臺北：臺灣大通書局，1969 年 10 月（《通志堂經解》冊 19）。

14. 《春秋傳說例》，〔宋〕劉敞，臺北：新文豐出版公司，1985 年 1 月（《叢書集成新編》冊 108）。

15. 《春秋權衡》，〔宋〕劉敞，臺北：臺灣大通書局，1969 年 10 月（《通志堂經解》冊 19）。

16. 《龍學孫公春秋經解》，〔宋〕孫覺（舊鈔本）。

17. 《春秋經解》，〔宋〕孫覺，臺北：新文豐出版公司，1985 年 1 月（《叢書集成新編》冊 108）。

18. 《春秋會義》，〔宋〕杜諤，臺北：新文豐出版公司，1989 年 7 月（《叢書集成續編》冊 269）。

19. 《春秋集解》，〔宋〕蘇轍，臺北：新文豐出版公司，1985 年 1 月（《叢書集成新編》冊 108）。

20. 《春秋經解》，〔宋〕崔子方，臺北：臺灣商務印書館，1986 年 7 月（《景印文淵閣四庫全書》冊 148）。

21. 《春秋例要》，〔宋〕崔子方，臺北：臺灣商務印書館，1986 年 7 月（《景印文淵閣四庫全書》冊 148）。

22. 《春秋本例》，〔宋〕崔子方，臺北：臺灣大通書局，1969 年 10 月（《通志堂經解》冊 20）。

23. 《春秋五禮例宗》，〔宋〕張大亨，臺北：新文豐出版公司，1985 年 1 月（《叢書集成新編》冊 108）。

24. 《春秋通訓》，〔宋〕張大亨，臺北：臺灣商務印書館，1986 年 7 月（《景印文淵閣四庫全書》冊 148）。

25. 《春秋胡氏傳》，〔宋〕胡安國，臺北：臺灣商務印書館，1966 年（《四部叢刊續編》）。

26. 《春秋左傳讞》，〔宋〕葉夢得，臺北：臺灣商務印書館，1986 年 7 月（《景印文淵閣四庫全書》冊 149）。

27. 《春秋公羊傳讞》，〔宋〕葉夢得，臺北：臺灣商務印書館，1986 年 7 月（《景印文淵閣四庫全書》冊 149）。

28. 《春秋穀梁傳讞》，〔宋〕葉夢得，臺北：臺灣商務印書館，1986 年 7 月（《景印文淵閣四庫全書》冊 149）。

29. 《春秋傳》，〔宋〕葉夢得，臺北：臺灣大通書局，1969 年 10 月（《通志堂經解》冊 21）。

30. 《春秋攷》，〔宋〕葉夢得，臺北：新文豐出版公司，1985 年 1 月（《叢書集成新編》冊 110）。

31. 《春秋集註》，〔宋〕高閌，臺北：新文豐出版公司，1985 年 1 月（《叢書集成新編》冊 108）。

32. 《春秋經筌》，〔宋〕趙鵬飛，臺北：臺灣大通書局，1969 年 10 月（《通志堂經解》冊 20）。

33. 《春秋比事》，〔宋〕沈棐，臺北：臺灣商務印書館，1986 年 7 月（《景印文淵閣四庫全書》冊 153）。

34. 《東萊先生左氏博議》，〔宋〕呂祖謙，臺北：新文豐出版公司，1985 年 1 月（《叢書集成新編》冊 110）。

35. 《左氏傳說》，〔宋〕呂祖謙，臺北：臺灣大通書局，1969 年 10 月（《通志堂經解》冊 22）。

36. 《左氏傳續說》，〔宋〕呂祖謙，臺北：新文豐出版公司，1989 年 7 月（《叢書集成續編》冊 270）。

37. 《春秋後傳》，〔宋〕陳傅良，臺北：臺灣大通書局，1969 年 10 月（《通志堂經解》冊 21）。

38. 《春秋集傳》，〔宋〕張洽，臺北：新文豐出版公司，1997 年 3 月（《叢書集成三編》冊 92）。

39. 《春秋集註》，〔宋〕張洽，臺北：臺灣大通書局，1969 年 10 月（《通志堂經解》冊 23）。

40. 《春秋分紀》，〔宋〕程公說（精鈔本）。

41. 《春秋通說》，〔宋〕黃仲炎，臺北：臺灣大通書局，1969 年 10 月（《通志堂經解》冊 23）。

42. 《春秋或問》，〔宋〕呂大圭，臺北：臺灣大通書局，1969 年 10 月（《通志堂經解》冊 23）。

43. 《春秋五論》，〔宋〕呂大圭，臺北：臺灣大通書局，1969 年 10 月（《通志堂經解》冊 23）。

44. 《春秋提綱》，〔元〕陳則通，臺北：臺灣大通書局，1969 年 10 月（《通志堂經解》冊 22）。

45. 《春秋纂言總例》，〔元〕吳澄，臺北：臺灣商務印書館，1986 年 7 月（《景印文淵閣四庫全書》冊 159）。

46. 《春秋集傳釋義大成》，〔元〕俞皋，臺北：臺灣大通書局，1969 年 10 月（《通志堂經解》冊 27）。

47. 《春秋諸國統紀》，〔元〕齊履謙，臺北：臺灣大通書局，1969 年 10 月（《通志堂經解》冊 24）。

48. 《三傳辨疑》，〔元〕程端學，臺北：臺灣商務印書館，1986 年 7 月（《景印文淵閣四庫全書》冊 161）。

49. 《春秋本義》，〔元〕程端學，臺北：臺灣大通書局，1969 年 10 月（《通志堂經解》冊 25）。

50. 《春秋或問》，〔元〕程端學，臺北：臺灣大通書局，1969 年 10 月（《通志堂經解》冊 25）。

51. 《春秋闕疑》，〔元〕鄭玉，臺北：臺灣商務印書館，1986 年 7 月（《景印文淵閣四庫全書》冊 163）。

52. 《春秋屬辭》，〔元〕趙汸，臺北：臺灣大通書局，1969 年 10 月（《通志堂經解》冊 26）。

53. 《春秋集傳》，〔元〕趙汸，臺北：臺灣大通書局，1969 年 10 月（《通志堂經解》冊 25）。

54. 《春秋師說》，〔元〕趙汸，臺北：臺灣大通書局，1969 年 10 月（《通志堂經解》冊 26）。

55. 《春秋諸傳會通》，〔元〕李廉，臺北：臺灣大通書局，1969 年 10 月（《通志堂經解》冊 26）。

56. 《春秋春王正月考》，〔明〕張以寧，臺北：臺灣大通書局，1969 年 10 月（《通志堂經解》冊 27）。

57. 《春秋書法鈎元》，〔明〕石光霽，臺北：藝文印書館，1976 年 10 月。

58. 《春秋通議略》，〔明〕邵弁（明婁江邵氏經學二書鈔本）。

59. 《春秋直解》，〔明〕郝敬，上海：上海古籍出版社，2002 年 3 月（《續修四庫全書》冊 136）。

60. 《春秋輯傳》，〔明〕王樵，臺北：臺灣商務印書館，1986 年 7 月（《景印文淵閣四庫全書》冊 168）。

61. 《春秋凡例》，〔明〕王樵，臺北：臺灣商務印書館，1986 年 7 月（《景印文淵閣四庫全書》冊 168）。

62. 《春秋左傳屬事》，〔明〕傅遜（明萬曆日殖齋刊本）。

63. 《春秋毛氏傳》，〔清〕毛奇齡，臺北：藝文印書館，年月份不詳（《皇清經解》）。

64. 《春秋條貫篇》，〔清〕毛奇齡，上海：上海古籍出版社，2002 年 3 月（《續修四庫全書》冊 139）。

65. 《春秋屬辭比事記》，〔清〕毛奇齡，臺北：藝文印書館，年月份不詳（《皇清經解》）。

66. 《學春秋隨筆》，〔清〕萬斯大，臺南：莊嚴文化事業，1997 年 2 月（《四庫全書存目叢書》經部冊 132）。

67. 《春秋通論》，〔清〕姚際恆，上海：上海古籍出版社，2002 年 3 月（《續修四庫全書》冊 139）。

68. 《春秋世族譜》，〔清〕陳厚耀，臺北：新文豐出版公司，1989 年 7 月（《叢書集成續編》冊 246）。

69. 《春秋長歷》，〔清〕陳厚耀，臺北：臺灣商務印書館，1986 年 7 月（《景印文淵閣四庫全書》冊 178）。

70. 《春秋直解》，〔清〕方苞（清康熙嘉慶間桐城方氏抗希堂刊本）。

71. 《春秋比事目錄》，〔清〕方苞（清康熙嘉慶間桐城方氏抗希堂刊本）。

72. 《春秋通論》，〔清〕方苞（清康熙嘉慶間桐城方氏抗希堂刊本）。

73. 《春秋說》，〔清〕惠士奇，臺北：藝文印書館，年月份不詳（《皇清經解》）。

74. 《春秋大事表》，〔清〕顧棟高，臺北：藝文印書館，1965 年（《皇清經解續編》）。

75. 《左氏條貫》，〔清〕曹基，上海：上海古籍出版社，2002 年 3 月（《續修四庫全書》冊 221）。

76. 《春秋經傳比事》，〔清〕林春溥，臺北：鼎文書局，1974 年 10 月。

77. 《春秋公羊經何氏釋例》，〔清〕劉逢祿，臺北：藝文印書館，年月份不詳（《皇清經解》）。

78. 《公羊春秋何氏解詁箋》，〔清〕劉逢祿，臺北：藝文印書館，年月份不詳（《皇清經解》）。

79. 《左氏春秋考證》，〔清〕劉逢祿，北平：樸社，1933 年 7 月。

80. 《春秋穀梁傳時月日書法釋例》，〔清〕許桂林，臺北：新文豐出版公司，1985 年 1 月（《叢書集成新編》冊 109）。

81. 《左傳杜解集正》，〔清〕丁晏，臺北：新文豐出版公司，1989 年 7 月（《叢書集成續編》冊 271）。

82. 《春秋穀梁傳注疏》，〔清〕鍾文烝，北京：中華書局，2009 年 5 月。

83. 《春秋董氏學》，〔清〕康有爲，臺北：臺灣商務印書館，2008 年 12 月。

84. 《鐳子政左氏說》，〔清〕章炳麟，臺北：世界書局，1919 年。

85. 《春秋繁露義證》，〔清〕蘇輿，北京：中華書局，1992 年 12 月。

86. 《春秋屬辭辨例編》，〔清〕張應昌，上海：上海古籍出版社，2002 年 3 月（《續修四庫全書》冊 145）。

87. 《周易正義》，〔唐〕孔穎達，臺北：大化書局，1982 年 10 月（《十三經注疏》本）。

88. 《尚書正義》，〔唐〕孔穎達，臺北：大化書局，1982 年 10 月（《十三經注疏》本）。

89. 《逸周書注》，〔晉〕孔晁，臺北：臺灣中華書局，1965 年 11 月（《四部備要》本）。

90. 《逸周書補注》，〔清〕陳逢衡，臺北：新文豐出版公司，1997 年 3 月（《叢書集成三編》冊 94）。

91. 《毛詩正義》，〔唐〕孔穎達，臺北：大化書局，1982 年 10 月（《十三經注疏》本）。

92. 《詩序補義》，〔清〕姜炳璋，臺北：臺灣商務印書館，1986 年 7 月（《景印文淵閣四庫全書》冊 89）。

93. 《周禮注疏》，〔唐〕賈公彥，臺北：大化書局，1982 年 10 月（《十三經注疏》本）。

94. 《儀禮注疏》，〔唐〕賈公彥，臺北：大化書局，1982 年 10 月（《十三經注疏》本）。

95. 《禮記正義》，〔唐〕孔穎達，臺北：大化書局，1982 年 10 月（《十三經注疏》本）。

96. 《經典釋文》，〔唐〕陸德明，臺北：臺灣大通書局，1969 年 10 月《通志堂經解》冊 40）。

97. 《六經奧論》，〔宋〕鄭樵，臺北：臺灣大通書局，1969 年 10 月（《通志堂經解》冊 40）。

98. 《六經奧論總文》，〔宋〕鄭樵，臺北：臺灣大通書局，1969 年 10 月（《通志堂經解》冊 40）。

99. 《談經》，〔明〕郝敬，上海：上海古籍出版社，2002 年 3 月（《續修四庫全書》冊 171）。

100. 《簡端錄》，〔明〕邵寶，臺北：臺灣商務印書館，1986 年 7 月（《景印文淵閣四庫全書》冊 184）。

101. 《經學通論》，〔清〕皮錫瑞，臺北：河洛圖書出版社，1974 年 12 月。

102. 《經學歷史》，〔清〕皮錫瑞，臺北：漢京文化事業公司，2004 年 3 月。

103. 《經義述聞》，〔清〕王引之，臺北：廣文書局，1979 年 2 月。

104. 《論語注疏》，〔宋〕邢昺，臺北：大化書局，1982 年 10 月（《十三經注疏》本）。

105. 《孟子注疏》，〔宋〕孫奭，臺北：大化書局，1982 年 10 月（《十三經注疏》本）。

106. 《說文解字注》，〔清〕段玉裁，臺北：黎明文化事業，1984 年 2 月。

107. 《廣雅疏證》，〔清〕王念孫，臺北：臺灣中華書局，年月份不詳（《四部備要》本）。

108. 《經籍籑詁》，〔清〕阮元等，臺北：宏業書局，1983 年 8 月。

109. 《說文通訓定聲》，〔清〕朱駿聲，上海：上海古籍出版社，2002 年 3 月
（《續修四庫全書》冊 220）。

二、史部

1. 《史記》，〔漢〕司馬遷、〔宋〕裴駰集解，臺北：藝文印書館，2005 年 2
月。

2. 《漢書補注》，〔清〕王先謙，上海：上海古籍出版社，2002 年 3 月（《續
修四庫全書》冊 269）。

3. 《後漢書》，〔南朝宋〕范曄，臺北：臺灣中華書局，1965 年 11 月（《四
部備要》本）。

4. 《魏書》，〔北齊〕魏收，臺北：臺灣中華書局，1965 年 11 月（《四部備
要》本）。

5. 《晉書》，〔唐〕房玄齡，臺北：臺灣中華書局，1965 年 11 月（《四部備
要》本）。

6. 《北齊書》，〔唐〕李百藥，臺北：臺灣中華書局，1965 年 11 月（《四部
備要》本）。

7. 《南史》，〔唐〕李延壽，臺北：臺灣中華書局，1965 年 11 月（《四部備
要》本）。

8. 《北史》，〔唐〕李延壽，臺北：臺灣中華書局，1965 年 11 月（《四部備
要》本）。

9. 《隋書》，〔唐〕魏徵，臺北：臺灣中華書局，1965 年 11 月（《四部備要》
本）。

10. 《新唐書》，〔宋〕歐陽脩，臺北：臺灣中華書局，1965 年 11 月（《四部
備要》本）。

11. 《宋史》，〔元〕脫脫，臺北：臺灣中華書局，1965 年 11 月（《四部備要》
本）。

12. 《元史》，〔明〕宋濂，臺北：臺灣中華書局，1965 年 11 月（《四部備要》
本）。

13. 《資治通鑑綱目》，〔宋〕朱熹（明成化九年內府刊本）。

14. 《春秋左氏傳事類始末》，〔宋〕章沖，臺北：臺灣大通書局，1969 年 10
月（《通志堂經解》冊 22）。

15. 《宋史紀事本末》，〔明〕馮琦、陳邦瞻（明萬曆三十三年劉曰梧徐申刻
本）。

16. 《左傳紀事本末》，〔清〕高士奇，臺北：新文豐出版公司，1997 年 3 月
（《叢書集成三編》冊 92）。

17. 《路史發揮》，〔宋〕羅泌，臺北：中華書局，年月份不詳。

18. 《國語注》，〔三國吳〕韋昭，臺北：漢京文化事業，1983 年 12 月。

19. 《春秋臣傳》，〔宋〕王當，臺北：臺灣大通書局，1969 年 10 月（《通志堂經解》冊 20）。

20. 《春秋諸名臣傳》，〔明〕邵寶、姚咨，臺南：莊嚴文化事業，1996 年 8 月（《四庫全書存目叢書》史部冊 98）。

21. 《華陽國志》，〔晉〕常璩，臺北：臺灣中華書局，1965 年 11 月（《四部備要》本）。

22. 《重刊江寧府志》，〔清〕姚鼐，臺北：成文出版社，1974 年 6 月。

23. 《通典》，〔唐〕杜佑，臺北：新興書局，1966 年 8 月。

24. 《文獻通考》，〔元〕馬端臨，臺北：新興書局，1959 年。

25. 《春秋會要》，〔清〕姚彥渠，北京：中華書局，1998 年 11 月。

26. 《漢律摭遺》，〔清〕沈家本，臺北：新文豐出版公司，1997 年 3 月（《叢書集成三編》冊 17）。

27. 《郡齋讀書志》，〔宋〕晁公武，臺北：臺灣商務印書館，1968 年 3 月。

28. 《直齋書錄解題》，〔宋〕陳振孫，臺北：臺灣商務印書館，1968 年 3 月。

29. 《經義考》，〔清〕朱彝尊，臺北：臺灣中華書局，1965 年 11 月（《四部備要》本）。

30. 《四庫全書總目》，〔清〕紀昀等，臺北：臺灣商務印書館，1986 年 7 月（《景印文淵閣四庫全書》）。

31. 《儀顧堂續跋》，〔清〕陸心源，臺北：廣文書局，1968 年 3 月。

32. 《史通通釋》，〔清〕浦起龍，臺北：臺灣中華書局，1970 年 6 月。

33. 《文史通義》，〔清〕章學誠，臺北：臺灣中華書局，1966 年 3 月。

三、子部

1. 《荀子集解》，〔清〕王先謙，臺北：藝文印書館，1988 年 6 月。

2. 《新書》，〔漢〕賈誼，臺北：世界書局，1959 年 1 月。

3. 《中說》，〔隋〕王通，臺北：臺灣中華書局，1965 年 11 月（《四部備要》本）。

4. 《河南程氏粹言》，〔宋〕楊時，臺北：漢京文化事業，1983 年 9 月（《二程集》）。

5. 《河南程氏經說》，〔宋〕朱熹，臺北：漢京文化事業，1983 年 9 月（《二程集》）。

6. 《河南程氏遺書》，〔宋〕朱熹，臺北：漢京文化事業，1983 年 9 月（《二程集》）。

7. 《朱子語類》，〔宋〕黎靖德，臺北：漢京文化事業，1980 年 7 月。

8. 《黃氏日抄》，〔宋〕黃震，臺北：大化書局，1984 年 12 月。

9. 《困知記》，〔明〕羅欽順，臺北：中國子學名著集成編印基金會，1978 年 12 月。

10. 《榕村語錄》，〔清〕徐用錫、李清植，臺北：臺灣商務印書館，1986 年 7 月（《景印文淵閣四庫全書》冊 725）。

11. 《管子》，〔周〕管仲，臺北：臺灣中華書局，1984 年 3 月（《四部備要》本）。

12. 《韓非子集解》，〔清〕王先慎，北京：中華書局，2007 年 10 月。

13. 《墨子》，〔周〕墨翟，臺北：臺灣中華書局，1965 年 11 月（《四部備要》本）。

14. 《墨子閒詁》，〔清〕孫詒讓，北京：中華書局，2009 年 1 月。

15. 《呂氏春秋》，〔秦〕呂不韋，北京：中華書局，1991 年。

16. 《習學記言序目》，〔宋〕葉適，臺北：新文豐出版公司，1989 年 7 月（《叢書集成續編》冊 16）。

17. 《白虎通》，〔漢〕班固，臺北：臺灣商務印書館，1979 年 11 月（《四部叢刊正編》本）。

18. 《蘇氏演義》，〔唐〕蘇鶚，臺北：臺灣商務印書館，1966 年 3 月。

19. 《困學紀聞》，〔宋〕王應麟，臺北：臺灣中華書局，1965 年 11 月（《四部備要》本）。

20. 《諸子平議》，〔清〕俞樾，上海：上海古籍出版社，2002 年 3 月（《續修四庫全書》冊 1161～1162）。

21. 《論衡》，〔漢〕王充，臺北：臺灣中華書局，1965 年 11 月（《四部備要》本）。

22. 《摯太常遺書》，〔清〕張鵬一，臺北：藝文印書館，1970 年 6 月。

23. 《腳氣集》，〔宋〕車若水，臺北：藝文印書館，年月份不詳（《百部叢書集成》本）。

24. 《漢魏遺書鈔》，〔清〕王謨，臺北：藝文印書館，年月份不詳（《叢書集成續編》）。

25. 《玉函山房輯佚書》，〔清〕馬國翰，京都：中文出版社，1990 年 3 月。

26. 《圖書編》，〔明〕章潢，臺北：成文出版社，1971 年 1 月。

27. 《山海經箋疏》，〔清〕郝懿行，北京：中國書店，1991 年 6 月。

28. 《莊子集釋》，〔清〕郭慶藩，臺北：華正書局，1987 年 8 月。

四、集部

1. 《昌黎先生集》,〔唐〕韓愈,臺北:臺灣中華書局,1965 年 11 月(《四部備要》本)。

2. 《蘇軾文集》,孔凡禮,北京:中華書局,1992 年 9 月。

3. 《嵩山景迂生集》,〔宋〕晁説之,臺北:臺灣學生書局,1975 年 5 月。

4. 《雙溪集》,〔宋〕蘇籀,臺北:藝文印書館,年月份不詳(《百部叢書集成》本)。

5. 《晦庵先生朱文公文集》,〔宋〕朱熹,臺北:臺灣中華書局,1965 年 11 月(《四部備要》本)。

6. 《東山存稿》,〔元〕趙汸,臺北:臺灣商務印書館,1986 年 7 月(《景印文淵閣四庫全書》冊 1221)。

7. 《牧齋有學集》,〔清〕錢謙益,上海:上海古籍出版社,2002 年 3 月(《續修四庫全書》冊 1391)。

8. 《曝書亭集》,〔清〕朱彝尊,臺北:臺灣中華書局,1965 年 11 月(《四部備要》本)。

9. 《望溪先生文集》,〔清〕方苞,臺北:臺灣中華書局,1965 年 11 月(《四部備要》本)。

10. 《獨學廬初稿》,〔清〕石韞玉,上海:上海古籍出版社,2002 年 3 月(《續修四庫全書》冊 1466)。

貳、近人著作

一、專書

1. 《左傳會箋》,(日)竹添光鴻,臺北:漢京文化事業,1984 年 1 月。

2. 《春秋左氏傳時月日古例考》,劉師培,臺北:華世出版社,1975 年 4 月。

3. 《春秋左氏傳古例銓微》,劉師培,臺北:華世出版社,1975 年 4 月。

4. 《讀左劄記》,劉師培,臺北:華世出版社,1975 年 4 月。

5. 《春秋左氏傳傳注例略》,劉師培,臺北:華世出版社,1975 年 4 月。

6. 《春秋左氏傳傳注例略》,劉師培,臺北:華世出版社,1975 年 4 月。

7. 《左傳選》,徐中舒,北京:中華書局,1963 年。

8. 《左氏春秋義例辨》,陳槃,臺北:中央研究院歷史語言研究所,1993 年 5 月。

9. 《春秋大事表列國爵姓及存滅表譔異》,陳槃,臺北:中央研究院歷史語言研究所,1997 年 6 月。

10. 《春秋左傳注》，楊伯峻，臺北：洪葉文化事業，1993 年 5 月。

11. 《國語左傳論集》，張以仁，臺北：東昇出版事業，1980 年 9 月。

12. 《春秋左氏經傳集解序疏證》，程元敏，臺北：臺灣學生書局，1991 年 8 月。

13. 《春秋左傳學史稿》，沈玉成、劉寧，南京：江蘇古籍出版社，1992 年 6 月。

14. 《杜預及其春秋左氏學》，葉政欣，臺北：文津出版社，1989 年 10 月。

15. 《敘事與解釋——左傳經解研究》，張素卿，新北：花木蘭文化出版社，2008 年 3 月。

16. 《左傳漫談》，郭丹，臺北：頂淵文化事業，1997 年 8 月。

17. 《春秋繁露今註今譯》，賴炎元，臺北：臺灣商務印書館，1987 年 4 月。

18. 《公羊傳漫談》，翁銀陶，臺北：頂淵文化事業，1997 年 8 月。

19. 《春秋穀梁傳注》，柯劭忞，北京：北京大學研究院文史部，1927 年。

20. 《穀梁眞偽攷》，張西堂，北平：和記印書館，1931 年 8 月。

21. 《春秋穀梁傳傳授源流考：兼論張西堂穀梁眞偽考》，周何，臺北：國立編譯館，2002 年 7 月。

22. 《清代春秋穀梁學研究》，文廷海，成都：巴蜀書社，2006 年 12 月。

23. 《穀梁傳漫談》，謝金良，臺北：頂淵文化事業，1997 年 8 月。

24. 《春秋三傳論文集》，戴君仁，臺北：黎明文化事業，1981 年 1 月。

25. 《韓詩外傳箋疏》，屈守元，成都：巴蜀書社，1996 年 3 月。

26. 《詩補傳與戴震解經方法》，岑溢成，臺北：文津出版社，1992 年 3 月。

27. 《論語新解》，蔣伯潛，臺北：啓明書局，年月份不詳

28. 《經典釋文序錄疏證》，吳承仕，臺北：崧高書社，1985 年 4 月。

29. 《兩漢經學今古文平議》，錢穆，臺北：東大圖書公司，1983 年 9 月。

30. 《三松堂全集》，馮友蘭，鄭州：河南人民出版社，2001 年 1 月。

31. 《羣經概論》，周予同，上海：上海商務印書館，1931 年 4 月。

32. 《甲骨文字詁林》，于省吾，北京：中華書局，1999 年 12 月。

33. 《卜辭通纂》，郭沫若，北京：北京圖書館出版社，2000 年。

34. 《中國經學史的基礎》，徐復觀，臺北：臺灣學生書局，1982 年 5 月。

35. 《兩漢思想史》，徐復觀，上海：華東師範大學出版社，2001 年 12 月。

36. 《史記會注考證》，（日）瀧川龜太郎，臺北：萬卷樓，1993 年 8 月。

37. 《中國歷史研究法》，梁啓超，臺北：臺灣商務印書館，2009 年。

38. 《中國近三百年學術史》，梁啓超，臺北：里仁書局，1995 年 2 月。

39. 《錢玄同文集》，錢玄同，北京：中國人民大學出版社，1999 年 3 月。

40. 《古史辨》，顧頡剛，臺北：明倫出版社，1970 年 3 月。

41. 《中國上古史研究講義》，顧頡剛，臺北：洪葉文化事業，1994 年 10 月。

42. 《漢語史稿》，王力，北京：中華書局，1980 年 6 月。

43. 《中國史學發展史》，尹達，鄭州：中州古籍出版社，1987 年 4 月。

44. 《注史齋叢稿》，牟潤孫，臺北：臺灣商務印書館，1990 年 6 月。

45. 《繹史齋學術文集》，楊向奎，上海：上海人民出版社，1983 年 5 月。

46. 《管錐編》，錢鍾書，北京：中華書局，1979 年 8 月。

47. 《史學三書平議》，張舜徽，臺北：弘文館出版社，1986 年 9 月。

48. 《春秋史論集》，張以仁，臺北：聯經出版事業，1990 年 1 月。

49. 《史學與中國文化傳統》，陳其泰，北京：書目文獻出版社，1992 年 9 月。

50. 《文史通義校注》，葉瑛，北京：中華書局，2004 年 9 月。

51. 《中國早期敘事文論集》，王靖宇，臺北：中央研究院中國文哲研究所籌備處，2001 年 2 月。

52. 《皇權、禮儀與經典詮釋：中國古代政治史研究》，甘懷眞，臺北：國立臺灣大學出版中心，2004 年 6 月。

53. 《朱熹的史學思想》，湯福勤，濟南：齊魯書社，2000 年。

54. 《古書通例》，余嘉錫，臺北：丹青圖書公司，1987 年 4 月。

55. 《古籍辨僞學》，鄭良樹，臺北：臺灣學生書局，1986 年 8 月。

56. 《續僞書通考》，鄭良樹，臺北：臺灣學生書局，1984 年。

57. 《文心雕龍讀本》，王更生，臺北：文史哲出版社，1988 年 3 月。

58. 《孔氏撰修春秋異於舊史文體考》，杜鋼百，北京：國家圖書館出版社，2009 年 8 月。

二、期刊論文

1. 〈論左傳「君子曰」〉，楊向奎，《文瀾學報》第 2 卷第 1 期，1936 年 3 月。

2. 〈春秋時月日例辨正總論〉，戴君仁，《東海學報》第 3 卷第 1 期，1961 年 6 月。

3. 〈關於左傳「君子曰」的一些問題〉，張以仁，《孔孟月刊》第 3 卷第 3 期，1964 年 11 月。

4. 〈述而不作〉，陳大齊，《孔孟月刊》第 4 卷第 6 期，1966 年 2 月。

5. 〈孔子學說與春秋大義〉，薩孟武，《東方雜誌》復刊第 2 卷第 5 期，1968 年 11 月。

6. 〈春秋之大義微言〉，李曰剛，《中華文化復興月刊》第 4 卷第 3 期，1971年 3 月。

7. 〈論左傳「君子曰」非後人所附益〉，鄭良樹，《書目季刊》第 8 卷第 2 期，1974 年 9 月。

8. 〈再論左傳「君子曰」非後人所附益〉，鄭良樹，《國立中央圖書館館刊》新 8 卷第 2 期，1975 年 12 月。

9. 〈春秋之大義微言〉，柳嶽生，《中華國學雜誌》第 1 卷第 11 期，1977年 11 月。

10. 〈左傳的眞僞和寫作時代問題考辨〉，胡念貽，《文史》第 11 輯，1981年 3 月。

11. 〈左傳史論之風格與作用〉，張高評，《成功大學學報》（人文·社會篇）第 23 卷，1988 年 11 月。

12. 〈董仲舒對春秋微言大義的詮釋〉，趙雅博，《大陸雜誌》第 85 卷第 3 期，1992 年 9 月。

13. 〈左傳「君子曰」考詮〉，黃翠芬，《朝陽學報》第 1 期，1996 年 6 月。

14. 〈左傳研究：敘事與紀事本末〉，張素卿，《行政院國家科學委員會專題研究計畫成果報告》，1999 年。

15. 〈《左傳》據事直書與以史傳經〉，張高評，《成大中文學報》第 9 期，2001年 8 月。

16. 〈論春秋大義存乎事實〉，趙生群，《孔孟學報》第 79 期，2001 年 9 月。

17. 〈論語所隱含「述而不作」的詮釋面向〉，蔡振豐，《臺大歷史學報》第 28 期，2001 年 12 月。

18. 〈民間敘事論綱〉，董乃斌、程薔，《中國古代、近代文學研究》2004 年第 4 期，2004 年 4 月。

19. 〈論左傳「君子曰」的道德意識——兼論「君子曰」的春秋書法觀念〉，吳智雄，《國文學誌》第 8 期，2004 年 6 月。

20. 〈論《春秋》筆法〉，張毅，《中國文藝思想史論集：張毅自選集》，天津：南開大學出版社，2004 年。

21. 〈董仲舒春秋學之義法理論——端、科、指條例之學的建構及其內涵〉，陳明恩，《中國學術年刊》第 27 期（春季號），2005 年 3 月。

22. 〈《春秋》書法的常與變——論董仲舒、何休二種解經途徑所代表的學術史意義〉，楊濟襄，《經學研究集刊》第 1 期，2005 年 10 月。

23. 〈孔子論語與口傳文化傳統〉，葉舒憲，《蘭州大學學報》（社會科學版）第 34 卷第 2 期，2006 年 3 月。

24. 〈百年春秋筆法研究述評〉，蕭鋒，《文學評論》2006 年第 2 期。

25. 〈「春秋筆法」的詮釋與接受〉，王基倫，《國文學報》第 39 期，2006 年 6 月。

26. 〈劉逢祿《春秋公羊經何氏釋例》其「義例」之見解研究〉，鄭卜五，《經學研究集刊》第 2 期，2006 年 10 月。

27. 〈論語的文體意義〉，過常寶，《清華大學學報》（哲學社會科學版）第 22 卷，2007 年第 6 期。

28. 〈試析上古時期的歷史記憶與歷史記載〉，晁福林，《安徽史學》2007 年第 6 期。

29. 〈「述而不作」的現代意義〉，鄧軍海，《武漢理工大學學報》（社會科學版）第 21 卷第 1 期，2008 年 2 月。

30. 〈孔廣森《公羊通義》的解經路線與關鍵主張〉，楊濟襄，《文與哲》第 13 期，2008 年 12 月。

31. 〈郝敬《春秋直解》中「《春秋》直其事而是非自見」說探析〉，張曉生，私立銘傳大學應用中國文學系《中華文化的傳承與拓新——經學的流衍與應用國際學術研討會論文集》，2009 年 4 月。

32. 〈論古史重構〉，晁福林，《史學集刊》2009 年第 4 期，2009 年 7 月。